普通高等教育"十二五"规划教材
全国高职高专国际商务类规划教材

国际市场营销

（第二版）

主　编　田玉丽　刘晓鹏
副主编　施方玮　杨春艳
参　编　苏道伟　周岳梅　巩法勇
　　　　宋传珍　席　颖　李向滨
　　　　霍媛媛

内 容 简 介

《国际市场营销》(第二版)以理论为基础,突出应用和实践技能的培养,在系统地介绍国际市场营销概念和理论的基础上,注重企业进行国际市场营销活动的实用性和可操作性,本着实用、创新、可操作性和可启发性原则,通过吸收国内外国际市场营销的精髓,总结我国企业和国际知名企业的国际市场营销实践规律、技巧和方法,从而使本书对读者和我国企业开拓国际市场、制定国际市场营销策略起到积极的指导作用。本书可以作为高职高专高等院校市场营销、国际经济与贸易、工商管理专业的教材,也可以作为各类企业经理和营销管理人员的培训教材。

图书在版编目(CIP)数据

国际市场营销/田玉丽,刘晓鹏主编. —2 版. —北京:北京大学出版社,2012.10
(全国高职高专国际商务类规划教材)
ISBN 978-7-301-21314-8

Ⅰ. ①国… Ⅱ. ①田…②刘… Ⅲ. ①国际营销-高等职业教育-教材 Ⅳ. ①F740.2

中国版本图书馆 CIP 数据核字(2012)第 230482 号

书　　　　名:国际市场营销(第二版)
著作责任者:田玉丽　刘晓鹏　主编
策 划 编 辑:周　伟
责 任 编 辑:周　伟
标 准 书 号:ISBN 978-7-301-21314-8/F・3353
出 版 发 行:北京大学出版社
地　　　　址:北京市海淀区成府路 205 号　100871
网　　　　址:http://www.pup.cn
电子信箱:zyjy@pup.cn
电　　　　话:邮购部 62752015　发行部 62750672　编辑部 62754934　出版部 62754962
印　刷　者:三河市博文印刷有限公司
经　销　者:新华书店
　　　　　　787 毫米×1092 毫米　16 开本　17 印张　397 千字
　　　　　　2008 年 8 月第 1 版
　　　　　　2012 年 10 月第 2 版　2016 年 5 月第 2 次印刷
定　　　　价:35.00 元

未经许可,不得以任何方式复制或抄袭本书之部分或全部内容。
版权所有,侵权必究
举报电话:(010)62752024　电子信箱:fd@pup.pku.edu.cn

前　言

在当今全球化浪潮的席卷下,企业经营活动的国际化已成为一种广泛现象和必然趋势。企业(尤其是大企业)只有把自己的触角延伸到国外,在全球寻找市场,才能降低生产成本,开发新产品,吸引多样化的人才,保持企业的竞争优势,在国际化大环境中赢得主动权。因此,企业及时全面地了解有关国际化,特别是关于国际市场营销方面的知识,研究其他企业在开展国际市场营销活动过程中的成功与失败的经验将大有裨益。基于此,本书在篇章结构上和内容上进行了创新,将市场营销的基本原理同国际市场营销的具体特点有机地结合起来,大胆、广泛地吸收借鉴了国内外学术界、企业界的最新研究成果和经验,力争突出"国际"特点,从而使之具有一定的创新性。

本书从2008年问世,得到了广大用书教师、学生以及学习者的大力支持。为了使该书的框架体系日臻完善,内容更加充实,特色日趋鲜明,本书第二版在秉承了第一版的特色基础上更加突出国际市场营销有别于普通市场营销的特点。

本书共有十章,着重阐述国际市场营销环境、国际市场调研、国际市场营销战略和国际市场营销组合策略等,书中对国际市场营销活动涉及的各个方面进行了详细的分析与介绍,同时提供了大量的信息资源,以便读者查阅相关具体内容,并且还配有大量的案例。同时,本书在编写的过程中重视章节内容的逻辑性、层次性和直观性,通过框架图、表格等方式,帮助读者理解其内在逻辑。从篇章结构上来看,本书在各章内容中设置学习目标、重点概念、个案分析、思考问题和技能训练等,使全书在结构上简明清晰,给人以活泼新颖之感。

本书由田玉丽担任第一主编,负责全书的总纂和审核,刘晓鹏担任第二主编,施方玮、杨春艳担任副主编,苏道伟、周岳梅、巩法勇、宋传珍、席颖、李向滨、霍媛媛担任参编。

在本书的编写过程中,编者参考了大量的文献资料,并借鉴了国内外很多网站的数据,在此一并表示感谢。由于国际市场营销理论一直处于一种发展过程中,加上编者水平有限,书中难免有不妥之处,敬请广大读者批评指正。

编　者
2012年4月

目 录

第一章　国际市场营销导论 ... 1
- 第一节　市场营销学和国际市场营销学的形成和发展 ... 2
- 第二节　市场营销观念 ... 8
- 第三节　国际市场营销理论的新发展 ... 15
- 个案分析 ... 19
- 思考问题 ... 20
- 技能训练 ... 20

第二章　国际市场营销环境分析 ... 21
- 第一节　国际市场营销环境概述 ... 22
- 第二节　国际市场营销宏观环境 ... 25
- 第三节　国际市场营销微观环境 ... 48
- 第四节　国际市场营销环境分析方法 ... 57
- 个案分析 ... 62
- 思考问题 ... 63
- 技能训练 ... 63

第三章　国际市场营销调研和预测 ... 64
- 第一节　国际市场营销信息系统 ... 65
- 第二节　国际市场营销调研 ... 69
- 第三节　国际市场营销预测 ... 82
- 个案分析 ... 87
- 思考问题 ... 89
- 技能训练 ... 89

第四章　不同市场的购买行为分析 ... 90
- 第一节　国际消费者市场的购买行为分析 ... 91
- 第二节　国际生产者市场的购买行为分析 ... 111
- 个案分析 ... 116
- 思考问题 ... 119
- 技能训练 ... 120

第五章　国际市场营销战略 ... 121
- 第一节　市场营销战略概述 ... 122
- 第二节　国际市场选择战略 ... 125
- 第三节　企业业务组合与业务发展战略 ... 137
- 第四节　国际市场进入战略 ... 143
- 第五节　国际市场竞争战略 ... 149

  个案分析 ·· 153
  思考问题 ·· 154
  技能训练 ·· 154
第六章 国际市场营销产品策略 ·· 155
  第一节 国际市场产品及其产品生命周期 ··· 156
  第二节 产品组合与产品线策略 ·· 162
  第三节 国际市场新产品开发策略 ··· 167
  第四节 国际市场产品品牌与包装策略 ·· 169
  个案分析 ·· 174
  思考问题 ·· 176
  技能训练 ·· 176
第七章 国际市场营销定价策略 ·· 177
  第一节 国际市场定价影响因素 ·· 178
  第二节 国际市场定价方法 ·· 182
  第三节 国际市场营销定价策略 ·· 187
  第四节 国际市场营销定价应当注意的问题 ·· 194
  个案分析 ·· 200
  思考问题 ·· 201
  技能训练 ·· 201
第八章 国际市场营销分销渠道策略 ··· 202
  第一节 国际市场营销分销渠道 ·· 203
  第二节 国际市场营销中间商的选择 ··· 209
  第三节 国际市场营销分销渠道的管理 ·· 216
  个案分析 ·· 220
  思考问题 ·· 220
  技能训练 ·· 220
第九章 国际市场营销促销策略 ·· 221
  第一节 国际市场营销促销组合策略 ··· 222
  第二节 国际市场人员推销策略 ·· 224
  第三节 国际市场广告策略 ·· 228
  第四节 国际市场营业推广策略 ·· 235
  第五节 国际公共关系策略 ·· 238
  个案分析 ·· 244
  思考问题 ·· 246
  技能训练 ·· 246
第十章 国际市场营销管理 ·· 247
  第一节 国际市场营销管理概述 ·· 248
  第二节 国际市场营销计划 ·· 249

第三节　国际市场营销组织管理 …………………………………………… 253
第四节　国际市场营销控制 ………………………………………………… 257
个案分析 …………………………………………………………………………… 260
思考问题 …………………………………………………………………………… 262
技能训练 …………………………………………………………………………… 262

参考文献 ………………………………………………………………………… 263

第一章
国际市场营销导论

学习目标
◎ 了解市场营销学以及国际市场营销学的形成和发展
◎ 掌握国际市场营销早期观念和现代观念及其区别
◎ 了解国际市场营销学和国内市场营销学以及国际市场营销和国际贸易的区别

第一节　市场营销学和国际市场营销学的形成和发展

一、市场营销的含义

市场营销一般也简称营销,英译为 Marketing,国内外众多的市场营销学家对"市场营销"的含义有不同的研究方法和研究角度,在社会实践中人们对"市场营销"含义的理解也是仁者见仁、智者见智。世界著名的市场营销学大师菲利普·科特勒认为:市场营销是个人或者组织通过创造、提供并同他人交换产品的价值以满足他们需求的一种社会性经营管理活动。为了更好地理解"市场营销"的含义,本书将菲利普·科特勒的关于市场营销的含义图解如图 1-1 所示。

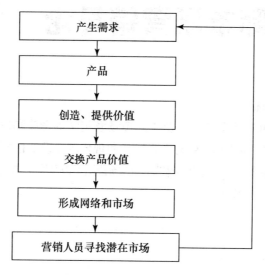

图 1-1　市场营销含义的图解

通过对市场营销含义的图解,可以从以下六个方面深刻领会市场营销的科学内涵。

（一）市场营销的实质

从市场营销含义的图解上我们也可以看出,市场营销从消费者的需求出发,延伸出一系列的管理活动:产品的产生实际上是企业产品研发管理部门要进行的工作;价值的创造、提供、交换、网络和市场形成以后的维护以及新市场的开发是营销管理部门要完成的任务;在这样的过程中还要由企业的财务管理部门、人力资源管理部门、生产管理部门和物流管理部门等相关部门为其提供保障。将这一系列的管理活动表示为图 1-2 就可以很清晰地看出,市场营销从实质上讲是一种社会性的经营管理活动。

图 1-2　市场营销的实质

（二）市场营销的本质

通俗地说，市场营销就是做买卖，就是企业围绕产品销售而展开的一系列运筹与谋划活动；销售是为了将产品卖出去，但是要有买才有卖。因此，从本质上来说，市场营销是一种交换活动。在这样的交换过程中才形成了市场和企业的营销网络。

（三）市场营销的主体

市场营销的主体是应用市场营销理论进行营销活动的所有组织、个人和其他群体。市场营销的主体可分成微观、中观和宏观三个层次。微观层次主要是指个人，中观层次是指各种营利组织和非营利组织，宏观层次是指国家或者整个社会（如图1-3所示）。其中最具代表性的是营利性组织——企业。

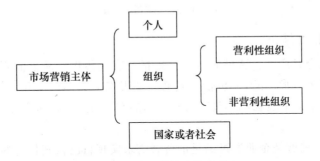

图 1-3　市场营销主体分类

（四）市场营销的客体

市场营销是个人与个人、组织与组织或者组织与个人之间的一种交换活动，在交换过程中，主动寻求交换，促使达成交易的一方称为市场营销者，而另一方则为潜在顾客或者用户，市场营销学中研究的对象就是潜在顾客或者用户。

在市场营销者看来，卖方和买方之间的关系如图1-4所示，卖方构成行业，买方构成市场。因此，以企业为主体的市场营销活动的对象是市场、是消费者，也就是企业的顾客。市场营销就是企业围绕市场需求开展的一种市场经营活动，从了解市场需求开始到满足市场需求结束，整个市场需求是市场营销活动的中心所在。

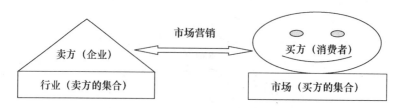

图 1-4 市场营销卖方和买方之间的关系

（五）市场营销的目的

市场营销的本质是一种交换活动,在交换过程中,同时满足自己的需要和他人的需要,不满足任何一方或者仅仅满足其中一方需要的市场活动都不是真正的市场营销。因此,市场营销是以满足交换各方的需要为目的的(如图1-5所示)。市场营销的目的体现了市场营销活动的本质特征与灵魂,这也是将市场营销活动与其他活动区别开来的依据。如捐赠和施舍等只能单纯地满足供求中一方的需要,不是市场营销;企业不择手段地损害消费者利益获取利润却不能满足消费者的需要,与抢劫没有什么本质区别;消费者需要得到满足,企业不能实现营利的活动,充其量也就是公共关系等。学习市场营销就一定要抓住这个本质特征或者灵魂。

图 1-5 市场营销的目的

（六）市场营销的媒介

市场营销的媒介是产品。这里的"产品"是指所有能传送产品价值到消费者的载体,既包括具有实物形态的有形产品,又包括不具有实物形态的无形产品和一切可以满足消费者需求的要素。实物形态的货物和不具有实物形态的知识、思想、服务等都可以作为产品来进行市场营销。

简言之,市场营销就是企业通过满足消费者需求实现自己营利目的的经营管理活动。

二、市场营销学的形成与发展

市场营销学是现代的市场学,其前身是早期的市场学,即销售学、推销学。随着经济的不断发展,市场营销学经历了以下四个形成和发展阶段。

（一）形成阶段(19世纪末至20世纪初)

19世纪末至20世纪初是现代市场营销学的形成阶段。在这一时期,资本主义国家经过工业革命,商品经济迅速发展,城市化水平也在日益提高。企业主在开展生产管理的同时,开始重视商品推销和刺激需求,注意研究推销术和广告术。因此,一些经济学家开始着手研究市场营销问题。美国的哈佛大学、密执安大学等高等院校,先后成立了市场营销研究机构,并开设了有关市场营销学的课程。但是在这一时期市场营销学的内容仅限于推销术和广告术等,研究也多集中在大学之中,理论本身的幼稚和缺乏还不足以指导企业的营销实践。

（二）应用阶段（20世纪30年代至第二次世界大战结束）

这一阶段是市场营销学应用于流通领域的阶段。在这一时期,资本主义从自由竞争进入垄断阶段,生产社会化进一步发展,生产的增长超过了有支付能力的需求增长速度,特别是1929—1933年的世界性经济危机,更使得生产严重过剩、产品销售困难,整个市场处于一种供给大于需求的状况。营销也开始引起企业管理者的重视,此时成立了各种营销机构和组织。如1926年,美国建立了全国销售学与广告学教师协会;1931年,成立了美国市场营销协会。这些专业研究机构和团体大量吸收企业界人士参加,以加强学者与企业家的沟通,促进研究成果的应用。同时一些专业学术机构和团体为企业主们举办了各种培训班,以提高企业营销人员的营销能力。在此阶段,营销理论开始从学校走向企业,由课堂走向社会,体现了理论与实践的结合。但是营销学仍局限于商品的推销术和广告术,所提出的策略并没有超越商品流通的范围。

（三）成熟阶段（20世纪50年代至今）

"二战"以后,随着科技革命的深入,劳动生产率大幅度提高,西方资本主义国家开始推行所谓高工资、高福利、高消费以及缩短工作时间政策。市场的基本趋势是产品进一步供过于求,消费者的需求和欲望不断变化,企业市场竞争日趋激烈,市场营销学的研究也空前活跃,理论体系趋于成熟和完善。

市场营销学的研究从商品流通领域扩展到社会再生产的全过程,最后发展到存在交换关系的所有领域。奥尔德逊和科克斯在《市场学原理》一书中提出了广义的市场营销观念,即"它包括生产者和消费者之间实现商品和劳动的潜在交换的任何一种活动"。他指出,作为一种市场营销活动,首先必须调查与分析消费者的需求和欲望,将信息传递到生产部门,据此生产适销对路的产品,使"潜在的交换"得以实现。这样,市场营销突破了流通领域的范围,而参与企业生产经营的全过程。市场营销学的这一变革,被西方称为"市场革命"。

从实证性研究向系统理论化发展。美国管理学家彼得·德鲁克在《经营管理学：使命、责任与实务》一书中指出,"企业目的的唯一正确定义是创造顾客",把以消费者为中心的市场营销作为企业活动的基本功能。美国市场营销专家尼尔·鲍敦首先提出了"市场营销组合"的概念,将过去分散研究的产品、定价、分销和促销策略统一为相互联系、相互影响的整体,进行统一规划、运用。美国教授麦卡锡在《基础市场学》中强调市场经营的核心是明确目标市场,形成以消费者为中心的市场营销策略组合；指出企业目标、外界环境、市场营销策略组合等因素是市场营销的基本内容。美国西北大学教授菲利普·科特勒于1967年出版了《市场营销管理：分析、计划、执行和控制》一书,该书集前人研究成果之大成,加以研究和创新,建立了完整的现代市场营销学的理论体系。该书从1967年问世至今,已出版了十几版,并被翻译成十几种文字,在世界各国广为传播。

（四）传播阶段（20世纪50—60年代开始）

从20世纪五六十年代开始,市场营销理论开始在世界各地广泛传播。日本较早地在50年代全面引进并推广应用。西欧多数国家在60年代也先后引入市场营销学,并在应用中取得成效。匈牙利等东欧国家在60年代末期也开始引进这一新兴学科。有资料表明,中国最早的市场营销学教材是丁馨伯先生1933年编译并由复旦大学出版的《市场学》。但由于历史的原因,市场营销学在我国未能传播开来。1979年和1980年,可以说是市场营销学重新引进中国的时期。经过30多年的发展,市场营销学已在我国被广为学习和应用,不仅在高等院校成为一门重要的核心课程,也成为指导我国企业经营实践的重要理论。

三、市场营销学的学科性质

(一) 市场营销学的研究对象

在现代市场经济条件下,市场营销主体呈现多元化和多样化的趋势。市场营销的理论与方法在经济领域与非经济领域都得到广泛的应用。它是站在商品生产经营者或者服务提供者(即卖方、供给方)的角度,研究如何满足买方需求,解决他们之间由于需求不一致、行为不对称所造成的各种矛盾,探求、揭示这种供求矛盾运动的规律,从而选择、确定买方(即市场营销者)的一整套方针、策略,以组织有效的经营管理活动。简言之,市场营销学的研究对象就是与商品的生产和消费紧密相连的交换的本质、特征和规律。

(二) 市场营销学的性质和特点

市场营销学是建立在经济学科、行为学科和现代经营管理理论基础上的一门交叉性学科、应用性学科和原理性学科,具有以下三个方面的特点。

1. 综合性和交叉性

市场营销学的研究内容涉及经济学、人口学、社会学、心理学、组织行为学、管理学、决策学、商品学、价格学、法学、广告学、公共关系学、审计学、会计学和金融学等学科理论和知识,因此它具有综合性和交叉性的特点。

2. 实践性和应用性

市场营销学是一门能够直接指导企业市场经营实践的应用性学科,具有较强的实践性和可操作性。

3. 科学性和艺术性

从市场营销的实践应用来说,市场营销具有科学性、艺术性和技术性的特点。也就是说,市场营销是有规律可以遵循的,是可以熟练掌握与操作的,但是它又具有很强的艺术性,在这些规律的操作和实践上,要讲求一定的艺术性。

四、国际市场营销的含义

国际市场营销的英译为International Marketing,是企业为了满足国外消费者和用户的需求而进行的跨国市场营销活动的整个管理过程。"国际市场营销"这一含义包括以下三个要点。第一,国际市场营销是跨国市场营销活动。因此,产品和劳务只有销往国外才能算是国际市场营销。第二,国际市场营销是企业的市场营销活动管理过程,其主体是跨国公司、出口企业等经济实体。第三,国际市场营销是为了满足国外消费者和用户的需求而进行的活动,因此企业开展国际市场营销活动时必须十分注意产品和劳务的适销性。

通过国际市场营销的概念,可以看到其基本思想是:企业的活动必须以国外消费者为中心,以满足国外消费者的需求和欲望为出发点,通过满足国外消费者的需求,争取更多的顾客和拥有更大的市场占有率,以达到企业的经营目标,同时也应该照顾社会公益,保护环境,增进社会福利。

由此可以看出,国际市场营销和国内市场营销有很多的共同之处,如都需要建立市场营销目标、选定目标市场、制定营销组合策略,但是国际市场营销与国内市场营销仍然有着明显的差别。

(一)国际市场营销比国内市场营销面临更多的不可控因素

这些不可控因素包括:国际贸易体系,如关税、进口限制、禁运物品、各种经济联盟、双边或者多边协定等;经济环境,如工业结构、国民收入分配情况、人口等;政治法律环境,如国际市场购买态度、政治法律因素;国内的金融政策、货币政策、政府效率等;社会文化环境,如生活习惯、宗教信仰、审美观念、价值观念等。所有这些因素都会影响国际市场营销。

(二)国际市场营销比国内市场营销面临更复杂的需求

由于国际市场的需求千差万别,国际市场营销的产品、价格、分销渠道和促销等在国际市场上也都有其不同的特点,因此,要取得国际市场营销的成功,必须强调不同国家的特殊性。

(三)国际市场营销比国内市场营销更需要统一的协调和控制

当一个企业与许多的国家有营销业务时,就必须进行统一的协调和控制,只有这样才能从整体上贯彻执行国际市场营销战略,实现国际市场营销目标。

(四)国际市场营销的风险大于国内市场营销的风险

国际市场营销的目标市场在国外,因此比国内市场营销面临更大的风险。目标市场在国外,要求产品或者服务必须满足不同文化背景客户的需要;良好信誉的建立往往比国内市场营销投入更多;更远的运输距离必然带来更多的运输风险以及要建立更为复杂的销售渠道;交换、支付和结算必然会受到不同货币政策、金融政策的影响,因此国际市场营销的风险远比国内市场营销的风险大。

综上所述,国际市场营销和国内市场营销的区别参见表1-1。

表1-1 国际市场营销与国内市场营销的区别

比较项目	国际市场营销	国内市场营销	结论
不可控因素	国内因素 国际贸易体系 经济环境 政治法律环境 社会文化环境	国内因素	国际市场营销不可控因素多
需求	地区差异 国际差异	地区差异	需求更复杂
协调和控制	国际环境差异管理、执行难	营销策略能在短时间内执行	国际市场营销难
面临风险	国外客户了解少 信誉不易建立 销售渠道复杂 货币金融风险大	与国际市场营销相反	风险大

五、国际市场营销学的形成和发展

国际市场营销是现代国际销售发展的必然产物,也是国内市场营销向国外地域上的延伸和扩展。由于国际市场的容量远远大于一国市场的容量,且各国经济社会发展又不平衡,市场需求差异大,产品在不同国家的生命周期阶段不同,故企业开发国际市场,既可以扩大市场销量,充分利用国外资源和市场降低产品成本,实现规模效益,又可以避免对相对狭小的国内市场的依赖,降低竞争压力,分散经营风险。因此,工商企业纷纷将视角转向国际市场,为国际市场营销学的产生和发展奠定了基础。

20世纪80年代以来,世界市场明显趋向统一化、一体化,经济的全球化推动企业作出跨出国门、走向世界的抉择。国际市场营销的主力军就是20世纪下半叶迅速崛起的一大批跨国公司。跨国公司的发展一方面加速了经济全球化的进程,另一方面也有效地带动了更多的企业开展国际市场营销,逐步朝国际化企业发展。

当国际市场营销活动蓬勃开展起来后,在美国,1956年出现了出口营销学,1959年出现了国际营销学,但其内容结构尚未摆脱国际贸易的框架,到20世纪60年代中期才运用了现代营销学的原理和方法。20世纪80年代,美国出版了多部国际营销学著作,初步建立了该学科体系。

第二节　市场营销观念

一、市场和市场观念的含义

(一)市场的含义

市场营销学中的市场不同于经济学中的市场。

经济学中的市场,狭义是指商品交换、买卖的场所以及组织;广义是指商品交换、买卖行为和关系的总和。因此,经济学中的市场包含三个要素:一是市场主体,即具有独立经济权利和行为能力,参与现实交换活动的自然人或者组织;二是市场客体,即交换的对象、内容,是一定质、量的现实商品、服务和货币;三是市场行为,即交换各方自主自愿,在互利的交易条件下发生的现实交换行为,是市场主体的主观意志的外在表现。以上三个要素共同构成经济学中的市场。

市场营销学则是站在卖方立场上讲市场,仅仅是指商品生产经营者服务的对象,实质是对其商品在一定时空范围内、一定条件下的需求的总和,不包括卖方、供给方(商品生产经营者自身及其竞争者全体,即一定商品的卖者的集合,也称为行业)。特定商品生产经营者、企业的市场也包含一定数量的购买者、购买欲望和购买力三个要素,用公式表示市场就是:

$$市场 = 购买者 + 购买欲望 + 购买力$$

案例 1-1

制鞋企业的市场开发

一家鞋业企业派它的高级财务职员到一个非洲国家去了解企业的鞋能否在那里找到销路。一星期后,这个职员打电话回来说:"这里的人不穿鞋,因此,企业的鞋在这里没有市场。"鞋业企业的总经理决定派最好的销售人员到这个国家,对此进行仔细调查。一星期后,销售人员打电话回来说:"这里的人不穿鞋,是一个巨大的市场。"鞋业企业的总经理为弄清情况,再派他的市场营销副总经理去解决这个问题。两星期后,市场营销副总经理打电话回来说:"这里的人不穿鞋,然而他们有脚疾,穿鞋对脚会有好处。无论如何,我们必须重新设计我们的鞋子,因为他们的脚比较小。我们必须在教育他们懂得穿鞋有益方面花费一笔钱。我们在开始之前必须得到部落首领的合作。这里的人没有什么钱,但是他们生产我们从未尝过的菠萝。我估计鞋的潜在销售量很大,因而我们的一切费用包括推销菠萝给一些欧洲超级市场的费用,都将得到补偿。总算起来,我们还可赚得垫付款20%的利润。我认为,我们应该毫不犹豫地去干。"

(二)市场观念的含义

市场观念,是指商品生产经营者、企业经营管理者对市场的根本态度、看法和观点,是从事经营活动、解决各种经营问题的指导思想、行为准则、思维方式,是一种重要的经营理念、经营哲学,其核心是对市场的看法、买方的位置以及经营活动的中心。

市场观念的形成与普及,从根本上来说,是市场环境、客观形势作用于经营实践的必然结果,是人们对经营活动的经验教训的总结。当市场环境、客观形势发生变化的时候,市场观念也会随之发生变化。对每一个企业、经营者而言,积极主动地适应环境、形势的变化,迅速、彻底地更新市场观念是必不可少的一种认识。

市场营销观念大体可归纳为两大类:一类是传统的市场营销观念,包括生产观念、产品观念、推销观念;另一类是现代的市场营销观念,包括市场营销观念和社会营销观念(如图1-6所示)。

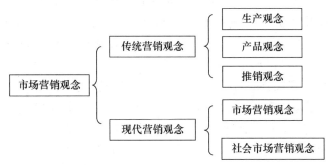

图1-6 典型的市场营销观念

二、传统的市场营销观念

(一) 生产观念

生产观念是最古老的观念之一。这种观念产生于20世纪20年代以前,在此阶段,大多数商品经常供不应求,买方竞争激烈,处于总体卖方市场态势。因此,企业考虑问题的出发点就是企业的生产能力和技术优势,奉行生产观念,其指导思想就是"我生产什么,就销售什么;我销售什么,顾客就购买什么",遵循这种营销观念的企业的主要任务就是"提高生产效率,降低生产成本,以量取胜"。因此,企业的全部经营活动以生产为中心,实行的是"生产导向,以产定销",经营活动的公式就是产—供—销(产品—资源—市场),经营活动的重点是对企业内部的生产管理和成本管理,靠扩大生产规模、提高生产效率和降低生产成本来增加利润。企业管理属于单纯生产型、封闭内向型管理。

案例 1-2

福特公司最初的市场观念

20世纪初,汽车是由制造工人手工打造而成的,成本较高,因而价格难以下降,汽车成了地位的象征,拥有汽车成了少数人的特权。美国汽车大王福特不断采用新材料、新技术和新方法制造各种汽车,自1902年推出A型车后到1908年,英文字母中仅剩下7个字母未被福特公司用来命名车型。1908年福特宣布,他的公司以后只生产一种汽车,即T型车。福特千方百计地增加T型车的产量,降低成本和价格,他用大规模生产实现了这一点,创造了第一条汽车装配流水线,从而大大节约工人的时间成本,降低了成本和价格,并宣称"不管顾客需要什么颜色的汽车,我只有一种黑颜色的T型车"。在T型车上获得了巨大成功的福特,后来也不得不以多样化的产品适应多样化的市场。

(二) 产品观念

产品观念也是一种较古老的企业市场营销观念。这种观念的出发点仍然是企业的生产能力与技术优势,其观念前提是"物因优为贵,只要产品质量好,就不愁卖不出去";其指导思想仍然是"我能生产什么,就销售什么;我销售什么,顾客就购买什么";遵循这种营销观念的企业的主要任务是"提高产品质量,以质取胜"。

产品观念认为,顾客关注的是产品的质量、性能和特色。只要质量高、性能好、有特色,产品就不愁卖不出去,其口号是"我好你买"。因此,企业实行"产品导向",不重产量重质量,致力于提高质量、改进性能,保证特色。但企业经营仍是以生产为中心,属于重产轻销的"闭门造车",只是不同于"闭门多造车",而是"闭门造好车",一味追求并迷恋于自己的优质品,孤芳自赏,其质量观只能是企业自以为是的"高质量",并不是顾客希望和满意的质量。

案例 1-3

瑞士钟表王国的失败

20世纪中期,钟表王国瑞士的厂商长期醉心于生产精密机械表,未采纳有识之士的建议及时生产石英电子表,结果让日本的电子表生产抢了先,一度痛失钟表产销量全球第一的桂冠。

(三) 推销观念

推销观念产生于20世纪20年代末至50年代前,当时许多的商品开始供过于求,卖方竞争出现并日趋激烈,市场开始向买方市场转化。许多产品的销路问题对越来越多的企业日益重要,不再是市场需要企业的产品,而是企业的产品需要市场。于是,企业不得不转变市场观念,从而形成推销观念,也叫销售观念。

推销观念认为:对于非必需品,顾客购买往往有惰性,不会主动、足量购买,购买行为迟钝、保守甚至有所抵触,只有通过企业推销活动的刺激、诱导,才能产生购买和连续购买的行动。也就是说,产品不是被顾客买去的,而是被企业卖出去的,企业会卖,顾客才会买。因此,企业的口号是"我劝你买"。

此时的企业市场观念开始有所转变,经营活动实行销售导向,开始重视销售工作,加强销售管理,讲求推销技巧。但是这种营销观念的出发点仍然是企业的生产能力与技术优势,因为其观念前提是"只要有足够的销售(推销或者促销)力度,就没有卖不出去的东西";其指导思想是"我能生产什么,我销售什么,顾客就购买什么,货物出门概不负责";遵循这种营销观念的企业的主要任务是"加大销售力度,想方设法(不择手段)将产品销售出去"。因此,企业的重心未变,只是转为致力于将自己生产的产品尽快、尽量推销出去,而且此时企业往往考虑的也只是自己的利益,并不考虑消费者的需要和利益。所以,推销观念仍然是一种比较落后的市场观念。

案例 1-4

秦池的落败

秦池酒厂成立于1990年,成立之初只是白酒行业的一个小企业,年产量1万多吨,销售区域在潍坊。为了扩大销量,1995年,该厂以6 600万元中标央视黄金广告时段,成为"标王"。据秦池对外通报数据,当年,秦池实现销售收入9.8亿元,利税2.2亿元,增长5—6倍。1996年,该厂又以3.2亿元的天价再次成为央视"标王"。广告给秦池带来了市场需求,为了保证市场需求,该厂又盲目增加生产线,扩大生产规模,巨额的资金投入使得它的发展捉襟见肘,随后由于不堪天价广告费的重负,被迫转卖广告时段,对产品的整体营销和品牌形象造成了不良的影响。

> 秦池的广告行为引起了媒体的注意。1997年,媒体曝光,秦池酒厂原生产能力只有3 000吨,加工过程简单,它从四川等地收购大量的散酒,再加上它们的原酒,勾兑成低度酒销售给消费者,整个操作过程也是手工操作,这篇报道更是给秦池酒厂带来了沉重的一击。当年销售额剧滑,1998年下滑至3个亿,从此一蹶不振。2007年,供应商指控秦池拖欠300万元货款,并将秦池诉至人民法院,秦池败诉,并裁定拍卖秦池注册商标用以抵债。

三、现代的市场营销观念

（一）市场营销观念

市场营销观念是于20世纪50年代中期在美国提出的,发展至今一直是现代市场观念的基础和核心内容。它同推销观念以及其他早期市场观念的本质区别是,企业的立场从自身转移到其服务对象——顾客、消费者那边,不再以"我"（生产经营者）的意志为主,而以顾客的意志为主,顾客至上（第一）,即从"生产者主权"论变为"消费者主权"论。

市场营销观念完全接受市场营销的概念,承认消费是生产的动因和出发点。满足消费者需要是生产者的根本,只有市场才是企业经营活动的"第一线",市场和顾客才是企业经营活动的中心,企业的一切经济活动都取决于消费者。企业实行"市场、顾客导向"、"以需（销）定产",用公式表示是:需（销）—供—产（市场—资源—产品）,口号是"生产能出售的东西,而不是出售能生产的东西"、"只有顾客需要的,企业才去生产、经营"、"热爱自己的顾客,而不热爱自己的产品"、"有了市场就有了企业成功的一半"。企业把市场视为真正的"上级"和最具有权威的调度。因此,必须首先从市场调研入手,摸清消费者需求,然后根据资源、条件去创造产品、供应市场。产品售出,生意才做了一半,还要通过售后服务,收集、反馈市场信息,改进生产经营工作。企业经营活动的实质就是不断发现并满足消费者需求的过程。企业不能单纯、片面地追求产量、质量、销售额和短期利润,而应当重点追求市场占有率（市场份额）,通过"全员营销",所有的部门、人员密切协调配合,力争"市场最大化",赢得企业在市场上的长久生存和发展。企业管理从生产经营型转变为全面经营型、开放外向型管理。这种观念强调一切为了顾客、全心全意为顾客服务、让顾客满意是企业经营的最高准则和目标。企业必须想顾客之所想,急顾客之所急,千方百计让顾客买得放心、用得舒心。

 案例1-5

只有一名乘客的飞机

英国航空公司的一架波音747客机在东京起飞前,因机械故障,不得不向购买该机机票飞往伦敦的191位乘客发出通知:008号航班将推迟20小时才能起飞,请各位乘客换乘其他航班。随后,190名乘客经劝说都乘别的航班走了,唯有一位叫大竹秀子的日本乘客对008号"情有独钟",非008号班机不乘。在此情况下,008号班机在排除故障后,有353个座位的008号班机载着大竹秀子一个人开始了从东京到伦敦的飞行。大竹秀子被请到头等舱,6部电影和各式精美食品供她挑选,15名客舱服务员和6名机组工作人员热忱为她服务。英国航空公司在这件事情上所表现出来的"顾客至上"的经营观念经媒体报道后,一夜之间在航空界传为美谈,使很多乘客为之惊讶,并以能有机会乘上该班机为自豪。

(二)社会市场营销观念

社会市场营销观念也是社会市场营销管理哲学,该观念认为:企业的任务是确定各个目标市场的需要、欲望和利益;并以保护或者提高消费者和社会福利的方式,比竞争者更有效、更有利地向目标市场提供能够满足其需要、欲望和利益的物品或者服务。企业不仅要满足消费者的需要和欲望并由此获得利润,而且要符合消费者自身的利益和社会的长远利益,要正确处理消费者需要、企业利润和社会整体利益之间的矛盾,统筹兼顾,求得三者之间的平稳与协调(如图1-7所示)。

社会市场营销观念是对市场营销观念的修正和补充。它产生于20世纪70年代西方资本主义出现能源短缺、通货膨胀、失业增加、环境污染严重、消费者保护运动盛行的新形势下,因为市场营销观念回避了消费者需要,消费者利益和长期社会福利之间隐含着冲突的现实。如洗衣粉满足了人们对清洗衣服的需要,却污染了河流,不利于鱼类生长;汽油作为主要能源,使人们可以驱车驰骋,但汽油的大量使用却污染了空气,侵害了人们的健康。

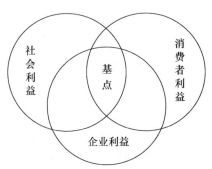

图1-7 社会市场营销观念利益基点图示

 **案例 1-6**

本田妙案

日本横滨本田汽车公司的汽车大王青木勤社长别出心裁地想出了一个为推销汽车而绿化街道的"本田妙案"。此方案一经推出就收到意想不到的效果,使本田汽车独领风骚。"本田妙案"是怎样产生的呢？青木勤社长在每天外出和上下班的途中发现，汽车在飞驰过程中排出大量废气直接污染了城市环境，不但乌烟瘴气，而且造成路旁绿树的枯萎。青木勤看到自己的产品给环境带来了不利影响，决心解决这个问题。

于是，他制定了"今后每卖一辆车，要在街道两侧种一棵纪念树"的经营方针。随后，本田公司又将卖车所得到利润的一部分转为植树费用，以减轻越来越多的汽车尾气对环境的污染。

"本田妙案"实施后，随着汽车被一辆辆售出，街上的树木被一棵棵栽上，绿化地带也一块块铺开。消费者自然对本田汽车产生了好感，同样是买车，为什么不买绿化街道的本田汽车呢。

综上所述，我们可以看出五种典型的营销观念在出发点、观念前提、主要任务、指导思想、产生时间、适应环境上都是不一样的，其区别参见表1-2。

表1-2 五种典型的营销观念的主要区别

观念类型		出发点	观念前提	主要任务	指导思想	产生时间	适用环境
传统市场观念	生产观念	生产能力	物以稀为贵	以量取胜	以产定销	20世纪20年代以前	卖方市场
	产品观念	生产能力	物因优而贵	以质取胜	以产定销	20世纪20年代左右	卖方市场
	销售观念	生产能力	推销取胜	强力推销	以产定销	20世纪50年代以前	均衡市场
现代市场观念	市场观念	市场需求	顾客是上帝	需求管理	以销定产	20世纪50年代中期	买方市场
	社会市场营销观念	兼顾社会、企业与消费者利益	内部条件、外部环境、营销目标动态平衡	战略性市场营销管理	企业优势与市场需求统一	20世纪70年代以后	买方市场

如表1-2所示，五种典型的营销观念，其产生和存在都有其历史背景和必然性，都是与一定的条件相联系、相适应的。当前，由于诸多因素的制约，并不是所有的企业都树立了市场营销观念与社会市场营销观念。事实上，还有许多的企业仍然以产品观念和销售观念为导向，目前，我国仍处于社会主义市场经济初级阶段，我国企业的经营观念仍处于以销售观念为主多种观念并存的阶段。

四、国际市场营销观念

在市场国际化、全球化、竞争激烈化的发展形势下，企业要以国际市场需求为导向，树立全新的国际市场营销观念，适应不断变化的国际市场营销环境，因地、因时和因人制宜地制定企业的国际市场营销战略和营销策略。目前，指导企业制定国际市场营销战略的观念主要有以下三种。

(一)国内市场延伸观念

国内市场延伸观念是企业力图将在国内销售的产品销售到国外市场上去。在这一观念的指导下,企业将国际市场营销活动看做是第二位的业务,是国内市场业务的延伸,主要目的是解决生产能力过剩而出现的国内市场销售问题。在制定企业市场营销战略时,国内市场业务得到优先考虑,国外市场业务被视为国内市场业务有利可图的延伸。企业一般很少开展针对国际市场的调研和分析,也很少单独作出针对国际市场的详细的营销组合方案。企业的市场营销导向就是以国内市场同样的销售方式将产品销售给国外市场的顾客。在市场细分完成后,确定目标市场时会选择与国内市场需求相近的国外市场,从而使产品更容易被市场接受,并以最小的成本获取最大的利润。

(二)国别市场营销观念

在国际市场业务不断扩大,企业意识到国外市场的重要性、差异性和国外业务的重要性时,企业的国际市场业务导向可能会转变为国别市场营销策略。以这一观念作为国际市场营销导向的企业高度地意识到不同国家的市场大不相同,需要对每一个国家制订几乎独立的市场营销计划和市场营销组合策略,只有这样才能取得销售成功。

(三)全球市场营销观念

全球市场营销与传统的多国营销不同,企业在全球性的市场营销活动中通过标准化产品创造和引导消费需求,可以进一步取得竞争优势。随着科技的进步,交通和通信的发展,各国之间的交往日益频繁,世界经济社会一体化趋势进一步加强,全球在众多方面具有越来越多的共同性,各国市场的需求也越来越具有相似性。就某些产品而言,各国市场之间的差异性甚至将完全消失。企业要想在激烈的优胜劣汰中赢得生存和发展,就必须以世界市场为导向,采取全球市场营销战略。以全球市场营销观念为指导的跨国公司常被称为全球公司(如可口可乐公司),其市场营销活动是全球性的,市场范围是整个世界市场。实施全球市场营销策略的企业追求规模效益,开发具有可靠质量的标准化产品,以适中的价格销往全球市场,即对全球市场采用相同的市场营销组合,以近乎相近的方式满足消费者的需求和欲望。

全球市场营销观念将整个世界视为一个整体,把具有相似需求的潜在购买者和实际购买者归入全球市场进行细分,只要成本低,文化上不冲突,就将产品标准化,制订标准化的市场营销计划,通过统一布局与协调,从而获得全球竞争优势。但这并不意味着在全球任何一个国际市场上的营销策略没有任何区别,企业的全球市场营销计划应当包括标准化的产品和因地制宜的广告,或者采用标准化的广告主题,但根据不同国家和地区的不同文化背景做一些形式上的调整,也可能采用标准化的品牌和形象,调整产品以满足特定国家顾客的需求等。全球市场营销观念是从企业全球市场营销的角度制订国际市场营销计划和营销组合方案,只要营销组合可行就寻求标准化的效益,只要有文化上的独特性要求就调整营销组合策略。

第三节 国际市场营销理论的新发展

国际市场营销环境变化无穷,经济迅速发展,科技不断进步,国际市场需求日益旺盛,对产品和服务的要求更加严格,在关税壁垒日益缩减的同时,非关税壁垒却不断增加。随着跨国公司市场营销实践经验的积累,国际市场营销观念也在不断更新,自20世纪80年代以来,国际市场营销学先后总结和创新了大市场营销、关系市场营销、服务市场营销、绿色市场营销、文化市场营销和网络营销等新观念。

一、大市场营销

(一)大市场营销的含义

20世纪80年代之后,世界经济的发展进入了一个滞缓发展、缺乏生气的时期,世界各国和地区纷纷采取经济封锁政策,贸易保护主义抬头。在这样的背景下,菲利普·科特勒于1984年提出了大市场营销观念。所谓大市场营销,是指企业为了成功地进入特定市场并从事经营活动,要在策略上协调,采用经济、心理、政治和公共关系等手段,以博得各有关方面合作的活动过程。

大市场营销观念实际上是指导企业在进行国际市场营销时,首先要运用政治权力和公共关系,设法取得具有影响力的政府官员、立法部门、企业高层决策者等方面的合作和支持,启发和引导特定市场的需求,从而在该市场的消费者中树立良好的企业信誉和产品形象,以打开市场、进入市场,然后再运用传统的市场营销组合策略去满足该市场的需求,进一步巩固市场地位。

(二)大市场营销与一般市场营销的联系与区别

大市场营销是在一般市场营销的基础上深化与发展而来,但大市场营销又具有与一般市场营销不同的特点和作用(参见表1-3)。

表1-3 大市场营销与一般市场营销的区别

比较项目	市场营销	大市场营销
市场营销目标	满足消费者需求	为满足消费者需求或者开发新的需求,改变消费习惯,争取进入市场
涉及有关方面	消费者、经销商、代理商、供应商、营销公司、银行	除一般介入之外,还包括立法者、政府机关、工会、改革团体和公众
比较项目	市场营销	大市场营销
营销手段	营销研究、产品开发、定价、分销、促销	除一般手段外,还要运用政治权力和公共关系
诱导方式	积极的诱导和官方的诱导	积极的诱导(包括官方的非官方的)和消极的诱导(威胁)
需要时间长短	较短时间	较长时间
投资成本	较低成本	高得多的成本
参加人员	营销人员	营销人员、公司高级职员、律师、公共关系和公共事务人员

二、关系市场营销

(一)关系市场营销的含义和主要内容

1. 关系市场营销的含义

关系市场营销从20世纪80年代起在美国理论界开始受到重视。它将市场营销活动看成是一个企业与消费者、供应商、分销商、竞争者、政府及其他公众发生相互作用的过程,核心是建立和发展与社会公众的良好关系。所谓关系市场营销,是指为了建立、发展、保持长期的、成功的交易关系而进行的所有市场营销活动。其市场结构包括外部顾客市场、供应商市场、内部市场、竞争者市场、分销商市场和影响者市场等,大大地拓宽了传统市场营销的含义和范围。

2. 关系市场营销的主要内容

与一个企业发生营销关系的主要有供货方、购买方、辅助性组织和内部组织四个大的方面,这四个方面与企业形成了多方的市场营销关系。因此,关系市场营销需要建立、保持和发展以下重要关系。

(1) 企业与上游产品供应者之间的交易伙伴关系,企业与服务提供者之间的交易伙伴关系,企业与最终顾客之间的交易伙伴关系,特别是在服务市场领域,企业与中间商之间的交易伙伴关系。

(2) 企业与其市场竞争者之间的战略联盟关系,企业与非营利组织之间的联盟与合作关系。

(3) 企业与联合研究、开发新产品和新技术的营销支持机构的关系。

(4) 企业内部职能部门之间的关系,企业与其内部职工、雇员之间的关系,企业内部各单位之间的关系。

在国际市场营销中,运用关系市场营销观念指导企业的国际市场营销活动能够更好地推动与目标市场上社会公众各方面良好的长期的合作关系。

(二) 关系市场营销与传统市场营销的区别

关系市场营销观念的出发点是顾客,用4C的营销观念作为出发点。这种观念与传统的市场营销相比,其对待顾客的不同之处在于:

(1) 传统市场营销关注的是一次性交易,关系市场营销关注的是如何保持顾客;

(2) 传统市场营销较少强调顾客服务,而关系市场营销则高度重视顾客服务,并致力于提高顾客满意度,培育顾客忠诚度;

(3) 传统市场营销往往尽量减少承诺,关系市场营销则有充分的顾客承诺;

(4) 传统市场营销认为产品质量是生产部门和销售部门所关心的,关系市场营销则认为所有的部门都应关心产品的质量问题;

(5) 传统市场营销不注重与顾客保持长期的关系,关系市场营销不仅注重发展保持与顾客长期、稳定的关系,也发展和维护与企业所有利益相关者间所发生的所有关系。

三、服务市场营销

(一) 服务市场营销的含义

服务,是指一种涉及某些无形因素的活动、过程和结果,包括与顾客或者其拥有的财产间的互动过程和结果,并且不会造成所有权的转移。在企业市场营销活动中,服务通常可以分为产品性服务和功能性服务两大类。所谓产品性服务,是指为顾客创造和提供的核心利益主要来自无形的服务。所谓功能性服务,是指顾客所获得的核心利益主要来自产品的有形成分,无形的服务只是满足顾客的非主要需求。与服务的这种区分相一致,服务市场营销也可以分为服务产品营销和服务顾客营销两大类。服务产品营销主要研究如何促进作为产品的服务的交换,而服务顾客营销则主要研究如何将服务作为一种营销工具来促进有形产品的交换。无论是服务产品营销还是服务顾客营销,其核心理念都是顾客满意和顾客忠诚,通过取得顾客的满意和顾客的忠诚来促进相互有利的交换,最终实现营销业绩的提高和企业的长期发展。

(二)服务市场营销与产品营销的不同

由于服务所具有的特征,服务市场营销也具有不同于产品营销的特征。

(1)服务是无形的产品,顾客通常很难感知和判断其质量和效果,而更多的是根据服务设施、服务环境和企业声誉等有形或者可感知的线索进行判断。因此,有形展示服务产品便成为服务营销的一项重要任务。

(2)服务市场营销的成功取决于顾客直接参与服务生产过程的程度及其在这一过程中同服务人员的沟通和互动行为。因此,在服务市场营销互动中,企业的营销人员必须重视如何有效地引导顾客正确扮演他们的角色,鼓励和支持他们参与生产过程,确保他们能够获得足够的服务知识以达到生产和消费的目的。此外,企业的营销人员还应当与顾客充分沟通,并针对不同顾客的需求差异保持足够的应变能力,以保持双方良好的互动行为,保证使顾客获得满意的服务。

(3)服务的不可存储性使得服务市场营销产生了对服务的供求进行更为准确平衡的需要,因为服务供大于求就会导致成本增加很多,而服务供小于求则可能会导致损失大量的利润和机会,并且要增加服务能力也很困难(如要培训)。

(4)服务不具备实体的特征,这使得大多数服务不能异地运输和销售,往往要求顾客必须到生产设施所在地,如饭店、宾馆;要么生产设施到顾客所在地,如家庭装修。

四、绿色市场营销

(一)绿色市场营销的含义

随着全球环境保护意识的增强,世界各国经济都在实施可持续发展战略,强调经济发展应当与环境保护相协调。所谓可持续发展,就是既要考虑当前的发展需要,又要考虑未来的发展需要,不以牺牲后人的利益为代价来满足当代人的利益,是生态、社会和经济三者的协调发展。绿色市场营销正是以可持续发展思想作为营销理念和基本准则,也被越来越多的企业所重视。绿色市场营销,是指企业为了实现自身利益、消费者利益和社会利益的统一,以环境保护观念为经营指导思想,以绿色文化为价值观念,以消费者的绿色消费为中心和出发点,强调企业与环境协调发展,履行环境保护义务,满足消费者绿色消费需求的营销活动。树立绿色观念,开发绿色产品,开拓绿色市场,是新时代企业营销发展的新趋势,也是企业寻求国际市场的新机遇。

(二)绿色市场营销与传统市场营销的区别

绿色市场营销观念强调企业利益、消费者利益和社会利益特别是环境利益的统一,体现的是一种全新的社会营销观念,它更加明确了要在环境、资源、人口、社会和经济等方面的协调发展中确保社会与消费者的长远利益,使营销理念发展到了一个新的阶段,是传统市场营销的延伸和发展。

从关注的焦点方面来看,传统市场营销主要研究如何通过协调企业、顾客和竞争者之间的关系来获取利润,而作为企业外部环境的自然环境和社会环境,只有在影响企业市场营销活动时才会受到关注。传统市场营销观念只是重视了企业利益、消费者利益和社会利益的结合,却并未重视社会的可持续发展。绿色市场营销观念则研究企业市场营销活动与自然社会环境的关系,研究自然环境与企业市场营销活动的相互影响,并以突破国家和地区的界限来关注全球环境。

从产品表现形式来看,传统市场营销只是关注产品是否满足消费者的需求,是否符合各种技术和质量标准;而绿色市场营销则从产品是否满足消费者需求出发,同时考虑企业的生产、使用和处理过程是否对环境产生污染,是否能够实现维持环境的可持续发展等各个方面。从产品销售过程中的渠道建设来看,传统市场营销只是考虑通过建立合适的营销渠道来扩大销售、降低成本,而绿色市场营销则强调在渠道建立过程中,要充分利用各种绿色燃料,减少分销过程中的浪费,简化供应环节,降低资源消耗,减少环境污染。从产品的促销方面来看,绿色市场营销注重引导消费者对绿色产品的消费。从产品的价格来看,绿色市场营销指导企业将绿色产品的环境成本作为产品价格的构成部分。

从标准来看,传统市场营销只注重产品在制造和使用过程中的标准化,而绿色市场营销除了考虑这些标准外,还会鼓励、保护和监督绿色产品的生产和消费,制定绿色标准制度,通过推行绿色标准制度,从而达到企业的营销目的。

美国皮尔斯堡面粉公司营销观念的变迁

美国皮尔斯堡面粉公司成立于1869年,在20世纪20年代以前,由于人们生活水平比较低,面粉公司认为不需要做大量宣传,只需要保证面粉质量、降低生产成本和价格就可以,因此,这个公司提出"本公司旨在制造面粉"的口号。

1930年左右,资本主义市场发生了变化,社会产品数量不断增加,花色品种不断增多,出现了相对的产品过剩,企业之间竞争加剧。皮尔斯堡面粉公司发现,在推销公司产品的中间商中有的已经开始从其他的厂家进货,销量也随之不断减少。

公司为了扭转这种局面,第一次在公司内部成立商情调研部门,并选派了大量的推销人员,同时他们将口号更改为"本公司旨在推销面粉"。

然而,各种强有力的推销方式并未满足各种经常变化的新需求,由此迫使皮尔斯堡面粉公司必须从满足消费者的心理和实际需要出发,对消费者进行分析研究。在1950年前后,皮尔斯堡面粉公司经过市场调查,了解到家庭妇女采购食品时,日益要求多种多样的半成品或者成品,如各式饼干、点心、面包。针对市场需求的变化,公司开始生产和推销各种成品或者半成品的食品,使销售量得到了迅速上升。

思考题:你认为皮尔斯堡面粉公司的市场营销观念可能存在哪些缺陷?

1. 市场营销学中的市场与经济学中的市场有何区别？
2. 现代企业应当具有怎样的市场观念？

全班每位同学设计1个特定商品销售给特定人群（完全拒绝这些商品）的营销难题（如将梳子卖给和尚、将电脑卖给没有通电村庄的村民），写在卡片上交给老师。两位同学一组，从老师手中抽取卡片，一位同学充当推销员，另一位同学充当顾客，在10分钟内，推销员向顾客成功推销出产品。然后两人角色互换，重新实践这一推销难题，根据表现决定胜负情况。

游戏规则：根据推销员在推销过程中体现的营销观念的现代性、推销说辞激发消费者需求的有效性、推销口头表达能力的影响性等来评定成绩，记入平时成绩。

第二章
国际市场营销环境分析

学习目标
◎ 了解国际市场营销宏观环境与微观环境的构成及其对市场营销活动的重要影响
◎ 认识国际市场营销环境与企业国际市场营销活动的动态适应关系,明确企业如何制定营销组合去适应营销环境
◎ 学会综合运用STEEPLE分析法和SWOT分析法,分析、评价市场机会与环境威胁,知晓如何应对国际市场营销环境的变化

第一节 国际市场营销环境概述

"物竞天择,适者生存"。一直以来的国际市场营销实践证明:许多企业的发展壮大,就是因为善于适应环境;而也有许多的企业,往往因为对环境变动预测不及时或者错误,造成极大的被动,甚至导致破产,就像案例2-1所说一样。

案例 2-1

政治领域的同床异梦者①

在有关奇基塔香蕉的争端中,由于欧盟的裁决有利于加勒比海香蕉而不利于拉美香蕉,因此美国政府决定报复,对意大利的帕玛火腿、法国的手袋、德国的香皂和沐浴露以及从欧洲进口的其他多种产品全都征收100%的惩罚性关税。必须记住:美国本身并不出口香蕉,但是在过去7年内,美国却发动了一场贸易大战,使得大西洋两岸的小企业蒙受数以百万美元的损失。怎么会这样的呢?全因为政治需要,这就是原因。

有一家装饰品商店向伦敦的一个画商预订英国的平板画,这本是它最有赚头也最畅销的商品,而如今已经停止了销售。生产和安装工业电池的行动电池公司已经损失25万美元,将来的损失可能更大。他们进口的商品都被征收100%的近1:7关税,这影响了他们的生意。美国政府的一纸命令使他们进口的产品价格翻了一番。以雷哈企业为例,该公司出售从德国进口的香皂、沐浴露和其他产品,其最畅销的药效泡沫浴液的进口关税本来只有5%,后来被提高到了100%。在6个月期间,该公司缴纳的关税由原先的1 851美元猛增到37 783美元,增长了1 941%。这对一个年销售额不足百万美元的小公司来说,简直是灭顶之灾。当雷哈风闻即将爆发"香蕉大战"时,到处打电话,给众议员打,给参议员打,也给美国贸易代表署打。可是在他向美国贸易代表署倾倒苦水时,代表却感到惊讶。"他们感到惊讶的是我怎么仍然在进口",因为他们以为高额的关税将会扼杀整个行业,那就是他们的意图,当然也意味着把雷哈企业杀死。

事实上,有关人员告诉他,他卷入这场贸易大战,全都是他自己的错。他应该像吉列和美泰那样,参加华盛顿的听证会,那样他的产品也许就会和吉列与美泰的产品一样从目标名单中被划掉。从服装到炉子,再到圣诞饰物、洋娃娃、圆珠笔,有几十种欧洲产品本是要征收惩罚性关税的,后来却逃脱了。大公司、贸易集团以及国会议员的强力游说使得大部分受到威胁的产品从名单上被划掉。美国贸易代表署曾在《联邦登记》杂志上刊登目标名单,邀请有关公司作证。不幸的是,雷哈不读《联邦登记》杂志。

---

① 资料来源:《欧盟朝着香蕉危机结束进发》,路透社。

有人告诉他,在这种情况下,他本应当到华盛顿雇一名说客,让自己了解内情。不过对一家年销售额不足百万美元的公司来说,却没有什么意义。美国贸易代表署的一位官员曾私下建议他更改发票上的海关货号,从而使他进口的货物看上去不在征收高额关税之列。当然,如果被抓住,他将受到巨额罚款,甚至坐牢。

欧洲的小公司也面临同样的难题,高额的关税使他们的出口逐渐枯竭。这场香蕉战究竟是如何展开的呢?欧盟确定了配额和关税,对由欧洲公司经销的来自加勒比海和非洲的前欧洲殖民地国家的香蕉有利,而对由美国公司经销的来自拉美的香蕉不利。奇基塔国际品牌公司和多尔食品公司抱怨说欧盟的"非法贸易壁垒"使得它们每年在欧洲遭受5.2亿美元损失,请求美国政府给予帮助。美国政府赞同两公司的说法,认为不公平的贸易壁垒正使得它们受到伤害,同意对从欧洲进口的一些商品征收100%的惩罚性关税。巧的是奇基塔品牌每年的竞选捐款从1991年的4万美元刚出头,猛增到1998年的130万美元。

最终这一争端的解决方式是对拉丁美洲的香蕉征收高额关税,对欧洲前殖民地的香蕉实施配额制,不再征收关税。但是由香蕉案而引起的摩擦仍在继续。最近,争端已经转移到香蕉的弯曲度问题上,即拉美的香蕉又长又直,而无关税国家的香蕉却又短又弯。承运商和经销商皆不喜欢后者,这种香蕉既无法摆放整齐又占用空间,至今依然不能为人们所钟爱。并且,欧洲经济委员会采纳了一项新政策:香蕉要避免"不正常的弯曲度"。而香蕉的生产商们便以不再遵守整个协议相威胁,所有相关方都认为此事前景不容乐观。

因此,一个企业在进入国际市场、开展国际市场营销活动时会遇到一系列的问题,首当其冲的就是面临国际市场的营运环境。一切国际市场营销活动都必须从审视、分析其营销环境开始。

一、国际市场营销环境的概念

所谓环境,是指围绕某一中心事物、主体的外部世界,是同该中心事物、主体相互联系、相互作用的各种外部因素的综合,是特定系统赖以存在的外部条件。环境与系统是相对的概念,特定系统内部还可以分为更小的系统及其环境,特定系统与其环境又可合并为一个更大的系统,存在于一个更大的环境之中,营销系统也不例外。

国际市场营销环境,是指对企业国际市场营销系统的营销活动、企业生存发展有影响作用的各种外部因素的综合,即与企业等各种社会组织发生着或者发生过现实关系与潜在关系的所有外部力量和机构的集合。

二、国际市场营销环境的内容

国际市场营销环境分为国际市场营销宏观环境和国际市场营销微观环境两个大的部分。国际市场营销宏观环境主要包括国内以及国外的经济、社会文化、政治、法律、技术和自然地理等几个方面,这些因素均为企业开拓国际市场的不可控因素,通过分析其变化发展趋势,可以得出对企业国际市场营销存在怎样的有利影响(机会)和不利影响(威胁)。国际市场营销宏观环境之外的要素都列入微观环境分析,包括对企业内环境、行业竞争者环境和价值链上的合作/共处者(主要包括渠道伙伴-供应商、营销中介、公众等)等的分析,这些因素多为企业可控因素,通过分析这些因素可以得出企业国际化营销中存在的优势与劣势(如图2-1所示)。

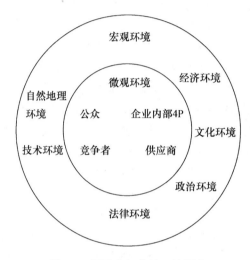

图2-1　国际市场营销环境要素

三、营销环境与企业市场营销的关系

企业的市场营销环境,其实就是企业的生存环境。研究市场营销环境与企业市场营销的关系,需要注意以下四个具体方面的问题。

(1) 对企业市场营销发生影响的因素是多方面、多层次、连锁的。在一般情况下,环境因素对企业市场营销发生影响的特点,是由宏观到微观逐步地产生影响的。鉴于以上情况,企业要特别注意各种环境因素对企业市场营销活动发生影响时传导的途径、作用的方面、作用的性质、力度的大小以及可能导致的结果等问题。

(2) 企业面对的各种环境因素并不是固定不变的,而是经常处于变动之中。营销环境的发展变化,或者可以给企业带来可利用的市场机会,或者会给企业造成一定的环境威胁。因此,企业不仅要了解静态的环境,而且要监测和把握环境因素的发展变化。

(3) 企业的市场营销活动,实际上就是对变化着的环境作出积极反应的动态过程。虽然从一般意义上说企业不能从根本上去控制其外部环境的发展变化,但企业的市场营销活动除了适应和利用的一面外也在影响着各种外部环境(尤其是微观环境)的形成与发展。

(4) 所有的环境条件都对企业的市场营销活动发生影响,但在企业发展的不同阶段,内外环境对企业影响的程度却不一样。当企业处于成长期时,较多地受内部环境因素的影响。如企业的领导机构不健全、管理组织不完善、基础工作薄弱、生产秩序混乱等,这时企业只有首先着重抓好内部管理工作,其市场营销活动才有可能获得发展。当企业进入高速成长期之后,产品性能和质量达到了一定的水平,各项规章制度基本健全,内部管理已经建立起良好的秩序,这时企业主要应当考虑的是如何去适应外部环境的变化,因此外部环境因素就成了影响企业市场营销活动的主要方面。

第二节 国际市场营销宏观环境

国际市场营销宏观环境,是指给一国企业造成市场机会和环境威胁的主要社会力量,主要包括国内以及国外的经济、社会文化、政治、法律、技术和自然地理等几个方面(如图2-2所示)。

图 2-2 国际市场营销宏观环境

一、经济环境

经济环境是全球市场潜量和市场机会的一个主要决定因素。经济环境,是指企业市场营销活动所面临的外部经济要素,其运行状况以及发展趋势会直接或者间接对营销活动产生影响。国际市场经济环境的分析,要从分析全球经济状况、一个国家或者地区的经济特征(包括人口、经济增长及其收入水平、国际金融和外汇、经济发展阶段等)入手,同时要分析区域一体化经济的发展及其对国际市场的影响。

(一)全球经济状况

目前,全球经济发展状况主要体现为以下三点:(1)跨国公司势力强大;(2)世界经济全球化时代到来;(3)在世界经济快速增长的同时,各国经济发展程度不平衡进一步加剧。不同的国家处于不同的发展阶段,有些国家一国之内的不同区域处在不同的发展阶段。

2011年世界货物贸易出口总额平均增长19.28%,进口总额增长18.83%,是2000年以来产量年增长率的两倍。2010年世界经济平均增长4.03%。以目前价格来计,2011年世界货物贸易总额增长18%,达到364 740亿美元,其中货物贸易出口额为181 970亿美元,货物贸易进口额为182 770亿美元(参见表2-1)。世界服务贸易出口总额增长10.6%,进口总额增长9.8%,达到81 985亿美元(WTO数据只包括传统服务方式贸易数据),其中,服务贸易出口额为42 244亿美元,服务贸易进口额为39 741亿美元(参见表2-2)。随着金融危机对全球经济影响的逐渐减弱,世界经济和国际贸易又恢复了逐步平稳上涨的形势。

表 2-1　2011年世界货物贸易前十位出口国(地区)与进口国(地区)

(单位：十亿美元　份额　年度变化率：%)

排名	出口国(地区)	出口额	份额	年度变化率	排名	进口国(地区)	进口额	份额	年度变化率
1	中国	1 889.2	10.4	20.3	1	美国	2 265.4	12.4	15.1
2	美国	1 480.4	8.1	15.9	2	中国	1 742.1	9.5	24.8
3	德国	1 470.1	8.1	16.9	3	德国	1 252.3	6.9	18.8
4	日本	822.7	4.5	6.9	4	日本	854.1	4.7	23.3
5	荷兰	659.9	3.6	15	5	法国	712.9	3.9	17
6	法国	595.3	3.3	13.8	6	英国	636.5	3.5	13.5
7	韩国	556.6	3.1	19.3	7	荷兰	598	3.3	15.9
8	意大利	522.4	2.9	16.9	8	意大利	556.7	3.0	14.4
9	俄罗斯	522	2.9	30.4	9	韩国	524.4	2.9	23.3
10	比利时	476	2.6	16.6	10	中国香港	483.6	2.6	11.7
	世界	18 197.0				世界	18 277		

数据来源：本部分世界贸易相关数据均来自 WTO 网站(除非另外表明)。

表 2-2　2011年世界服务贸易前十位出口国(地区)与进口国(地区)

(单位：十亿美元　份额　年度变化率：%)

排名	出口国(地区)	出口额	份额	年度变化率	排名	进口国(地区)	进口额	份额	年度变化率
1	美国	600.3	14.2	10.3	1	美国	411.9	10.4	2.4
2	英国	278	6.6	11.3	2	德国	284.8	7.2	8
3	德国	257.6	6.1	8.4	3	中国	237.7	6.0	23
4	中国	182.7	4.3	6.7	4	英国	177.6	4.5	6.6
5	法国	162.2	3.8	11.5	5	日本	166.6	4.2	5.7
6	印度	149	3.5	20.4	6	法国	141.5	3.6	7
7	日本	145.9	3.5	3.1	7	印度	131	3.3	12.1
8	西班牙	141.5	3.4	14.3	8	荷兰	119	3.0	12
9	荷兰	131.1	3.1	11.1	9	意大利	116	2.9	5.0
10	新加坡	125.3	3.0	11.6	10	爱尔兰	113.4	2.9	5.8
	世界	4 224.4				世界	3 974.1		

在世界贸易量不断加大的同时，地区贸易经济发展不平衡。图 2-3 显示了世界贸易结构，欧、亚、北美三极地区国家的重要性显而易见。2011年，北美自由贸易区进出口贸易总额占世界进出口总额的 15%，亚洲进出口贸易总额占世界进出口总额的 32%。欧盟进出口贸易总额占世界进出口总额的 33%，三极地区进出口贸易总额占世界进出口总额的 80%。发达国家通过技术、环保、利益集团、"两反一保"等各种措施增加了它们内部和相互之间的贸易，提高了它们在世界贸易中的份额与地位。

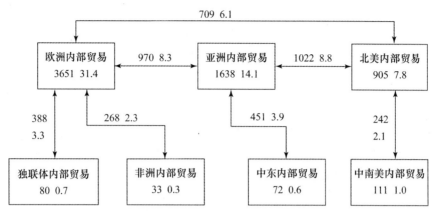

图 2-3　2006 年世界货物贸易流向

(二) 国家或者地区市场经济环境

一国或者地区的宏观经济状况既是重要的经济环境,又是综合因素的产物。国家和地区市场经济环境的考察可以从人口、经济增长速度与收入水平、国际金融与外汇环境、经济发展阶段等入手。

1. 人口

营销人员要考察的第一个因素是人口,因为市场是由对产品有需求、具有购买力的人口构成的,要进入某国的市场,首先要分析某国/地区的市场潜在规模,即分析其人口规模、人口结构、家庭结构以及消费结构。

(1) 人口规模。

表 2-3　2011 年和预计 2050 年世界人口最多的十国

2011 年世界人口最多的十国			预计 2050 年世界人口最多的十国		
排　名	国　家	人口数/百万	排　名	国　家	人口数/百万
1	中　国	1 348	1	印　度	1 690
2	印　度	1 241	2	中　国	1 296
3	美　国	317	3	美　国	407
4	印度尼西亚	242	4	尼日利亚	390
5	巴　西	197	5	印度尼西亚	293
6	巴基斯坦	177	6	巴基斯坦	275
7	尼日利亚	162	7	巴　西	223
8	孟加拉国	150	8	孟加拉国	194
9	俄罗斯	143	9	菲律宾	155
10	日　本	126	10	刚　果	149

数据来源:美国人口咨询局,2011 年世界人口数据表。

各国的人口规模决定着世界的潜在市场。许多产品的消费都与人口有直接的关系,对于许多的生活必需品来说,人口数字往往都会作为市场潜力的重要标识。目前,世界人口迅速增长(参见表 2-3)。在其他环境因素相同的情况下,人口总量决定某一区域的市场容量大小，人口的增长状况决定市场潜量的变化。人口增长在营销学意义上是利好消息，但人口增长对资源的过度消耗将造成某些资源的供给短缺（如粮食、木材、石油、土地、水等），短缺将引起一定程度的替代。从长远来看，人口增长既产生需求增长，也带来资源的产品替代的压力。

（2）人口年龄结构。

不同年龄结构的消费者，其购买力和购买偏好不同，因此一国的年龄结构将会影响不同市场的开发。从 Dent 的消费曲线（如图 2-4 所示）显示来看，个人开支随着年龄的变化有可以预测的消费模式，这在全球具有一定的趋同性。从各国的人口年龄看，一般发达国家老年人所占比例较高，发展中国家老年人所占比例较小。但总体来说，全球人口年龄老龄化趋势正在逐步加重。随着医学水平提高，人类寿命延长，这种人口动向，无论是对社会还是对企业市场营销的影响都是深刻的。人口老龄化会导致：① 对摩托车、体育用品等青少年用品的需求减少；② 对某些高档商品的需求减少，如一些国家的老年人不再愿意购置住宅、汽车等高档商品；③ 老年人对医疗用品和保健用品、助听器、眼镜、旅游和娱乐等市场需求增加，为经营老年人商品和服务的行业发展提供了极大的发展空间。

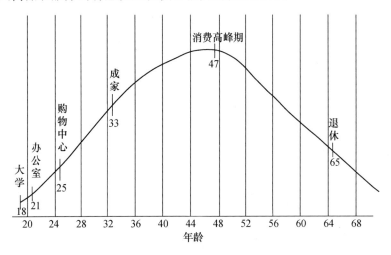

图 2-4　Dent 不同年龄消费支出/投资图

（3）人口性别结构。

人口性别结构不同，购买习惯也不同。男性和女性在市场需求、购买动机和购买行为方面都有相当大的差异。各国女性大多是日用品和儿童用品的采购者，而男性多是汽车和人寿保险的主要购买者。另外，随着女性在社会上地位的不断变化，其在家庭中的购买地位也在不断地发生变化。

（4）家庭结构。

许多国家的家庭结构发生变化，家庭规模日趋变小，丁克、离婚率提高，离婚后不再婚，致使市场对住房、汽车、日托服务等物品或者服务需求增加，给经营家庭用品的行业提供了机会；普遍晚婚，导致市场对结婚用品的需要减少。

另外一个家庭结构的变化是非家庭住户迅速增加。非家庭住户即单身成年人住户，包括未婚、分居、丧偶、离婚者，在美国此部分人数约占住户总数的 23%，这部分住户需要较小的公寓,较小的食品包装,较便宜的家具、日用品、陈设品等。两人暂时同居者、集体住户(如学生宿舍、职工宿舍等),企业应当注意和考虑这种住户的特殊需要和购买习惯。

(5) 消费结构。

消费结构主要受收入水平的影响,随着消费者收入的变化,消费者的消费结构也会随之发生变化。不同国家的消费结构是不同的,有些国家工业品的消费比消费品的消费多,有些国家则相反。大部分经济发达国家的工业品消费高于贫穷国家的工业品消费。20世纪以来,各国一直运用恩格尔系数衡量消费者的消费结构。恩格尔系数越高,则在消费品上的消费所占的比重就越高。

2. 经济增长速度与收入水平

从一国的经济来说,一国和地区国内生产总值(Gross Domestic Production,GDP)和国民总收入(Gross National Income,GNI)的规模和增长速度比较全面地反映了市场的基本情况。GDP和GNI总额越大,市场容量就越大,市场机会就越多,因此,日本、美国和欧洲是各国出口商努力争取的市场。GDP增长速度越快,市场潜力就越大,未来的市场机会就越多。

从消费者的角度来说,消费者收入水平是影响消费者购买力的关键因素。消费者收入可分为名义收入和实际收入,现期收入和预期收入,个人收入、个人可支配收入和个人可任意支配收入。其中,实际收入和现期收入直接影响现实购买力;名义收入和预期收入影响潜在购买力;个人可支配收入可将消费者的消费和储蓄分开,是影响消费者支出的决定性因素;而个人可任意支配收入是影响高档消费品、奢侈品支出变化的最活跃因素。

3. 国际金融与外汇环境

企业在国际市场开展市场营销活动,其资金流动不可避免地面临国际金融市场的影响,企业在国际市场上经营会面临汇率变化、通货膨胀、货币转换等的影响而带来的风险,因此企业必须了解国际金融市场的运行规律,分析国际市场上的金融风险与外汇风险。

企业在进行国际市场营销时是在一定的国际金融制度下进行的,因此企业除了会遇到和在国内市场销售一样的风险外,还会遇到国内市场所没有的金融方面的风险,主要是外汇风险。外汇风险主要有三种类型:第一,交易风险,即经营活动中所发生的风险,如由于对方拒绝承兑或者支付货款,或者货物出口后被对方商检机关认定为不符合该国法律、规章,这些都会给企业带来风险;第二,折算风险,海外子公司以外币计价和财务报表合并到母公司的财务报表时资产和负债价值随汇率变动而变化的风险;第三,经济风险,即企业价值由于未来经营收益受预期汇率变化而带来的风险。

大多数从事国际市场营销的企业,其最常见、最主要的汇率风险是交易风险。交易风险常常在以下几种情况发生:以即期或者延期付款为支付条件的商品或者劳务的进出口,在货物已装运或者劳务已提供,而货款或者费用尚未收到这一期间,外汇汇率变化所发生的风险;以外币计价的国际信贷活动在债权债务清偿前承受的汇价变动的风险;本币外汇合同到期时,由于汇率变化,交易某一方可能要拿出更多的或者较少的货币去换取另一种货币的风险。

如果企业的出口规模较大,或者大量进口原材料等生产要素,那么,汇率变动对企业的生产经营成本、销售收入以及市场竞争力就有直接影响。这就要求企业格外关注汇率的变动趋势,在市场活动中时刻防范汇率风险。

影响汇率变化的基本因素有利率、通货膨胀、贸易差额、经济情况,非基本因素有外汇管制(政治法律环境)、心理因素和其他因素。其中,利率变化将会引起利率上涨国家货币的升值,而通货膨胀率高的国家的货币将会贬值,贸易出现顺差时该国货币就会面临升值压力,而经济增长加快时该国货币将会升值,如人民币现在就充分体现了这一点。

企业在开展国际市场营销时可以通过利用提前或者延收付款法,套期保值,期权交易,软、硬货币兼用等方法进行汇率风险的控制。

4. 经济发展阶段

(1) 经济发展阶段的分析判断依据。

认识一国处于何种发展阶段是企业确定目标市场的前提。美国经济学家 W·罗斯托于 1960 年在《经济成长的阶段》一书中提出的经济成长阶段论,对人类分析、判断世界各国经济发展所处的阶段具有重要指导意义。

罗斯托认为,人类社会发展共分为五个经济成长阶段。一是传统社会,其特征是不存在现代科学技术,生产主要依靠手工劳动,农业居于首要地位,消费水平很低,存在等级制,家庭和氏族起着重要作用。二是为起飞创造前提的阶段,即从传统社会向起飞阶段过渡的时期,在这一时期,世界市场的扩大成为经济成长的推动力。三是起飞阶段,根据罗斯托的解释,起飞就是突破经济的传统停滞状态。实现起飞需要三个条件:① 较高的积累率,即积累占国民收入的 10%以上;② 要有起飞的主导部门;③ 建立能保证起飞的制度,如建立使私有财产有保障的制度,建立能代替私人资本进行巨额投资的政府机构等。罗斯托认为,一国只要具备了上述三个条件,经济就可以实现起飞,一旦起飞,经济也就可以自动持续增长了。四是成熟阶段,这是起飞阶段之后的一个相当长的虽有波动但仍持续增长的时期,其特点是:现代技术已被推广到各个经济领域;工业将朝着多样化发展;新的主导部门逐渐代替起飞阶段的旧的主导部门。五是高额群众消费阶段,这是一个高度发达的工业社会。大致而言,处于前三个阶段的国家,一般被称为发展中国家,而处于后两个阶段的国家则视为发达国家。

联合国按工业化程度来划分一个国家所处的经济发展阶段。这一方法把国家经济发展水平划分为三种:一是较发达国家(More-Developed Country,MDC),指人均收入高的工业化国家,如加拿大、英国、法国、德国、日本和美国等;二是欠发达国家(Less-Developed Country,LDC),指刚开始参与世界贸易的发展中工业化国家,这些国家大多在亚洲和拉丁美洲,其人均收入较低;三是最不发达国家(Least-Developed Country,LLDC),指工业不发达、以农业为主、拥有大量农业人口的国家,其人均收入水平极低,几乎不参与世界贸易。中非及亚洲的部分国家或者地区都属于这一类。联合国的分类标准亦受到批评,因为在当今这个工业化迅猛发展的世界,这种分类标准显得不再恰当了。此外,很多被划分为 LDC 的国家,其工业化发展速度很快,而另一些国家正以超越传统的经济增长速度向前发展。

(2) 经济发展水平与企业的国际市场营销。

一个国家的经济发展所处的阶段不同,居民收入水平也会明显不同,因此消费者对产品的需求也就会不一样,这都会直接或者间接地影响企业的国际市场。其影响主要体现在市场分销体系、市场的不同以及产品生命周期三个方面。

从市场分销体系来看,经济发展水平高的国家,其市场分销体系偏重于大规模的自助性零售业,如超级市场、购物中心的发展;而经济发展水平低的国家,其市场则偏重于家庭式及小规模经营的零售业。

从不同市场的影响来看,消费者市场上,经济发展水平高的国家,在市场营销过程中对于产品往往会强调产品的款式、性能及其特色,强调运用大量的广告及销售推广促销活动,竞争的核心往往是企业的核心竞争力的体现而非价格;而经济发展水平低的国家,则看重产品的功能及实用性,价格因素往往要比产品品质因素更为重要,促销也多为顾客与顾客间的口头传播。生产者市场上,经济发展水平高的国家着重于投资大,能提高劳动生产率、降低劳动力使用数量的设备生产,因为对于这样的国家,一般劳动者的教育水平和技术水平较高,能够使用并能进行这些设备的维修;而经济发展水平低的国家,则偏重于使用节省资金而多用劳动力的生产设备,以符合该国劳动力成本相对资本成本比较低的社会情况,因此经济发展水平较低的国家往往是经济发展水平高的国家的旧设备和旧机器的输出市场。

从产品生命周期来看,经济发展水平高的国家的产品生命周期的不同阶段要早于经济发展水平低的国家,因此各国市场上即使是同种产品也可能所处的生命周期的阶段却不相同。

(三)国际与区域性经济组织的发展状况

国际与区域性经济组织的作用与影响力日益加强。目前,世界进出口贸易、国际产业投资以及其他国际商务活动在相当程度上被纳入了国际和区域性经济组织的协调框架之内,诸多章程和规则已成为国际商务活动中重要的国际惯例,并带有一定的法律约束力。

全球性经济组织,如世界贸易组织(WTO)、联合国经济与社会理事会(UNESC)及下设的5个区域分会——联合国跨国公司委员会(UNCTC)、联合国贸易与发展会议(UNCATD)、联合国开发计划署(UNDP)以及工业、粮食、知识产权及海事方面的委员会或机构。

区域经济组织,如经济合作与发展组织(OECD,发达国家的区域性组织)、欧洲联盟(EU)、石油输出国组织(OPEC)、亚太经济合作组织(APEC)、北美自由贸易协定(NAFAT)、东南亚国家联盟(ASEAN)和阿拉伯国家联盟(LAS)等。

二、社会文化环境

社会文化主要指一个国家、地区的民族特征、价值观念、生活方式、风俗习惯、宗教信仰、伦理道德、教育水平、语言文字和社会结构等要素的总和。在一定的社会体系中,人们共同的文化现象属于核心(主体)文化。核心文化,是指在凝聚整个国家和民族的过程中占据支配地位的文化,包括世界观、价值观和人生观等。

文化对国际市场营销参与者的影响是多层次、全方位、渗透性的。它不仅影响企业营销管理,而且影响消费心理、行为方式、消费习惯等,并多是通过间接的、潜移默化的方式来进行。

文化的五大要素主要包括价值观、礼仪和仪式、符号、信仰和思维方式。国际市场营销者在设计产品、分销体系和促销计划时必须充分考虑每个要素。

(一)文化价值观

各国文化千姿百态,各不相同,其根本原因就在于文化价值观的差异。如我国,长期以来节俭几乎成为增加储蓄以保障长期消费的主要途径,因而我国一直保持较高的储蓄比例;美国人的消费观念则大不相同,消费是富有和享受的代名词,美国人的即期消费可能等同于甚至超过同期收入,汽车、家具等耐用品的更替周期越来越快。再如,美食文化是中国的传统文化之一,收入不高的我国居民在吃上舍得花费,而美国人在食物消费上似乎比中国人节俭,但他们用于服务的消费支出则高达总支出的2/3,尤其在旅游度假、文化、体育和艺术享受方面。

杰尔特·霍夫施泰德是研究文化价值观的开山鼻祖,他就文化价值观对各种商务活动及市场行为的影响为我们提供了最有用的信息。通过对66个国家约9万余人的调查,霍夫施泰德发现这些国家之间的文化差异主要表现在四个方面:(1)强调自我的个人主义/集体主义指数(Individualism/Collectivism Index,IDV);(2)强调权力的权力距离指数(Power Distance Index,PDI);(3)强调风险的不确定性回避指数或者风险回避指数(Uncertainty Avoidance Index,UAI);(4)强调自信和成就的男性化/女性化指数(Masculinity/Femininity Index,MAS)。之后,他和数以百计的其他研究人员发现,形形色色的企业及消费者行为模式都和其中三个方面有关。其中,个人主义/集体主义指数已经被证明是最有用的方面。由于男性化/女性化指数已被证明用处不大,所以此处不进行深入探讨。其他具体情况参见表2-4。

在20世纪90年代,罗伯特·豪思与其同事取得了一组可比较数据,更为强调的是与领导和组织相关的价值观。他们的资料本身就很有价值,而且其研究结果与杰尔特·霍夫施泰德之前用25年之久所获得的资料非常吻合。

表2-4 霍夫施泰德指数、语言和语系差异

国 家	IDV 指数	PDI 指数	UAI 指数	母 语	与英语距离
阿拉伯国家	38	80	68	阿拉伯语	5
澳大利亚	90	36	51	英 语	0
巴 西	38	69	76	葡萄牙语	3
加拿大	80	39	48	英语(法语)	0.3
哥伦比亚	13	67	80	西班牙语	3
芬 兰	63	33	59	芬兰语	4
法 国	71	68	86	法 语	3
德 国	67	35	65	德 语	1
英 国	89	35	35	英 语	0
希 腊	35	60	112	希腊语	3
危地马拉	6	95	101	西班牙语	3
印 度	48	77	40	德拉威语	3
印度尼西亚	14	78	48	印度尼西亚语	7
伊 朗	41	58	59	波斯语	3
日 本	46	54	92	日 语	4
墨西哥	30	81	82	西班牙语	3
荷 兰	80	38	53	荷兰语	1
新西兰	79	22	49	英 语	1
巴基斯坦	14	55	70	旁遮普语	3
韩 国	18	60	85	韩 语	4
土耳其	37	66	85	土耳其语	4
美 国	91	40	46	英 语	0
乌拉圭	36	61	100	西班牙语	3
委内瑞拉	12	81	76	西班牙语	3

数据来源:Geert Hofstede, Culture's Consequences, 2nd edition, Used by permission of Geer Hofstede。

个人主义/集体主义指数,是指有利于自我利益的行为取向。个人主义/集体主义指数较高的文化反映了一种以"自我"为中心的思维,常常对个人进取心加以鼓励和接受;而个人主义/集体主义指数较低的文化反映的则是一种以"我们"为中心的思维,个人一般必须服从集体。这并不意味着在个人主义/集体主义指数较高的文化中,个人游离于集体之外,而是说个人的进取心和独立性得到承认和支持。个人主义隶属于个人之间关系比较松散的社会,在这样的社会里,每个人都必须照料自己和家庭。与此相反,集体主义隶属于人们生来就融入具有很强凝聚力的团体的社会,在人的一生之中,只要对团体忠贞不渝,团体就不断地提供保护。

权力距离指数反映人们对社会不平等,即在某一社会制度中上下级间的权力不平等状况的容忍度。权力距离指数较高的国家往往等级森严,社会成员视社会角色、操纵能力及家庭出身为权力和社会地位的源泉。另外,在权力距离指数较低的国家,人们通常珍视平等,视知识和尊重为权力的源泉。在权力距离指数较高的文化中,人们通常认为权力属于个人,权力意味着强制而不是合法占有,因此,一般对他人心存疑虑。较高的权力距离指数通常反映了人们对上下级间差距的认同,认为掌握权力者理应享有特权,较低的权力距离指数则反映了更为平等的观点。

不确定性回避指数反映了社会成员对模棱两可或者不确定性的容忍程度。不确定性回避指数较高的文化往往难以忍受不确定性,因而往往对新思想或者新行为持怀疑态度。其社会成员往往显得较为焦虑紧张,为以后安全和行为准则感到担心。因此,他们抱残守缺,死守旧的行为规范不放,在极端情况下,这些行为规范甚至变成了不容触犯的天条。不确定性回避指数较高的社会往往把行为准则看做回避风险的一种手段,从而赋予较大的权威。相反,不确定性回避指数较低的文化焦虑紧张程度也较低,对反常的思想和不同的观点比较容忍,并且乐于冒险。因此,不确定性回避指数较低的社会运用实证的方法去理解事物、获得知识,而不确定性回避指数较高的社会则寻求"绝对真理"。

文化价值观对消费者的行为会产生直接的影响。让我们再看一看霍夫施泰德的文化价值观概念将如何帮助我们预测一些新的客户服务,如股票投资和网上拍卖在日本和法国的推广速度。如表2-4所示,美国的个人主义/集体主义指数值最高,达91,日本为46,法国为71。事实上,在个人主义至上的美国,我们可以预测独自坐在电脑前这种社会行为最受欢迎。而在日本和法国,由于文化价值强调集体行为,因此与缺乏人情味的电子交流相比,与邻居和股票经纪人面对面交谈更受欢迎。

与此类似,依据霍夫施泰德的不确定性回避指数,日本和法国的数值都很高,分别是92和86,而美国却很低,只有46。根据这些数值,可以预料日、法投资者不太愿意在股票市场进行投资冒险;实际上,他们更喜欢安全的邮政储蓄和银行活期存款。所以,在上述两个例子中,霍夫施泰德有关文化价值观的数据表明,与美国相比,这些革新在日、法的推广速度都要慢一些。这些预测与近年来的调查研究结果非常吻合:个人主义/集体主义指数高、不确定性回避指数低的文化往往更喜欢革新。

(二)礼仪和仪式

生活中到处存在礼仪或者行为方式。最明显的就是有关生活中的几件大事,婚礼庆典和葬礼仪式是很好的例子。西方国家非常重视毕业典礼,铺张的排场,滑稽的帽子,冗长的演说等。通常这些仪式随文化的不同而相异。

　　生活中同样也有一些小的礼节,如在餐厅就餐或者去百货商场,甚至清晨去上班或者上学前的打扮。在马德里的高档餐厅,甜点也许先于主菜,而宴会通常午夜开始并且整个过程差不多要3小时。到美国的百货商场顾客通常要找寻解答问题的服务生,但日本却不同,顾客一进门的地方就有提供帮助的服务员向顾客鞠躬。在美国拜访医生不得不只穿一件纸做的检查衣在冷飕飕的检查室等上15分钟,而在西班牙通常在医生办公室里做检查,所以无须等待,因为医生就坐在他的办公桌边。礼仪和仪式是非常重要的。它们协调着每天的交往和特殊的场合,它们让人们了解该怎么做。

 案例2-2

礼物本身并不重要,重要的是如何送礼

　　日本:除非应送礼者请求,否则千万不能当面打开礼物,日本人一般不会当面打开你所送的礼物。礼物包扎不要使用丝带和蝴蝶结。日本人并不认为蝴蝶结好看,而丝带则因颜色不同会有不同的含义。不能送与狐狸或者与獾有关的礼物。狐狸是生殖的象征,獾则含有狡猾之意。

　　欧洲:不要赠送红玫瑰和白花;不要用双数或者13;也不能用纸包扎鲜花;不要送贵重礼物,以免有贿赂之嫌。

　　阿拉伯世界:初次谋面时一般不要送礼,否则有行贿之嫌。除非熟知对方,否则不要让人觉得你想私下向对方送礼,以免留下不良印象;只要不是私交,都应当众送礼。

　　拉丁美洲:除非是为了表达对主人好客的谢意,否则送礼应当在有了私交之后才能进行。送礼应在社交场合进行,而不要在工作期间送礼。不要送黑色或者紫色的礼物,因为黑色和紫色都与天主教斋季有关。

　　中国:无论是公开场合还是私下场合,都不便提及送礼。除了宴会上或者演讲后的集体礼物外,送礼都应私下进行。

　　俄罗斯:通常俄罗斯人喜欢送礼,收到礼物也会很高兴。因此,要多带上一些礼物。最好的办法是带些礼物给孩子。应邀到访俄罗斯人家时,最好带巧克力或者红酒,但不要带伏特加。带上一束鲜花也很不错,但数量要凑单,双数用于葬礼。

　　美国:太夸张的礼物会引起问题。

(三) 符号

　　学会正确理解我们周围的符号是社会化的关键部分。自我们出生那一刻起开始接触语言,看见别人的面部表情,感受触摸的感觉时,这种学习也就同时开始了。作为能够影响社会文化的符号来说,一个是语言,另外一个就是作为符号的审美。

1. 语言

　　在社会文化环境中,语言文字是最直接和大众化的文化因素,它从现象和本质两方面反映社会文化的特征。信息交流是人们社会交往的重要的中介环节,而语言文字是最基本的沟通手段。语言与文字是文化的核心组成部分,只有通晓一国语言,才能真正认识该国的文化。而且每种语言都代表这一种文化、一种历史传统,每种语言都有许多不足以言传、很难翻译成完全等同含义的外语的成分,而恰恰是这些独特的部分构成了该国文化的特点。世界上语言种类繁多,其中英语、法语、西班牙语、葡萄牙语的应用国别最广,汉语、日语、印度语、俄语、德语、意大利语由于使用人口庞大或者国家经济实力较强,也成为重要的国际语言。

懂得一个国家的语言极其重要,成功的营销人员必须善于交流,不仅要会说这种语言,而且要能够透彻理解。撰写广告词的人不必过于担心两种语言之间的明显差异,相反必须关注那些习惯表达法。如在讲西班牙语的拉丁美洲,仅仅译成西班牙语是不够的,因为同一词汇的词义千差万别。举例来说,Tambo一词在玻利维亚、哥伦比亚、厄瓜多尔和秘鲁等国家意为"路边店",在阿根廷和乌拉圭则有"奶牛场"之意。

语言和国际市场营销之间关系的重要性还表现在另一方面,即语言距离概念,这对市场营销研究者在细分市场和战略决策时有所裨益。在决定国家间的贸易规模时,语言距离已成为一个重要的考虑因素。这种观点认为语言差异会增加交易成本。多年来,语言工作者依据语言形态和发展的相似特点,将全世界的语言分成不同的语系,使之各有所属。如西班牙语、意大利语、法语和葡萄牙语都起源于拉丁语,因此都被划归罗马语系。利用语系关系可以衡量语言的距离。假设我们从英语出发,那么德语则相隔1个分支,丹麦语相隔2个分支,西班牙语相隔3个分支,日语相隔4个分支,希伯来语相隔5个分支,汉语相隔6个分支,泰语相隔7个分支。表2-4列出了不同文化对应的"与英语之间距离"的分值。

在这一领域的其他研究工作证实了语言对于文化价值观和期望的直接影响。如与英语之间的语言距离越大,个人主义指数则越小。这些只是初步的研究,还有很多工作要做。不过语言距离的概念似乎大有用途,有助于更好地理解和预测消费者和管理者的行为和态度以及价值观方面存在的文化差异。

此外,所说的语言与文化价值观之间的关系还有更深层次的含义。随着英语借助学校和互联网之势传遍世界,个人主义和平等主义这样的文化价值观也传遍世界。例如,说普通话的人和说西班牙语的人为了表示第二人称,都必须学会两个词,在普通话中为"你"和"您",在西班牙语中为"tu"和"usted"。能否恰当使用这些词完全取决于说话的人对谈话的社会背景的了解。通过使用"您"和"usted",可以表示对对方身份地位的尊敬。在英语中,只有一个"you"。说英语的人可以撇开社会背景和地位不管,却仍然不会出问题。可见,英语使用起来要容易些,社会地位也不那么重要。

2. 作为符号的审美

除了具有代表性的符号语言外,绘画、歌唱、舞蹈也是一种符号,是一种艺术符号的交流。孔子认为"一画抵千言"。当然,舞蹈和歌唱也同样有意义。我们在熟悉文化的过程中学习这一美好而有意义的审美象征体系,即艺术、民间传说、音乐、戏剧和舞蹈。无论身处何地,消费者都会对比喻、神话及暗喻作出反应,因为正是这些比喻、神话以及暗喻帮助他们明确了在文化和产品利益之间的个人以及民族特征和关系。从具有独特含义的象征符号中很快就可以看出某一文化的独特之处。日本餐厅通常采用浅浅的土色色调,与此相反,中国餐厅的装潢则喜欢鲜亮的红黄色。

如果不了解某一国家的文化,不了解其审美价值观,就会遇到许多营销方面的问题。产品风格必须给人以美感,才能获得成功,产品广告以及包装设计也同样如此。倘若对审美价值麻木不仁,则很可能会触怒消费者,产生不良影响,从而导致市场营销活动徒劳无益。如果对某一文化中的审美价值缺乏了解,就有可能漠视很强烈的象征含义。如日本人崇拜仙鹤,认为仙鹤能带来好运,因为传说仙鹤可以活到1 000岁;反之,因为在日语中"4"与"死"同音,所以应尽量避免数字"4"。于是日本出售的茶杯是五件套而不是四件套。理解不同文化的隐喻性象征是制胜的关键。

案例2-3

不同的国家、民族的喜好和习惯

不同的国家、民族对图案、颜色、数字和动植物等都有着不同的喜好和不同的使用习惯:中东地区严禁六角形的包装;英国忌用大象、山羊做商品装潢图案;中国、日本、美国等国家特别喜爱大熊猫,但是一些阿拉伯人却对熊猫很反感;墨西哥人视黄花为死亡、红花为晦气,而喜爱白花,认为可驱邪;德国人忌用核桃,认为核桃是不祥之物;匈牙利人和西方人忌用数字"13";日本人忌荷花、梅花,也忌用白色和绿色,认为不祥,忌用数字"4"和"9",因为在日本"4"音同"死","9"音同"苦"相近;在法国,仙鹤是蠢汉和淫妇的代称,法国人还特别厌恶墨绿色;新加坡人对红色、绿色、蓝色比较喜欢,视黑色为不吉利,商品上不能用如来佛的形态,禁止使用宗教语言。

例如,曾有一美国高尔夫球生产商以日本作为其新拓展市场,但尽管进行了大量的广告灯促销,高尔夫球仍然卖不动,原来,该公司用了白色包装盒来装球,而白色在日本是与葬礼相连的,更糟的是一盒装的还是4个球,数字"4"在日本意指"死",可想而知产品为何销不出去了。

(四) 信仰

人们所信仰的许多东西来自宗教。因此,很难在迷信与宗教之间画出清晰的界线。

不管怎样奇怪,神话、信仰及其他文化观点的重要性不可否认,因为这些东西都是社会文化的重要成分,影响着人们的行为方式。如中国人认为出生于龙年代表着好运。因此,不少的年轻夫妇选择在龙年生宝宝。这种出生的小高峰对后续几年中销售尿布、奶粉、玩具及办学校等会有影响。

(五) 思维过程

不同的文化有着不同的思维方式。理查德·尼斯贝在他的著作《思想的地理学》中广泛地讨论了"亚洲和西方"的思想。他以孔子和亚里士多德引出全文,并通过对历史和哲学文献的思考以及新近的行为科学研究的成果包括他自己和同事所做的社会心理实验来展开他的论点。虽然他承认,把日本、中国和韩国文化视为一端,把欧洲和美国文化视为另一端的简单归类做法是危险的,但他的很多结论还是和我们研究的关于国际谈判、文化价值观、语言距离存在一致性。

如对观赏画的思维差异。亚洲人倾向于观赏画的整体并能由此道出它的背景和前景，而西方人只选择聚焦于前景，并能提供中心画面的细节，却对背景漠不关心。观察上的这种差异，即聚焦和整体画面是和迥然不同的价值观、偏好和对未来事物预期相联系的。尼斯贝的书是任何在国际范围内营销产品和服务的营销人员必读的，无论对在波士顿销售的日本人，还是对在北京销售的比利时人，他的观点都是有借鉴作用的。

五个文化要素中的每一个要素都必须根据对建议的营销方案可能产生的影响进行评估。较新的产品、服务和涉及从产品开发、促销到最终出售的大跨度方案要求更多地考虑文化要素。另外，文化根源和要素往往是相互作用的。所以，营销人员必须认真思考营销行为可能产生的广泛的文化后果。

三、技术环境

（一）一国或者产业的技术环境构成因素

一国或者产业的技术环境由多种因素构成，总体来说，主要包括以下六个方面：科技人才资源与研究经费的状况，R&D经费总量及占GDP或者销售额的比例；政府与企业的研究与开发；科研组织与政策；产业技术的发展趋势；科技普及与教育程度等。

（二）新技术的影响

新技术是"创造性的也是破坏性的力量"。改变人类命运最戏剧化的因素之一是技术。技术创造了许多奇迹，如青霉素、心脏手术；技术也造出了恐怖的工具，如氢弹、神经性毒气、冲锋枪；技术还造出了诸如汽车、电子游戏机等福咒兼备的东西。

每一种新技术都会给某些企业造成新的市场机会，因而会产生新的行业，如由于大量启用自动化设备和采用新技术出现的许多相关新行业，包括新技术培训、新工具维修、电脑教育、信息处理、自动化控制、光导通信、遗传工程、海洋技术等。

同时，每一种新技术也是一种"创造性破坏"因素，会给某个行业的企业造成威胁，使这个旧行业受到冲击甚至淘汰。如晶体管危害了真空管行业，复印机伤害了复写纸行业，汽车使铁路的经营日趋清淡，激光唱片夺走了磁带的市场，电视拉走了电影的观众等。如果企业高层富于想象力，及时采用新技术，从旧行业转入新行业，就能求得生存和发展。

新技术还造成了一些难以预见的长期后果，会引起市场需求的变化，给相关行业创造新的市场机会。因此，在创造新技术和采用新技术的同时要考虑它的两面性。

（三）信息技术的影响

1. 有利于企业实现市场网络建设的低成本扩张

信息技术革命带来的信息传递和资源共享突破了时空限制，将原来的二维市场变为三维市场（没有地理约束和空间约束）。目前，许多企业已经采用了虚拟现实的技术，它使用户通过声音、视觉和接触，进入三维的计算机操作环境。

2. 改变了传统的渠道理念

网络营销缩短了企业与消费者之间的距离，实现了双方直接交易，有效降低了中间成本，大大降低了中间商的作用程度，为广告创造了新的发展空间即网络广告。

3. 导致企业营销管理组织模式的变革

随着现代信息技术和企业内部网的使用,企业中横向信息交流和跨级信息交流更加频繁,使企业营销管理模式因信息流的高度应变性由垂直型走向扁平型。市场营销信息系统和市场营销决策支持系统的广泛运用有效提高了企业市场营销信息处理速度和决策能力。

四、政治环境

在现代经济社会中,政治环境效应同经济因素相互联系、相互制约。一国的政治环境对经济活动和市场行为具有直接的强制作用。因此,企业在市场战略方向、进入国别或者国际投资合作等重大问题的决策前,应当充分考虑政治、法律因素的影响。

国际政治环境主要包括政府政策的稳定性以及政治风险两个方面。

(一)政府政策的稳定性

一个稳定友好的政府是跨国公司所希望的理想的政治环境。然而,政府并非总是友好的、稳定的,友好、稳定的政府也不会永远不变。

在国际市场上,主要有以下五种不稳定的政治因素:(1)政府形式固有的不稳定性;(2)选举过程中,政党更迭会对商业条件造成影响;(3)民族主义;(4)针对具体国家的仇恨;(5)贸易争端。

1. 政府组织形式

公元前500年,古希腊人构想出三种基本政府形式并作了评论:一人统治;少数统治和多数统治。今天我们与之对应的术语是君主政治(或独裁政治)、贵族政治(或寡头政治)和民主政治。

对世界绝大多数国家来说,营销人员了解该国各主要政党的政治观点显得尤为重要,因为其中任何一种政治观点都有可能取得支配地位,并有可能改变现行的观点和整个商业气候。在两党轮流执政的国家,了解每一个政党可能选择的路线非常重要。譬如在英国,历史上工党与保守党相比,对外贸的限制往往更为严格。工党上台,则会限制进口;保守党执政,则倾向于放开对外贸易。所以,只要是在英国,保守党的自由贸易政策与工党的贸易限制政策往往是你方唱罢我登场,这全在外国企业的意料之中。美国的情况是通过两党在白宫的谈判,民主党国会勉强批准了由共和党提起的自由贸易协定。

2. 民族主义

民族主义是一种强烈的民族自豪感与团结心,是人民对祖国的一种自豪感。这种自豪感可能带有排斥外国企业的偏见,即使不竭力赞成但也会支持对外国企业进行干预和控制。经济民族主义的中心目标之一是维护本国经济的独立性,因为广大国民认为维护国家主权与他们的自身利益是一致的。换言之,民族利益与安全比国际利益与安全更为重要。

民族主义情绪的表现形式多种多样,包括号召人民"只买国货"、限制进口、限制性关税以及其他贸易壁垒。民族主义常常使人们以怀疑的目光看待外国投资,从而使外国投资成为严格审查与控制的目标。一般而言,如果一国感到外来力量的威胁越大,那么反对侵略、保护自己的民族主义情绪就越为高涨。

第二次世界大战结束以后,许多新的国家宣布成立,另有其他许多国家则争取经济独立。在世界上的一些地区,征用外国企业、实行限制性的投资政策以及工业国有化等做法一度非常普遍。也就在这一时期,印度对外国投资进行严格限制,以至于可口可乐公司、IBM及其他许多公司宁愿撤离印度,也不愿身处充满敌意的、不稳定的经济环境之中。

到了20世纪80年代后期,一度被视为威胁经济发展的外国投资者,如今却常常被看成是一种投资来源而成为人们追逐的目标。民族主义随环境和态度的变化而消长,今天受欢迎的外国企业明天却有可能受到干预,反之亦然。

即使在经济最繁荣的国家,也仍然存在着民族主义的情绪。当美国谈判者迫使日本进口更多的大米以帮助平衡两国间的贸易差额时,这种情绪上升到了一个新的高度。自给自足、自尊以及维护农民利益,这些在日本根深蒂固的观念使得日本几年来一直拒不让步。只有当日本大米歉收后,日本才暂时放宽对大米进口的限制。即便如此,所有进口的外国大米必须掺进日产大米方可出售。

3. 针对性恐惧和仇恨

民族主义是对所有其他国家的敌意,而针对性仇恨是针对某个具体国家的仇恨。20世纪80年代末90年代初,丰田公司就因为混淆两者概念而在美国犯下了错误。由于日系轿车在美国的销量下滑,丰田公司便设计并实施了一场针对美国民族主义的广告运动。然而,民族主义明显不是问题所在,因为德系车的销量并没有出现下滑现象。"美国人对日本的恐惧"才是对这一问题的正确界定。事实上,当时美国人的确认为来自日本的经济威胁远胜于前苏联的军事威胁。因此,当丰田公司花了数百万美元做广告来向美国人证明丰田车是在肯塔基州的一家工厂由美国人制造的时,美国人却认为日本正在"殖民"美国,这可能加剧了美国人的恐惧感。

4. 贸易争端

小范围的贸易争端本身就有可能激起更广范围的国际市场摩擦。中国人民币价值低估、日本禁止进口牛肉、中国政府补助违反WTO规定、发达国家对农场的补助、长期压抑的有关空客和波音补助金之争等贸易争端层出不穷,任何一个争端都有可能引发争端以致影响国际贸易的其他方面。

(二) 政治风险

政治风险,是指从事国际市场营销的企业由于受东道国各种政治因素的影响而遭受损失的可能性。其直接原因就是东道国政府的政治局势和政治政策的变化。政治风险的种类主要有以下三种。

1. 没收、征用和本土化

最严重的政治风险为没收,即无偿占有企业的财产。在20世纪50年代和60年代,许多欠发达国家或者地区将没收这种虽然没有法律效力的手段当做经济增长的工具,没收成了当时的一种普遍做法。

征用的风险虽比不上没收,但也相当严重。征用要求政府对其所占有的投资进行一定的补偿。被征用的投资通常被收归国有,即成为国家经营的实体。

第三种类型的风险为本土化。本土化,是指东道国通过制定一系列政府法令,规定企业管理中的当地所有权比例或者更多的东道国参与要求,逐步将外国投资置于东道国控制之下,收归国有。本土化的最终目的就是与本土化之前相比,要迫使外国投资者将更多的产权与管理权交给本国国民。没收与收归国有不仅不能迅速促进经济的发展,反而使收归国有的企业变得效率低下、技术薄弱,在国际市场上缺乏竞争力。如今,政府常常要求潜在投资者进行合资合作、使用当地原料、签订劳工协议和进行出口销售,以此作为进入的条件。作为投资的条件,企业必须实施本土化。

2. 经济风险

在国际经营中,虽然征用与没收的风险日渐减小,但是跨国公司仍然会遇到各种各样的、事先几乎没有任何征兆的经济风险。

(1) 外汇管制。

外汇管制是一国政府通过法令对国际结算和外汇买卖等实行限制的一种制度。外汇管制源于一国所持外汇发生短缺。一旦发生外汇短缺,或者发生大量资本流出本国,那么政府就可能会对所有的资本流动,或者针对那些容易受政治影响的企业,有选择地对资本流动实行管理,以便将外汇用在必需的用途上。这种管制会使得外国企业从东道国转移其利润或者投资变得更为困难,而且在将东道国货币兑换成本国货币或者第三国货币方面也比较困难。许多国家对货币仍然实行管制,一旦经济遭到挫折或者外汇储备严重损耗时,就会迅速对货币兑换进行管制。

(2) 本地含量法律。

除了限制必需供应品的进口来迫使企业购买本地供应品外,各国常常要求内销产品必须满足一定的本地含量要求,即产品必须使用了本地生产的部件。如泰国要求所有的奶制品使用当地奶的比例不低于50%。与人们通常所想不同的是,本地含量要求并不仅仅限于被第三世界国家所采用。外资装配企业被称为"螺丝刀加工企业",欧洲共同体要求其产品的本地含量达45%。北美自由贸易协议要求来自其成员国的汽车的本地含量至少达到62%。

(3) 贸易壁垒。

贸易壁垒,是指一国为了限制外国商品进口所设置的障碍。各国都会有针对性地对该国某些产业或者商品进行进口限制,以便保护国内产业或者工人就业。为了迫使外国企业购买更多的东道国产品从而为当地产业创造市场,各国常用的策略是有选择地对原材料、机器以及零配件等产品的进口进行限制。

(4) 税收管制。

对欠发达国家来说,其经济时刻处在资金短缺的威胁之下,于是在一些政府官员看来,获得流动资金最方便、最快捷的手段就是对成功的外国企业课以重税。如印度政府对百事可乐和可口可乐在印度灌装的汽水全都课以40%的税收。最近,印度政府对新业务的攻击就是试图对Sabre数据中心在线机票销售业务征收4 000万美元的税收。Sabre位于俄克拉荷马州的塔尔萨市,从事航空预订服务。印度政府声称,Sabre的塔尔萨处理中心与印度国内旅行社使用的台式机之间的数据交流表明了一个事实,即Sabre在印度拥有永久性机构。

(5) 价格控制。

价格控制,是指东道国政府用限价的办法来影响外国企业的市场营销活动。通常情况下,价格控制只应用于关系公众利益的必需品、重要物资、重要商品上。在通货膨胀的情况下,也会利用价格管制来控制生活费用上涨,达到抑制进口的目的。此外,有些国家对进口商品实行最低限价的限定,目的是削弱进口商品在国内的竞争力,保护民族产业。

(6) 雇工问题。

在许多国家,工会受到政府强有力的支持,尤其是在与外国企业的斗争中,常常迫使资方作出种种让步。如在法国,充分就业的观念在社会中根深蒂固,当通用汽车公司在法国的工厂想解雇当地工人时,被法国工业部部长斥责为不负责任的政策,甚至认为这种举动是大逆不道的行为。

3. 政治制裁

除了经济风险之外,某个或者几个国家也许会抵制另一个国家,从而断绝与该国的一切贸易往来,或者对特定商品的贸易实施制裁。长期以来,美国一直禁止与古巴、伊朗、伊拉克以及利比亚进行贸易。

(三) 降低政治风险的途径

虽然大多数企业都试图成为东道国的好企业,但是,跨国公司常常成为政治党派利益的牺牲品。对在当地深深扎根的跨国公司来说,最有效的方法是用事实来证明公司的战略与东道国的长远目标完全一致。除此之外,跨国公司还可以利用其他策略来最小化政治脆弱性与政治风险。

1. 建立合资企业

与当地或者其他第三国的跨国公司合资是减少政治干预的一种典型做法。无论是与当地企业还是和第三国企业合资,企业的财务风险都是限定的。与当地企业合资有助于降低对跨国公司的敌对情绪,而与另一跨国公司的合资则由于第三国的加入而增加了讨价还价的筹码。

2. 扩大投资基础

由数个投资者与银行一起参与东道国的投资也是降低政治风险的一种策略。这样做的优点是不管何时受到何种政府接管或者干扰的威胁,都会有银行力量的加入。如果这些银行已贷款给东道国,那么这一策略尤其具有威力。如果政府以征用或者其他形式的接管相威胁,那么参与投资融资的银行对东道国政府会有很大的左右力量。

3. 颁发许可证

通过颁发许可证将技术有偿转让可以消除一切风险。如果该技术独一无二且风险很高,那么这种颁发许可证的方法就会非常有效。当然这一方法也还有一定的风险,因为许可证获得者有可能继续使用该技术,但却拒绝支付应付的费用。

4. 有计划的本土化

以上讨论的策略可以有效地预先阻止完全接管或者使其影响降至最低程度。但是,如果东道国对外国投资企业实行本土化,那么最有效的长期解决方法就是有计划、分步骤地实施本土化,即有计划的本土化。跨国公司一般不喜欢这种做法,但是如果由政府来对投资项目实行本土化,那么其灾难性不亚于资产被没收。作为对本土化后果的合理反应,有计划地本土化不仅可以使外国投资者有利可图,而且易于外国投资者的经营。这一策略的实质是让东道国逐渐参与企业经营的各个环节。

5. 政治谈判

为了避免潜在的政治风险,跨国公司积极参与游说以及其他形式的政府谈判活动。如丰田公司提升美国市场的轿车价格以"帮助"垂死挣扎的美国竞争对手。美国汽车公司艰难度日时,日本政府规定汽车出口实行配额制。面对欧美日益高涨的批评,中国已经同意对纺织品出口实行配额制并适当浮动人民币币值。最后,从批判的角度来看,企业社会责任所掩盖的真正动机是拿它作为跟外国公众和政府谈判的筹码。

6. 政治贿赂

对付政治脆弱性的另一方法是政治贿赂。政治贿赂是企图通过收买掌权者,让其代表跨国公司出面干预,从而减轻企业的政治风险。这种方法已被用来减少各种问题所造成的不良影响。行贿国家政要以避免罚没性税收或者驱逐,收买代理人以确保销售合同被接受,给各种各样能影响企业计划实施的人以金钱鼓励,这些都是跨国公司管理者必须经常作出的决定。不过,这些决定通常也会引起道德问题。政治贿赂也许会产生短期利益,但是从长期来看,它的风险很高,所以投资者应当避免采用。

五、法律环境

企业的市场行为和经济活动首先是在本国经济法律的约束下进行的,而国际市场营销活动既要遵守东道国的经济法律规定,又要符合国际经济法律规范。

(一)本国法律法规

1. 产权方面的法律效应

明确企业或者投资人的所有权关系,如财产所有权法、知识产权法及其有关合资企业、股份制企业中不同投资方的股权比例、知识产权价值和经理人持股等。

2. 针对交易行为的法律约束

主要包括公司法、外商投资企业法、合同法、反垄断法、反不正当竞争法、广告法以及禁止某些交易内容和形式的行政规定。

例如,一些国家对外国企业进入本国市场经营设立各种限制条件:日本政府曾规定,任何外国企业进入日本市场,必须找一个日本公司合作;美国曾依法将电讯垄断企业一分为二以限制垄断,也曾允许双寡头垄断行业中的波音和麦道公司合二为一以提升新公司的国际竞争力。一些国家利用法律对企业某些行为作特殊限制,如美国的《反托拉斯法》规定,不允许几个公司共同商定产品价格,一个公司的市场占有率超过20%就不能再合并同类企业。各国法律对商标、广告、标签等都有自己特别的规定,如加拿大的产品标签要求用英、法两种文字,法国却只使用发问标签。广告方面,许多国家禁止电视广告,或者对广告播放时间和广告内容进行限制,如德国不准做比较性广告和使用"较好"、"最好"之类的广告词,许多国家禁止做烟草和酒类广告等。

3. 商务方面的法律规定

除了与交易直接相关的法律法规外,财务、税务、金融等方面的立法同样约束企业的市场行为和经济活动。有些国家的会计准则有特别的规定,与国际会计准则有一定的差异。在财务处置方面,与交易、促销有关的费用以及研究与开发、新产品试制成本如何列支,作为准法律的行政规定对企业内部管理和市场行为都会产生约束。

4. 保护消费者权益的法律约束

消费者权益保护法、产品质量法、食品卫生法、环境保护法以及部分产品方面的特别规定,旨在保护消费者或者公众的权益。在许多发达国家,法律规定消费者可以无理由退货,零售企业和消费者的纠纷很少。

5. 环境保护法的限制

近年,各国对环境保护的立法速度加快,环保标准进一步提高。超标排放的机动车不得上路,某些产品必须召回处置,部分排污严重的企业被迫关闭或者必须按环保要求作技术改造后才能继续营运。今后环保产品市场将形成巨大的市场。

(二) 国际经济法律规范

目前由较多国家签约或者认可的国际性经济法律公约有《世界贸易组织协议》、《联合国国际货物销售合同公约》、《国际贸易条件解释通则》、《跟单信用证统一惯例》、《保护工业产权国际公约》、《专利合作条约》、《欧洲专利公约》、《国际商标注册的马德里协定》、《商标注册条约》以及一些区域性的消费者保护、环境保护和促进公平竞争的公约和协定。这些公约和协定主要集中在容易产生纠纷的若干方面或者环节,如共谋、歧视买主、推销方法、可变定价、分区包销协议等竞争规则,关于产品质量、包装、担保、售后服务和价格变动方面的限制,关于专利、商标、版权的法律等。

此外,随着国际投资和跨国公司的发展,相应的国际和区域性条约和协定陆续出现,如《关于国际投资和多国企业宣言》、《东道国与其他国家国民之间投资争议解决公约》、《关于外国直接投资的待遇准则》、《关于管制限制性商业做法的公平原则与规则的多边协议》、《国际投资准则》。

(三) 东道国经济法律

东道国的经济法律分析方法有两个。一是借助本国经济法律法规的分类方法,在产权、经营主体、交易、消费者权益、环境保护以及财务、税收和金融方面考察,了解并充分认识其主要或者特别的法律、法规或者条款内容。如美国在竞争和交易方面的法律有近20项,其中重要的有《谢尔曼反托拉斯法案》、《联邦贸易委员会法案》、《克莱顿法案》、《罗宾逊-帕特曼法案》、《米勒-泰丁斯法案》、《惠勒-李法案》、《反吞并法案》、《合理包装和标贴法案》、《消费产品的安全法案》、《儿童保护法案》、《消费品定价法案》以及关于食品、汽车、香烟广告等专门的法律。美国是许多国家的出口东道国,美国在市场竞争和交易方面的法律是比较完整的,在外国产品进入美国之际,还有其他适用的法律规定。二是从专门的交易活动或者环节入手,展开全面的分析、比较,如企业产品的主要出口国关于广告促销方面的法律或者条款。表2-5描述了是部分西欧国家对广告行为的法律限制。

表2-5 部分西欧国家对广告行为的法律限制

国家	一般限制		对特殊产品的限制			对媒体的限制	
	广告中采用比较	用儿童做广告	酒精饮料广告	烟草广告	药品广告	广告媒体	商业性广告节目
奥地利	禁止贬低他人的比较	禁止直接的引诱	无此限制	电视广告自律	须政府审批	无此限制	不超过30秒

续表

国家	一般限制		对特殊产品的限制			对媒体的限制	
	广告中采用比较	用儿童做广告	酒精饮料广告	烟草广告	药品广告	广告媒体	商业性广告节目
比利时	禁止	依法禁止	禁止烈酒广告	电影院、电视和广播禁止	依法禁止	禁止电视和广播做商业性广告	禁止
丹麦	限制较少	无	无	过度吸烟的广告自律	禁止	禁止	禁止
芬兰	无	无	禁止电视广告	电视和面向青年的媒体禁止	自律控制广告拷贝	本国电台禁止	某些日子禁止
法国	禁止	须检查、筛选	禁止烈酒广告,电视广播还禁止非烈酒广告	电视广播禁止	需要有拷贝许可证	一家企业的广告不超过整个电视广告的8%	不许插播,只许成组播放
德国	禁止	电视广播须自律	酒业广告主自律	电视、广播禁止	禁止	无	晚上6—8点,周日无限制
意大利	禁止直接比较,允许有证据的间接比较	不能有儿童用食的场面	电视有某些限制	禁止	需要有拷贝许可证	禁止	电台成组播放
荷兰	允许公正的、证据充分的比较	自律	电视、广播自律	电视、广播自律	无	禁止	一个产品一周不超过两次
瑞典	禁止贬低他人的比较	禁止儿童处于危险的场景	禁止葡萄酒、烈酒广告	禁止	禁止有处方的药品	电视广播禁止商业性广告	禁止
瑞士	无	无	禁止	禁止	禁止	广播禁止商业性广告	一个产品一周不超过两次
英国	禁止贬低他人的比较	自律,应有利于儿童保护	晚上9点前禁止	电视广播禁止	自律	主要媒体无限制	无

六、自然环境

（一）自然环境的定义

一国的自然环境,包括该国的自然资源、地形和气候条件。企业市场营销的自然环境因素,是指影响企业生产和营销的物质因素,如企业生产需要物质资料、企业生产产品过程中对自然环境的影响等。这些因素主要从物质方面影响企业的市场营销活动,因此也被称为自然物质环境因素。

（二）自然资源

自然资源，是指自然界提供给该国的各种形式的财富，如矿产资源、森林资源、土地资源和水力资源等。

在国际市场营销过程中，企业应当着重寻找资源丰富的地方来开展国际市场营销活动，其关键是利用比较优势原理进行投资。

（三）地形

地形，是指一国领土的表面特征，由平原、山脉、江河、湖泊、森林和沙漠等因素构成，或者地理环境。地理环境会影响企业市场营销过程中的运费、保险费用和交货期。

地形对企业市场营销活动的影响包括：地势平坦国家，公路和铁路的运费比较低；而山路崎岖的国家的运费较高；沙漠、森林也会给分销带来困难。不同地形地区的人们的消费习惯也不一样，因此有岛民、山民、渔民"靠海吃海，靠山吃山"的说法。

（四）气候

气候表明某个国家或者地区的气温、干湿度以及刮风、降雨、降雪等条件。

气候对市场营销活动的影响表现在：规模较小的国家，气候比较单一；而疆域大的国家，气候也不一样；在热带地区，需要冷空调；在寒冷地区，需要暖气设施；在炎热干旱地区，对水的需求量很大。我国按照气候来划分，秦岭、淮河以南地区属于南方，气候比较温暖；秦岭、淮河以北为北方地区，气候相对比较寒冷。

（五）自然环境的变迁趋势

1. 某些资源将日益短缺，空气、森林和耕地在逐年减少

"取之不尽，用之不竭"的资源——空气被污染。"有限但可以更新的资源"——森林和耕地在逐渐减少，耕地大量被工业用地和生活用地占有，农业用地日渐减少。"有限又不能更新的资源"——石油、煤、铀、锡、锌等矿物正在减少，20世纪70年代石油危机爆发，每桶石油价格从1970年的2.23美元上涨到2008年的146美元，虽然截止到2012年9月份下降至97美元/桶，但石油危机的阴影仍环绕着全球经济。以矿产品为原料的企业的生产成本增加，竞争力下降，新的营销机会出现：对节能设备需求增加；积极开发太阳能、核能、风能、地热等新能源，用电动车取代以石油为能源的汽车。

2. 环境污染日益严重

（1）环境污染与威胁。

企业的经营活动对水源、空气和土壤的污染十分突出，主要的污染行业有造纸、电镀、印染、冶炼业等。土地的污染很严重，由于垃圾处理不当，大量的耕地被毁。我国"十二五"规划明确指出，把大幅度降低能源消耗强度和二氧化碳排放强度作为约束性指标，有效控制温室气体排放，这必将会对有关企业产生重大的影响。

（2）环境污染与市场机会。

环境污染同时也会带来市场机会，如对环保产品的需求增加，环保技术需要大力开发，我国在"十一五"期间对环保的技术开发需求有200亿元。仅上海市苏州河的污染治理就投资了20亿元，清理苏州河中的水葫芦、生活垃圾等投资巨大。

七、社会伦理

国际市场营销宏观环境中的社会伦理,是指近年来日益受到重视的企业社会责任(Corporate Social Responsibility,CSR)问题。

企业社会责任,是指企业在创造利润、对股东利益负责的同时,还要承担对员工、对消费者、对社区和环境的社会责任,包括遵守商业道德、生产安全、职业健康、保护劳动者的合法权益、保护环境、支持慈善事业、捐助社会公益、保护弱势群体等。

自20世纪90年代以来,伴随着劳工运动,消费者运动、环境保护运动以及可持续发展运动,在欧美国家成立了一批CSR组织,一类是对生产守则制定和监察认证比较有影响的组织,包括美国的"公平劳工协会"、"国际社会责任组织",荷兰的"洁净衣服运动",英国的"道德贸易行动"以及"地毯标志基金会"等;另一类是对企业实施CSR进行推广和咨询服务的专业化国际组织,如社会责任商业联合会、欧洲企业社会责任协会、社会和伦理责任协会、世界可持续发展商业理事会、哥本哈根中心。它们开展了大量对跨国公司利益形成机制产生重要影响的民间运动,如责任消费运动、社会责任投资运动。

随着全球经济一体化程度的加深,企业社会责任已经成为国际社会普遍适用的商业规则,成为所有国家市场的进入门槛和评价检验企业优劣好坏的重要标准。商业伙伴关系、市场营销、企业治理、财务运营、产品质量、劳资关系、生产安全、环境保护、社会事业参与、对社会发展和进步的贡献等企业的一切市场商业活动和社会行为无不受到各国政府、国际社会责任组织、媒体和全球消费公众的高度关注,并上升为超越国界、超越社会制度、超越不同法律体系的全球普适的企业规范性和强制性规则。无论国际贸易,还是国际投融资、国际商务合作,无不受到企业社会责任规范标准的约束。

案例 2-4

入乡随俗　脱颖而出——利雅路公司进军中国市场①

1997年6月30日,陕京天然气进京管道全部开通,9月30日陕京天然气正式进京,使北京人很快就可以结束烧煤做饭取暖的时代。精明的商家一眼就从这条新闻中发现了其巨大的隐含价值。果然,世界三大燃器具公司早早就开始角逐中国的燃器具市场。结果后来意大利的利雅路公司凭借其特有的优势,抢走了大半个市场。

利雅路公司成功登陆中国的燃器具市场,秘诀是什么呢?

在6年前,利雅路公司就开始关注中国市场。他们注意到,随着中国经济的发展和国际参与程度的提高,环境污染问题会越来越成为经济发展的掣肘因素。一些大城市中粉尘含量非常高,利雅路公司针对这一点作了大量的市场调查和研究,得出了

---

① 资料来源:约客网,侯忠义。

如下的结论:中国烟尘排放量的70%、二氧化碳排放量的90%均来自煤炭燃烧,这些燃煤污染物的排放使得中国北方四分之一的城市空气中浮尘浓度严重超标,南方及西南地区遭受酸雨侵害严重。

利雅路公司对以上信息进行了分析,并认为中国政府迟早会重视这个问题,何况中国要加入世界贸易组织(当时叫GATT),必须以国际眼光来审视自己,必定会改变以燃烧煤炭为主的取暖加热的方式,相比之下,以油、气为主的时代将会到来。利雅路对于中国市场的潜力颇具信心,决定抢先登陆中国市场。中国有句古话叫:"入境而问禁,入国而问俗,入门而问讳。"要想登陆中国市场,不了解中国是不行的,尤其是中国文化。利雅路在这方面颇有高瞻远瞩的目光,借用该公司驻北京首席代表那斯蒂先生的话说,中国的文化是"主情"文化,所谓"法无可恕,情有可原"已成为不少中国人理解事物和为人处世的方式方法,基于此,中国人把情感原因作为选择接受某些产品的前提条件。

对中国文化进行认真、细致的考察之后,利雅路公司采取了明确而有力的步骤。

第一,加深与分销商的感情。利雅路公司与分销商一起制订行销计划,和他们利益共享,风险同担。这就营造了一种让分销商把自己作为利雅路公司的一个成员的氛围。公司还组织分销商到欧洲一些国家巡回参观。在售后服务上,也不怠慢,并经常组织分销商参加一些专业技术培训,举办不定期研讨会,为消费者解决实际问题,从而维护利雅路公司的企业形象,永远尊重客户需求。

第二,利用中国的公关公司为打开中国市场铺路搭桥。早在1994年,利雅路公司就委托中国一流的公关咨询公司为其做市场调查。这家名为"亚宁"的公关公司通过调查后发现,中国锅炉制造比较落后,燃烧器的平均年产超过万台,而且产品质量相当不稳定,甚至发生过锅炉爆炸事件。他们通过亚宁公司找到中国锅炉行业协会,共同探讨如何发展中国的锅炉制造业问题,显示出满腔的诚意。

第三,进行政府公关。东方国家的人们比较崇拜权威,因此,走政府路线对经济活动有巨大的影响。政府公关是企业公关活动的重要内容,任何一家域内或域外企业都不能忽视同政府及上层主管单位的公关联系,何况对于中国这样的东方国家。利雅路公司因此制定了两项营销策略:一是搞好与政府及相应主管部门的关系;二是以高质量的产品赢得消费者的青睐。

对于锅炉问题,利雅路公司找到了原国家环保局,共同召开了"如何解决由于燃烧煤导致空气污染"的座谈会,并提出发展燃气工程,这些都得到了原国家环保局的认可。

北京市政府作出决定,将22个区域内的近万台燃煤锅炉改成天然气锅炉,这一信息对利雅路公司来说,意味着巨大利润,他们联合中国锅炉行业协会和原国家环保局,向主管陕西天然气进京工程的部门北京市政府游说,终于获得了这份大额的合同。政府公关的魅力由此可见一斑。利雅路公司抢占了中国燃气具市场。利雅路公司能在同行中脱颖而出,自有其雄厚的实力作为支持。公司年产燃器具超过40万台,研究开发和生产的燃器型号超过133种,适合各种轻油、重油及燃气(天然气、液化石油气、城市煤气)的使用。具有节能、低噪声等环保特点,是世界同行中的领先者。

利雅路公司的长远规划是以投资方式进入中国市场,除作为主要生产基地的意大利总部外,公司还设想建立两个装配基地,其中之一建在中国,这更将巩固其在中国市场的领先地位,也有利于开拓新的市场。

第三节 国际市场营销微观环境

企业国际市场营销微观环境包括对企业市场营销能力有直接影响的行动者和力量,市场营销的微观环境围绕着以顾客因素为中心,包括企业内部环境、供应者(合作者)、竞争者、营销中介以及公众(如图 2-5 所示)。

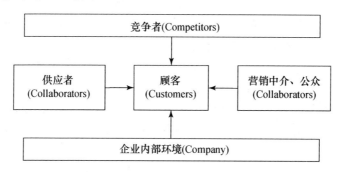

图 2-5 市场营销的微观环境系统

下面以美国的一家大糖果厂——赫谢食品公司为模型,按照企业、供应商、营销中介、竞争者以及一般公众的顺序来分析各种微观环境因素所起的作用。

案例 2-5

赫谢食品公司的微观营销环境——基本情况

赫谢食品公司位于美国宾夕法尼亚州的赫谢市,它的巧克力和糖果的年销售额都在 10 亿美元以上,出产包括赫谢巧克力块、赫谢糖、里希糖在内的一些产品,拥有一个庞大的营销和销售部门来管理该公司的市场营销,包括品牌经理、营销研究人员、广告和促销专家、销售经理和销售代表等。市场营销部主要负责制订营销计划,为现有的各类产品、各种品牌以及新产品、新品牌的营销服务。

一、企业内部环境

企业内部环境,是指包括企业组织结构、企业文化、企业拥有的有形资源和无形资源环境。企业内部环境对企业国际市场营销也会产生影响,因为只有在能够充分地利用企业所拥有的资源,发扬企业优秀传统文化的前提下,整个企业才能做到步调一致。营销部门一定要在充分考虑企业内部的环境的前提下才能在制订营销计划,并在开拓国际市场时做到有的放矢。

赫谢食品公司的营销部门在订立营销计划时,同样必须顾及与公司的其他部门,如与最高管理当局、财务部门、研究开发部门、采购部门、生产部门和会计部门等部门的协调工作,因为这些部门属于制订营销计划的公司内部小环境(如图 2-6 所示)。

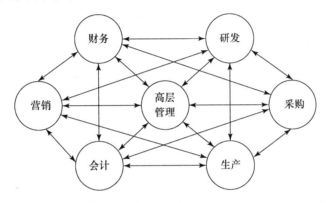

图 2-6 企业内部环境

赫谢食品公司的营销经理必须密切联合其他的职能部门。财务部门负责解决营销计划所花费的资金,在各种产品、各种品牌以及各种市场营销活动中对资金进行最有效的分配,财务部门对于利润指标的实现以及营销计划中风险的控制都有很大的作用。研究开发部门注重新产品的研究和开发。采购部门需要操心获得足够的原料(如可可、糖等),并为公司生产所需的其他生产必需品而奔波。生产部门负责满足生产目标的需要,安排最大生产能力和足够的生产人员。会计部门则关心成本与收益的结算,帮助营销部门掌握企业利润目标实现的情况。所有这些部门都会影响营销部门的计划和行动。各品牌经理必须先说服生产部门和财务部门接受他们的计划,然后才能向最高管理当局提交。如果生产副经理不分配足够的生产指标,或是财务副经理不分配所需的资金,那么品牌经理就只得修改自己的销售目标,否则就要把问题提交给最高管理当局去裁决。

二、产业竞争者分析

(一)迈克尔·波特的五种竞争力量分析

企业的服务对象,对企业产品有相同或者相似需求的顾客群,构成了买方市场,而能提供可替代产品的企业,或者提供相同或者相似服务的企业则构成了卖方市场(即行业)。行业的竞争对企业进入国际市场会产生一定的影响,因此我们有必要来了解行业竞争的情况。

按照迈克尔·波特的竞争理论,产业市场竞争强度受五种力量因素的影响,即现有竞争者改变现有竞争态势的能力、潜在竞争者进入的能力、替代产品竞争者的替代能力、购买者讨价还价的能力、供应商讨价还价的能力。这些因素又由更具体的内容组成,成为驱动产业市场竞争的基本力量。一个企业在市场上所处的竞争态势,可以通过企业周围的五种力量来分析,这五种力量的关系如图2-7所示。

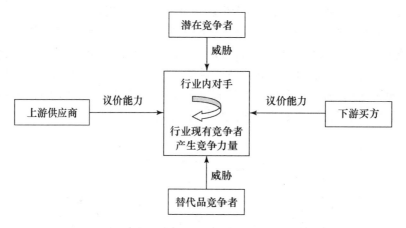

图 2-7　五种竞争力量关系

1. 现有企业的竞争

现有企业的竞争是竞争强度的基本因素,是指行业内外生产同类产品的企业,特别是指同处于一个战略集群内的竞争者。产业内现有企业的竞争状态是产业市场竞争强度的主要方面和直接表现。现有企业间的竞争状况如何、竞争强度大小,这与现有企业的数量有关,同时与竞争强度所依托的产业市场竞争模式以及变化方向有关。在既定的竞争模式中,产业市场的竞争强度受以下具体因素的影响:势均力敌的企业数量;产业成长潜力与速度;产业成本构成与产品特点;产业前景对于企业的战略利益以及转换或者退出产业的成本代价。

2. 潜在进入者的威胁

潜在进入者的威胁是竞争强度的潜在因素,对一个行业来说,潜在进入者的进入能力大小取决于两个方面:一是行业进入壁垒(障碍),如规模经济、独特产品差异、品牌形象、转换成本、资本要求、分销渠道、绝对成本优势(独特学习曲线、必要投入的可获取性、独特低成本产品设计)、政府政策,障碍少则新手容易进入行业,特别是信息时代新五种竞争力量将使竞争更加激烈;二是预期的现有竞争者的报复也会影响行业竞争强度。

3. 替代产品的压力

替代产品的压力是竞争强度的间接因素。随着科学技术的发展,替代产品(能满足同一需求的不同性质的其他产品)越来越多,表现为技术替代和经济替代。某一行业的所有企业都将面临与生产替代产品的其他行业的企业进行竞争。竞争的程度取决于替代产品与原产品的密切程度、替代产品的成本水平以及转换成本购货商的转换倾向和行业获利水平。

产品的替代压力有两种来源,即产业间产品替代和产业内产品替代。产业间产品替代即可替代产品来自产业或者具体行业以外,这将增加产业市场竞争强度的提升因素,使产业内原有企业面临生存挑战。产业内的可替代产品,属于同业企业间的产品竞争,对整个行业不构成生存压力,但竞争强度上升会对部分企业形成较大压力。

要抵御替代产品竞争的威胁必须全行业采取集体行动,协同应对。如组织行业协会、共同研制开发产品和改进产品质量,联合开展持续、大规模的广告宣传活动等。

4. 购买者讨价还价的能力

购买者讨价还价的能力反映了买方的竞争位势。行业成员面对购买者,行业内部是卖方之间的竞争,与购买者则是买卖方之间的竞争,并主要集中在价格、产品质量、服务等交易条件等方面。这时,企业的竞争策略选择是防御,即避开实力强大购买者的威胁。

在下列情况下,购买者具有较强的竞争力:需求量大、稳定的购买者;需求标准化产品、大路货的购买者,有更多的选择性;买方从卖方采购的规模占其全部采购量的比例较大,采购价格对买方成本水平影响较大;所购买产品的质量、性能等对买方产品的质量/服务水平并影响不大时;当购买者充分掌握市场需求、市场价格、市场竞争、产品成本等信息时;当购买者能够通过后向一体化取得所需工业用品时;买方调整或者变换供应商的转换成本较低;买方以及产业现有利润水平较低,难以接受较高的供应价格。

5. 供应商讨价还价的能力

供应商讨价还价的能力反映了卖方的竞争位势。行业成员面对供应者,在行业内部变成了买方之间的竞争,与供应者还是买卖方之间的竞争,竞争的焦点同样是各种交易条件。供应商通过提高价格、降低产品质量和服务水平、停止供货等手段对企业施加压力。

(二)信息时代新五种竞争力量

除了用迈克尔·波特的五种竞争力量分析竞争态势外,我们还必须对信息时代新五种竞争力量的影响予以高度的重视(参见表2-6)。

表2-6 信息时代新五种竞争力量[①]

信息经济中起作用的五种"新"力量		
力 量	说 明	效 应
摩尔法则 1965年英特尔创始人 高登·摩尔发现	计算能力大大加快(微机处理速度每18至24个月翻一番)	技术效应 (将会导致成本大大降低)
麦特卡夫法则 3COM公司创始人罗伯特·麦特卡夫提出,K·凯笠补充	网络新技术的价值在于使用它的人数和技术的普及率	技术效应 网络的潜在价值是用户数量的平方;网络的潜在价值是N^N,N代表连接人数
柯斯经济理论 1937年诺贝尔经济学奖获得者罗纳尔德·柯斯提出	市场行为的低效率导致交易费用(研究、订立和执行合同)	是自己经营活动还是依赖市场(外包) (是技术进步效应和经济效应结合作用的结果)
群鸟现象 (群鸟飞行、群鱼游弋的自然自发现象,没有领头者)	网络的自由、民主状态,进入平等、广泛、低障碍	社会效应 交流中民主时代的到来整个网络发挥着控制处理作用
鱼缸现象	网上大量的垃圾与蕴藏无限创造性同在,平等、广泛、低障碍进入带来竞争	社会效应 无政府状态的威胁;监控、监督不太明显也不太有序;竞争对手来自任何地方的任何企业

[①] 资料来源:整理自〔美〕诺埃尔·凯普,詹姆士·M. 休伯特,柏唯良,2003。

信息时代新五种竞争力量将在以下电子交易领域产生作用。

(1) 企业对企业(Business to Busibess,B2B)：企业采购，如阿里巴巴。

(2) 企业对消费者(Business to Customer,B2C)：在互联网上从事零售业务,如亚马逊等。

(3) 消费者对企业(Customer to Business,C2B)：消费者提出报价,从企业购买产品,如价格在线。

(4) 消费者对消费者(Customer to Customer,C2C)：消费者拍卖,如易趣网。

(5) 新人群对新人群(Geek to Geek,G2G)：电脑高手解决问题,如极客2极客。

未来,企业必须考虑以上五种力量的综合效应：摩尔法则与麦特卡夫法则的技术效应将带来日益加速的变化,就像迅速传播的病毒。企业、行业、市场的界限越来越模糊。由于交易费用的经济效应和技术效应对企业和市场效率的影响,营销人员必须不断评估企业的最佳状态、经营范围和规模。企业可能被迫使减小规模,甚至变成虚拟企业；企业必须时时考虑自己本身应当从事哪些活动,哪些应该依赖市场(外包)；营销人员将不得不时时考虑两种相互矛盾的选择；是削弱还是加强中介商的作用？而群鸟现象与鱼缸现象,由于不了解竞争来源于何方,不得不对战略进行不断修正。总之,企业将来的生存将是越来越具有挑战性的工作。

(三) 竞争者分析

从产品的替代性角度分析,竞争者可分为以下四个层次。

1. 品牌竞争者

品牌竞争者,是指满足同一需要的同种形式产品不同品牌之间的竞争。科特勒称之为"对抗"即预算竞争者,即争夺同一个消费者钱包份额的竞争,向同一企业的目标市场提供种类不同的产品以满足不同需要的其他企业。这主要是从行业乃至产业之间的竞争关系来看的,它将使购买力的投向在不同行业或者产业之间发生转移。

2. 属类竞争者

属类竞争者,是指提供不同产品以满足同一种需求的竞争者。

3. 形式竞争者

形式竞争者,是指满足同一需要的产品的各种形式间的竞争。即提供种类相同,但质量、规格、型号、款式、包装等有所不同的产品的其他企业。

4. 愿望竞争者

愿望竞争者,是指提供不同产品以满足不同需求的竞争者。

案例 2-6

赫谢食品公司的微观营销环境——竞争者分析

对于不同层次的竞争者来说,企业的经理们常有一种把注意力集中于品牌竞争因素的趋向,侧重建立品牌偏好的工作。赫谢食品公司希望被看成是头号糖果生产商,它的公司经理们就该花费时间,让赫谢的产品成为质量的领头,而卖价却正合适。赫谢食品公司建立起自己的品牌偏好,主要就是依靠优质的产品、广告宣传、促销活动和广泛的经销网点来实现。对于同类的品牌竞争,像雀巢牌、火星牌等,赫谢食品公司的竞争态势在大多数情况下奉行"双方存活"原则,偶尔也对竞争对手的市场作些攻击。不过生产糖果的大公司在较多的情况下,对积极攻击其市场的较小公司采取防御的态势。假如糖果公司只把注意力放在品牌竞争者上,那它就太缺乏远见了。它应该着眼于扩大自己的市场,即扩大整个糖果市场,而不应该在一个固定的市场上追求更多的市场份额,这是糖果公司面临的真正挑战。糖果公司必须关心市场环境的变化动向,比如在饮食方面,人们总的来说吃得较之前减少,特别是糖果消费更少或者正转向糖果的其他产品形式,如营养糖果等。竞争环境中除了其他同行企业外,而且还包括一些更基本的东西。

要想在竞争中处于优势地位,企业要树立顾客观点。在购买某些东西的决策过程中,顾客到底是想些什么呢?设想一个人不断地辛苦工作,在休息时,他会问:"我该做些什么呢?"社交活动、体育运动和吃东西的念头可能会闪现在他(她)的脑海。这些都可能成为愿望竞争者。如果这个人很想解决腹中空空的饥饿,那么问题就变成:"我想拿什么来填饱肚子呢?"各种食品包括炸土豆片、糖果、水果、软饮料等都会出现在心头,这些能满足同一需要的不同的基本方式,我们称为一般竞争者。这时,如果他(她)决定吃些糖果,那么又会问:"我想要什么样的糖果呢?"于是各种糖果,如巧克力块、甘草糖、水果糖等都会被想起,它们都可以满足吃糖的欲望,只是形式不同,可以称作是产品形式竞争者。最后,消费者认为想吃巧克力块,这时他(她)又会面临几种牌子的选择,有赫谢、雀巢和火星等品牌,这就称为品牌竞争者。通过这种方式,赫谢食品公司营销副总经理就可以判断出在销售更多数量的巧克力糖的情况下,各种竞争因素将各处什么地位。营销经理就要观察所有四个层次的竞争者(如图2-8所示)。

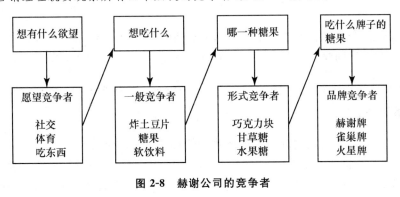

图 2-8 赫谢公司的竞争者

三、供应者

供应者在这里是广义的,包括供应商和辅助商。供应商是向企业提供所需各种资源要素的生产经营者,辅助商亦称服务商或者便利、促进流通者,是指为企业提供运输、仓储、报关、融资、保险、咨询、调研、广告代理和商标代理等服务,从而为企业创造营销的便利条件的机构和个人。供应者的行为无疑对企业进行市场营销有极大的影响。

案例 2-7

赫谢食品公司的微观营销环境——供应者分析

从赫谢食品公司来看,生产糖果糕点必须要有可可、糖、玻璃纸和其他各种生产所需的原材料,除此之外,工人、机器设备、燃料、电力、电脑以及其他的生产要素也是必不可少的。赫谢食品公司的采购部门必须决定哪些生产材料可以自制,哪些需要向外购买。如果决定外购,那么公司的采购代理人就得制定外购材料的标准,选择那些能保质保量、交货准时、信贷条件和担保良好、成本低廉等因素的最佳组合的供应商。

对于企业市场营销活动来说,供应商情况的变化会产生一定的影响。营销经理对于企业主要购入物料的价格变化趋势要予以密切关注。砂糖或者可可的价格上升会促使巧克力糖块价格上升,结果就导致了赫谢食品公司的预期销售量下跌。对于原料的货源,营销经理同样要予以关心。原材料供应短缺、工人罢工和其他事件都会影响供应商按时交货的许诺,导致近期的销售量下降,并影响与客户的长期关系。因此,许多企业为了避免对某一供应商的过分依赖,常常会分头从许多家供应商那里采购,从而摆脱了某一供应商通过任意要价或者限制供应所产生的不良后果。同时,公司的采购代理人还应该想方设法与一些主要的供应商建立长期的交往,他们知道要得到供货,尤其是在原料紧张的情况下得到供货,就必须同供应商"交流感情",从而得到优先考虑。

四、顾客

顾客在这里也是广义的,包括顾客和中间商,是指向所有的企业购买产品、服务的其他企业、机构和个人。其中,中间商既是企业市场营销活动的对象,又是企业市场营销活动的参与者。

案例 2-8

赫谢食品公司的微观营销环境——顾客分析

赫谢食品公司销售糖果的主要方式就是把糖果卖给中间商们,如批发商、大型连锁超市、自动售货机经营者等,他们再以一定的利润把糖果卖给消费者。为什么赫谢食品公司要全部使用中间商来销售糖果呢?奥秘就在于通过中间商向顾客提供服务产生的几种效用,它所花费的钱财要比赫谢食品公司直接行动的费用便宜许多。作为一个制造商,赫谢食品公司主要是能保证大量的糖果能运出厂门。而顾客只关心能否在最方便的地点、最方便的时间买到巧克力块,最好还能同时买到其他所需的货物,付款方式越方便灵活越好。所以,赫谢食品公司的大批量生产糖果的方式同消费者所喜欢的购买方式之间有一定的差距,为了克服这点,中间商就应运而生,由他们来协调厂方供应与顾客购买行为之间所存在的数量、地点、时间、品种以及拥有方式等的不同而产生的矛盾。

所以说,中间商通过在顾客所在地储存赫谢食品公司的糖果形成了地点效用;在购买地点,通过每天较大时间的服务来满足消费者购物的便利,从而创造了时间效用;把巧克力糖按块零售从而创造了数量效用;为了便于消费者在同一次购买行动中买到其他所需物品,于是把各种可能选购的商品集中在一个店铺,从而创造了品种效用;通过使用最方便的现金支付方式,而不需要开账单,这样方便的交易形式创造了持有效用。倘若这些效用均由赫谢食品公司自己去创造,那它就必须营建、募资和自己经营一个遍及全国各地的商业网点和自动售货机网,与使用中间商这个销售渠道相比,赫谢食品公司很快就能发现,中间商的工作效率要高得多。赫谢食品公司的产品卖给好几种顾客市场,其中最重要的是经销商市场,经销商们把从赫谢食品公司买来的糖果专卖给消费者。机构购买者是赫谢食品公司的另一个重要的顾客群,是指那些为自己员工开办咖啡馆的工厂、医院、学校、政府机构等组织。另外,赫谢食品公司也向外国消费者、生产厂、转售商和政府销售大量产品。每个顾客市场都有自己的特点,这就需要销售商很好地去研究他们。

五、公众

公众,是指对企业实现其营销目标构成实际的或者潜在影响的团体,包括金融界、媒体、政府机构、公民团体、地方公众、普通公众以及内部公众。企业公众的类型如图 2-9 所示。

1. 金融公众

银行、投资公司、证券交易所、股东等都是主要的金融公众。

2. 媒体公众

媒体公众是一些能刊载、播送新闻、特写和社论的机构,特别是报纸杂志、电台、电视台等。

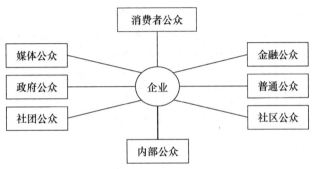

图 2-9 企业公众的类型

3. 政府机构

在制订营销计划时,企业必须考虑政府政策措施的发展变化。政府公众负责监管企业的经营活动,因此对企业的营销影响不可忽视。

4. 社团公众

消费者协会、环境保护组织、少数民族团体等可能会对一个企业的市场营销活动提出质询。

5. 社区公众

社区公众即企业附近的居民、单位和社区组织。他们对企业能否正常经营具有重要作用。

6. 普通公众

企业在普通公众中的形象会影响消费者的行动。

7. 内部公众

企业内部的员工也会对企业的整体形象产生影响。

 案例 2-9

赫谢食品公司的微观营销环境——公众分析

金融公众——为了使金融界对自己企业的正常经营感到满意和放心,赫谢食品公司通过发表年度报告、回答有关财务方面的有关问题等措施,在金融界群体中建立起信誉。

媒体公众——赫谢食品公司希望拥有更大更好的媒体覆盖面,因此赫谢食品公司总是和各大媒体保持良好的关系。

政府机构公众——赫谢食品公司的营销人员向律师咨询有关产品可能碰到的问题以及如何保证广告的真实性等的问题。赫谢食品公司还必须考虑与其他的糖果厂联手从事游说宣传活动,阻止一些将损害它们利益的法律发生效力。

公民行动团体——一些用户至上主义者就曾指责一些糖果的热值太高,易引起蛀牙等。赫谢食品公司必须对这种反面宣传予以反击,它可以声明糖果的益处,也可以同用户至上主义者讨论,得到一个较为公正合理的结论。

社区公众——赫谢食品公司指派一名职员负责社区公共关系,处理社区服务,参加社区会议,回答疑问,并为一些公益事业提供赞助。

普通公众——为了树立健全的"法人"形象,赫谢食品公司派遣人员参加社区的募资活动,向慈善事业捐赠,建立消费者意见处理系统。

内部公众——为了向企业内部公众同胞通报消息并激励他们的积极性,赫谢食品公司发行业务通讯或者采用其他的沟通信息方法。当企业的内部公众对自己的企业感到满意时,他们的态度也能宣传到企业外的公众。

第四节 国际市场营销环境分析方法

一、环境发展的趋势

国际市场营销环境的特征决定了它对企业的生存与发展、市场营销活动以及决策过程产生着有利的或者不利的影响,产生着不同的制约作用和效果。一方面,它为企业提供了国际市场营销机会;另一方面,国际市场营销环境也会给企业造成某种威胁。

环境发展的趋势基本分为以下两大类。

一类是环境威胁,是指环境中不利于企业营销的因素的发展趋势所形成的挑战,如果不采取果断的营销行动,这种不利趋势将损害企业的市场地位。企业营销经理应当善于识别所面临的威胁,并根据其严重性和出现的可能性进行分类,之后,为那些严重性大且可能性大的威胁制订应变计划。

另一类是市场机会,是指对企业营销管理富有吸引力的而且具有竞争优势的领域和动向。这些机会可以按照其吸引力以及每一个机会获得成功的概率来加以分类。企业在每一特定机会中成功的概率,取决于其业务实力是否与该行业所需要的成功条件相符合。

案例 2-10

世界与中国保险业发展趋势

某保险公司通过其营销信息系统和营销调研了解到以下足以影响其业务经营的动向:(1) 到 2004 年年底,全球 49% 左右的保险公司将允许投保人使用互联网或者商业热线服务进行了解、咨询、更改保险单信息;(2) 保险业的国际化趋势加快,全世界范围内金融兼并潮起浪涌,金融业巨头实力进一步扩大;(3) 加入 WTO 后,外资保险公司进入中国市场的步伐日益加快;(4) 巨灾风险加大,巨额保险增多,保险市场面临巨大挑战;(5) 中国经济持续高度发展,人民生活水平不断提高,对金融服务和金融产品的需求不断增加;(6) 放松费率管制,保险服务自由化,放松保险公司设立的限制;(7) 据瑞士再保险公司的 Sigma 杂志 2004 年资料,2003 年全球平均的保险深度(保费收入占 GDP 比例)为 8.06%,中国为 3.33%。大多数工业化国家保险密度(指按人口计算的平均保费额)的平均水平大约在 1 100~3 700 美元,我国为 36.30 美元。

显然,以上分析 1—4 条动向为给这家保险公司造成了环境威胁,5—7 条动向造成了企业可能享有差别利益的市场机会。

二、国际市场营销环境的分析方法

(一)综合矩阵分析法

综合矩阵分析法就是根据企业所面临的环境威胁和环境机会的不同,将企业的业务结果分为四种不同的情况。

如上所述,任何企业都面临着若干环境威胁和市场机会。然而,并不是所有的环境威胁都一样大,也不是所有的市场机会都有同样的吸引力。企业面对威胁程度不同和市场机会吸引力不同的营销环境,可采用"威胁分析矩阵图"和"机会分析矩阵图"来分析、评价营销环境。

1. 环境威胁矩阵分析

环境威胁也称市场威胁、市场风险,是对企业经营不利的条件和压力、困难、障碍。在同一时间,对某个企业或者某些企业是威胁,但是对别的企业则可能是机会;在不同的时间,对某个企业有时可能是机会,有时可能是威胁。

对环境威胁的分析一般着眼于两个方面:一是分析威胁的潜在严重性,即影响程度;二是分析威胁出现的可能性,即出现概率。根据对威胁影响程度的高低和可能出现概率的大小得出企业的威胁分析矩阵图(如图2-10所示)。企业要特别重视第Ⅰ种情况,因为此环境威胁是企业的主要威胁,对这类威胁,企业应制定相应措施,予以化解或者避免,使损失降到最小;第Ⅳ种情况则可以不必担心但应注意其发展变化,发现有转移迹象时,应及时作出反应;对于第Ⅱ种情况,虽然威胁出现的概率很小,但是潜在的影响程度很大,这类威胁往往对企业的长期发展具有致命的打击,企业应当建立一套预警机制,以提高应对突发事件的能力;对于第Ⅲ种情况,潜在的影响程度低,但是出现的概率很大,这是企业经营中经常遇到的一些问题或者难点,对此,企业应当及时解决,避免变成重大的障碍因素。

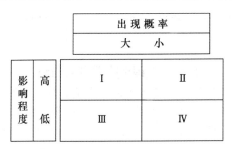

图2-10 威胁分析矩阵图

2. 环境机会矩阵分析

环境机会也称是市场机会、商机,是对企业经营有利的条件和时机、机遇。环境机会并不是每一个企业的营销机会,对于特定企业而言,只有有利于发挥该企业优势的环境机会才是该企业的营销机会。

对环境机会的分析主要考虑其潜在的市场吸引力(营利性)和成功的可能性(企业优势)大小两个方面,根据其潜在市场吸引力的高低和成功可能性的高低,得出企业的机会分析矩阵,其分析矩阵如图2-11所示。第Ⅰ种情况极可能为企业带来巨额利润,应当把握该机会,全力发展;第Ⅳ种情况可不必太过于关注,但仍需留意机会的发展变化,以便随时采取有利于企业发展的对策;第Ⅱ种情况市场吸引力大,但是成功的可能性低,往往是由于企业不具备相应的优势,故企业要改善自身条件,抓住机会;第Ⅲ种情况,市场吸引力虽然低,但是成功的可能性很高,因此企业要充分利用,要审慎而适时地开展市场营销活动,努力提高现实的获利水平。

通过上述分析,由于机会与威胁水平不同,进一步画出机会-威胁矩阵,就能得出企业的

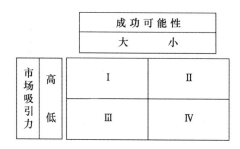

图 2-11 机会分析矩阵图

业务会出现四种可能的结果:理想业务-高机会和低威胁的业务;冒险业务-高机会和高威胁的业务;成熟业务-低机会和低威胁的业务;困难业务-低机会和高威胁的业务(如图 2-12 所示)。

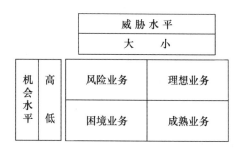

图 2-12 机会-威胁矩阵综合分析

3. 企业对市场机会和环境威胁的反应

(1) 企业对环境机会的反应和对策有:慎重选择、及时利用主要机会;准备条件,适时利用次要机会;放弃机会。

(2) 企业对环境威胁的反应和对策。

① 反抗策略。

采用反抗策略,也称抗争策略,即企业试图通过自己的努力限制或者扭转环境中不利因素的发展。这是一种积极的、主动的策略。

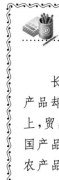 **案例 2-11**

日美贸易战

长期以来,日本的汽车、家用电器等工业品源源不断进入美国市场,而美国的农产品却遭到日本贸易保护政策的威胁,为此美国针对这一严重的环境威胁:(1) 舆论上,贸易自由宣传,美国消费者愿意购买日产产品,应该让日本消费者购买便宜的美国产品;(2) 美国向有关国际组织提出了起诉,要求仲裁;(3) 如果日本政府不改变其农产品贸易保护政策,美国对日本工业品的进口也要采取相应的措施。

② 减轻策略。

采用减轻策略，也称削弱策略。即企业力图通过调整自己的营销组合等来改善环境适应，达到降低环境变化威胁对企业的负面影响程度。一是寻找代用品替代原来的原材料。二是设法通过提高产品的市场销售量、扩大市场份额。三是改变自己的营销策略。

③ 转移策略。

转移策略也称转变或者回避策略。即通过企业改变自己受到威胁的主要产品的现有市场或者将投资方向转移来避免环境对企业的威胁。如烟草公司减少香烟业务，增加食品和饮料等业务，实行多元化经营；企业销售市场的转移；行业性（战略性）转移（个别产品项目或者个别产品线的调整、在原有产品或者服务的基础上增加新的产品或者服务、转移到一个新的行业等）。

（二）SWOT分析法

SWOT分析法结合了企业国际市场营销的微观环境分析和宏观环境分析。

1. 企业实力分析

即通过与竞争者比较的微观环境因素分析，了解企业在市场中的竞争优势和竞争劣势。

竞争优势，是指一个企业超越其竞争对手的能力，或者指企业所特有的能提高企业竞争力的东西。如当两个企业处在同一市场或者说它们都有能力向同一顾客群体提供产品和服务时，如果其中一个企业有更高的营利率或者营利潜力，那么，这个企业比另外一个企业更具有竞争优势。竞争优势体现在以下几个方面（微观环境因素，参见表2-7）。

表2-7 SWOT分析表

SWOT分析考虑方向		
微观环境要素	优势(Strengths)	劣势(Weaknesses)
企业内环境要素	本企业强	竞争对手强
生产	本企业强	竞争对手强
营销	本企业强	竞争对手强
研发＋技术取得	本企业强	竞争对手强
财务＋投资＋租税	本企业强	竞争对手强
人力与管理	本企业强	竞争对手强
上游供应商	本企业强	竞争对手强
下游分销商/营销中介	本企业强	竞争对手强
公共关系	本企业强	竞争对手强
宏观环境要素	机会(Opportunities)	威胁(Threats)
社会文化趋势	有利	不利
技术趋势	有利	不利
经济趋势	有利	不利
自然环境趋势	有利	不利
政治趋势	有利	不利
法律趋势	有利	不利
社会道德趋势	有利	不利

(1) 技术技能优势。

技术技能优势包括独特的生产技术、低成本生产方法、领先的革新能力、雄厚的技术实力、完善的质量控制体系、丰富的营销经验、上乘的客户服务、卓越的大规模采购技能。

(2) 有形资产优势。

有形资产优势包括先进的生产流水线、现代化车间和设备、拥有丰富的自然资源储存、吸引人的不动产地点、充足的资金、完备的资料信息。

(3) 无形资产优势。

无形资产优势包括优秀的品牌形象、良好的商业信用、积极进取的企业文化。

(4) 人力资源优势。

人力资源优势包括关键领域拥有专长的员工、积极上进的员工，员工具有很强的组织学习能力和丰富的经验。

(5) 组织体系优势。

组织体系优势包括高质量的控制体系、完善的信息管理系统、忠诚的客户群、强大的融资能力。

(6) 竞争能力优势。

竞争能力优势包括产品开发周期短、强大的经销商网络、与供应商良好的伙伴关系、对市场环境变化的灵敏反应、市场份额的领导地位。

竞争劣势，是指某种企业缺少或者某种会使企业处于劣势的条件，也可从以上六个方面来考察。

由于企业的整体性和竞争优势来源的广泛性，所以在做优劣势分析时，必须从整个价值链的每个环节上，将企业与竞争对手做详细的对比。如果一个企业在某一个方面或者几个方面的优势正是该行业企业应当具备的关键成功因素，那么，该企业的综合竞争优势也许就强一些。需要指出的是，衡量一个企业及其产品是否具有竞争优势，要站在现有潜在用户的角度上，而不是站在企业的角度上。

2. 环境趋势分析

通过宏观环境趋势分析，了解企业所面临的那些来自宏观外部环境的机会与威胁，逐一甄别后，将发现的信息列入表 2-6 所示的表格中，通过这些信息的分析来弄清与竞争者相比，企业的优势和不足是什么；认识企业所处环境中的趋势，确定这些趋势给企业带来的主要机遇和威胁；规划出企业一直要做的事情、要改进的事情以及要调整的事情。

3. SWOT 可选方案组合

SWOT 分析法通过对于企业外部环境和企业实力的分析，不仅仅列出四项清单，最重要的是通过评价企业的强势、弱势、机会、威胁，并能够得出以下结论：在企业现有的内外部环境下，如何最优的运用自己的资源；如何建立企业的未来资源。

在上述 SWOT 基础分析上，提出可能的问题解决思路或者方案，引发出优势/机会战略思路(SO)、弱势/机会战略思路(WO)、优势/威胁战略思路(ST)、弱势/威胁战略思路(WT)等寻求解决问题的可选方案，形成 SWOT 可选方案组合(如图 2-13 所示)。

通过分析比较各种可选方案和本身的力量，最终确定并选择适宜的行动方案。

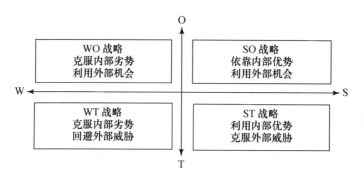

图 2-13　SWOT 战略矩阵图

家乐福败走香港

继 1997 年年底八佰伴和 1998 年中大九百货公司在香港相继停业后,2000 年 9 月 18 日,世界第二大超市集团"家乐福"位于香港杏花村、荃湾、屯门和元朗的四所大型超市全部停业,撤离香港。

法资家乐福集团,在全球共有 5 200 多间分店,遍布 26 个国家和地区,全球的年销售额达 363 亿美元,盈利达 7.6 亿美元,员工逾 24 万人。家乐福在我国的台湾、深圳、北京、上海的大型连锁超市,生意均蒸蒸日上,为何独独兵败香港?

家乐福声明其停业原因,是由于香港市场竞争激烈,又难以在香港觅得合适的地方开办大型超级市场,短期内难以在市场争取到足够占有率。

1. 从内部来看

第一,家乐福的"一站式购物"(让顾客一次购足所需物品)不适合香港地窄人稠的购物环境。家乐福的购物理念基于地方宽敞,与香港寸土寸金的社会环境背道而驰,显然资源运用不当。这一点反映了家乐福在适应香港社会环境方面的不足和欠缺。

第二,家乐福在香港没有物业,而本身需要数万至 10 万方英尺(1 英尺=0.305 米)的面积经营,背负庞大租金的包袱,同时受租约限制,做成声势时租约已满,竞争对手觊觎它的铺位,会以更高租金夺取;家乐福原先的优势是货品包罗万象,但对手迅速模仿,这项优势也逐渐失去。除了已开的 4 间分店外,家乐福还在将军澳新都城和马鞍山新港城中心租用了逾 30 万平方英尺的楼面,却一直未能开业,这也给它带来沉重的经济负担。

第三,家乐福在台湾有 20 家分店,能够形成配送规模,但在香港只有 4 家分店,直接导致配送的成本相对高昂。在进军香港期间,它还与供货商发生了一些争执,几乎诉诸法律。

2. 从外部来看

第一是在 1996 年进军香港的时候,正好遇上香港历史上租金最贵的时期,经营成本昂贵,这对于以低价取胜的家乐福来说是一个沉重的压力,并且在这期间又不幸遭遇亚洲金融危机,香港经济也大受打击,家乐福受这几年通货紧缩影响,一直不曾盈利。

第二是由于香港本地超市集团百佳、惠康、华润、苹果速销等掀起的减价战,给家乐福的经营以重创。作为国际知名的超市集团,家乐福没有主动参加这场长达两年的减价大战,但是在几家本地超市集团的竞相销价过程中,终于使家乐福难以承受,在进军香港的中途铩羽而归。

思考题:请针对该案例分析家乐福在进军香港时的宏观环境以及微观环境。

1. 国际市场营销的宏观环境与微观环境由哪些因素构成?
2. 选择一个行业,用波特五种竞争力量分析对行业竞争状态进行分析(如软饮料、电信、钢铁、餐饮、零售服务行业等)。
3. 根据16种经济新趋势(菲丝·鲍肯提出)、网络新生代的文化特点,试谈谈它们会给企业国际市场营销带来怎样的市场机会和环境威胁?
4. 根据你的理解,国际市场营销宏观环境STEEPLE分析应当如何有机地与SWOT分析法结合运用?

1. 选定某项环境变化因素(可以选定任何一种环境因素,如下雨、冰冻灾害、奥运会、全球气温变暖等),全班同学按照座次循环发言,轮到的同学必须快速说出这一因素变化会给社会带来的一项威胁以及一项机会,由专人记录各位同学的发言。然后老师选定某项威胁(或者机会),按照同样规则,轮到的同学必须快速说出针对这一威胁(或者机会)的对策。根据发言的独特性和合理性加分,根据每位同学出现冷场的次数减分。
2. 奇瑞汽车公司可谓我国汽车工业迅速发展的一颗新星,奇瑞打算进军马来西亚、俄罗斯、土耳其、埃及和巴西等国市场,选择其中一个市场,结合奇瑞本身的能力,请为奇瑞提供一份国际市场环境分析报告。

第三章
国际市场营销调研和预测

学习目标
◎ 了解营销信息、国际市场营销信息、营销信息系统以及国际市场营销信息系统等相关概念
◎ 掌握国际市场营销调研的范围、程序以及基本方法
◎ 掌握国际市场营销预测的方法

第一节　国际市场营销信息系统

一、营销信息

（一）营销信息的含义及分类

信息，是指企业所处的宏观环境和微观环境的各种要素发展变化和特征的真实反映，是反映它们的实际状况、特性、相关关系的各种消息、资料、数据、情报等的统称。营销信息作为一种特定信息，是指与企业市场营销活动有关的各种信息。

营销信息可以从许多角度进行分类，如决策信息、控制信息和作业信息，战略信息和战术信息，内源信息和外源信息，纵向信息和横向信息，输入信息、输出信息和反馈信息，历史信息、现时信息和未来（预测）信息，原始（直接、第一手）信息和加工（间接、第二手）信息，常规（经常性、程序性）信息和偶然（非经常性、非程序性）信息，固定（相对稳定的）信息和流动（不断变动的）信息，语言文字信息和非语言文字信息，规范化信息和非规范化信息，系统化（结构化）信息和非系统化（非结构化）信息，正式（正式组织渠道传递的）信息和非正式（非正式化组织渠道传递的）信息，公开信息和非公开信息，定性信息和定量信息，数字化信息和非数字化信息等。

营销信息对于企业市场营销活动具有"生命线"的意义，它是营销决策和计划的依据，是营销组织的联系纽带，是营销控制的重要手段，是全部营销管理的基础。现代企业可以没有自由资本，但绝不能没有信息。信息的控制和处理能力决定企业的"智商"，信息竞争和"信息战"决定企业的命运。能否正确、充分地开发、利用营销信息资源，决定企业市场营销活动的成败，因此现代企业必须把营销信息管理作为一项基础管理和战略管理工作加以强化。

案例 3-1

"康师傅"方便面的诞生①

20世纪80年代，台湾魏氏兄弟创办的顶新企业在大陆投资初期，由于对市场缺乏了解，生产的几种产品均以失败告终，股本赔掉80%。有一次，魏应行乘火车出差，因不太习惯车上的伙食，便带了两箱从台湾捎来的方便面，没想到这些在台湾非常普遍的方便面引起了同车旅客的极大兴趣，很快被分吃一空。他发现了一个新的创业契机。通过对大陆方便面市场的深入调研，找到了介于质优、价昂的进口面和质劣、价廉的国产面之间的市场空白点，针对大陆人口味偏重且较偏爱牛肉味的特点，采用进口先进设备和特选面粉，生产出以红烧牛肉面为主打产品，带面碗和小塑料叉，旅途中食用十分方便的"康师傅"方便面，1992年在大陆市场上一上市就供不应求。

---

① 资料来源：李世嘉.国际市场营销理论与实务[M].北京：高等教育出版社，2005：57.

> 几年后又根据各地不同的口味开发出几十种产品,发展成为我国方便面行业的霸主之一。

(二)营销信息管理

信息管理是现代管理的一项基础工作。就营销信息管理而言,营销信息管理作为信息管理的一种,是指对营销信息的收集、处理、传递、存储以及检索等进行管理。日常信息管理工作,就内容和形式而言,一般包括原始记录、台账、数据库、报表、档案等工作;就过程而言,一般包括:(1)收集—搜集、采集、汇集;(2)加工—处理,即鉴别、分类、比较、筛选、整理、汇总、校对、分析等;(3)传输—传递、传送;(4)存储—贮存,即建账、建档、建数据库以及保管、维护;(5)检索—搜索、查找已存储信息;(6)输出使用—向有关部门、人员定向、定时提供报告、报道、预测、咨询等。

(三)国际市场营销信息及其管理

国际市场营销信息,是指与国际化经营企业的国际市场营销有关的国际市场信息。国际市场营销信息反映了国际市场营销活动的变化、特征和趋势等,是国际化经营企业国际营销决策的基础。国际市场营销信息的内容范围较广,主要包括国际政治环境、国际经济环境、国际社会文化环境、国际科学技术环境和国际生态环境五个方面的信息。

国际市场营销信息管理,是指对国际营销信息的收集、处理、传递、存储及检索等进行管理。其流程也包括收集、加工、传输、存储、检索、输出使用几个环节。相对于国内市场营销信息管理而言,国际市场营销信息管理的内容更多,除了国内因素之外,还要包括许多国外因素(如外汇管理、国际公约等)。同时由于营销是在不同的国家或者地区进行的,因此还会由此产生许多政治原因所导致的企业的营销困难。

 案例 3-2

沃尔玛的"两难"选择

沃尔玛公司曾在加拿大销售古巴睡衣。当他们发现这违反了美国的赫尔姆斯-伯顿法(该法案加强了美国对古巴的贸易禁运:只要卡斯特罗及现在的古巴政权不下台,任何总统都不能取消甚至放宽对古巴的禁运;美国公司包括在国外的子公司在内的美国公民与古巴的贸易往来属于非法)时,便发出指令,要求撤下所有违法销售的古巴睡衣。然而加拿大则因为美国法律对其公民的侵犯而恼怒,他们认为加拿大人有权选择是否购买古巴睡衣。这样,沃尔玛公司在加拿大如果继续销售那些睡衣,则会因为违反了美国法律而被处以 100 万美元的罚款,还可能会因此而被判刑。但如果按母公司的指示将睡衣撤回,则按照加拿大法律,会被处以 120 万美元的罚款。

二、营销信息系统

(一)营销信息系统的含义

营销信息系统,是指由人、设备(硬件)、程序(软件)相互作用而有机组成的,能连续收集、保存、处理、分析营销信息,以供决策者进行营销计划、执行、控制等(如图3-1所示)。营销信息系统的作用是评估营销经理的信息需要,收集所需要的信息,为营销经理适时分配信息。

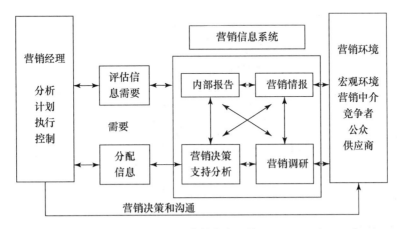

图3-1 营销信息系统

(二)营销信息系统的子系统

营销信息系统一般可以分为以下四个子系统,即内部报告系统、营销情报系统、营销调研系统和营销决策支持分析系统,其中各个子系统的内容参见表3-1。

表3-1 营销信息系统的子系统一览表

子系统	内容
内部报告系统	提供订单、存货、销售、成本、现金流程、应收账款等反映现状和结果的信息
营销情报系统	提供营销环境最新发展变化的信息
营销调研系统	收集、分析、评估、传递营销决策所需信息
营销决策支持分析系统	建立资料库、统计库、模型库,以便分析营销问题,改善营销过程

1. 内部报告系统

内部报告系统是营销经理使用的最基本的信息系统。通过分析企业内部各部门收集和贮存的大量信息,营销经理能够发现重要的机会和问题。内部报告系统一般至少包括订单-收款循环和销售报告系统。订单-收款循环是内部报告系统的核心,销售报告系统则向营销经理提供当前销售的最新报告。

2. 营销情报系统

内部报告系统为营销经理提供结果数据,而营销情报系统则为营销经理提供正在发生的数据。

3. 营销调研系统

营销调研系统的主要作用是为解决企业面临的某项具体的营销问题而对有关信息进行系统的收集、分析和评价。

4. 营销决策支持分析系统

营销决策支持分析系统是对内部报告系统、营销情报系统和营销调研系统三者提供的大量数据和信息进行统计处理、分析,最终成为决策者所接受和理解的结果的一种机制(如图3-2所示)。

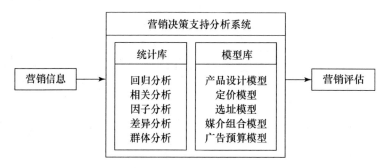

图3-2　营销决策支持分析系统

三、国际市场营销信息系统

(一)国际市场营销信息系统与国内市场营销信息系统

国际市场营销信息系统与国内市场营销信息系统在原理上是相同的,其不同之处在于:范围不同,包括一个以上国家;信息层次不同,可以按照国家或者地区建立子系统(如图3-3所示)。

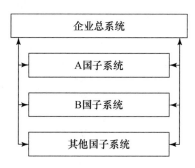

图3-3　国际市场营销信息系统

(二)国际市场营销信息系统的构成要素

不同性质的跨国公司或者国际企业,其国际市场营销信息系统有很大的差别,但其构成要素是类似的,一般包括市场信息、资源信息、惯例和法令法规等。其具体构成要素如图3-4所示。

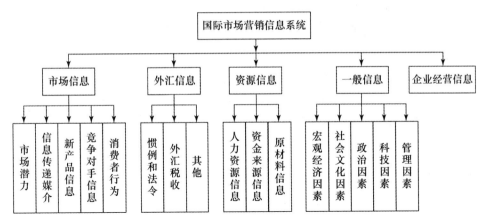

图 3-4 国际市场营销信息系统的构成要素

第二节 国际市场营销调研

一、营销调研与国际市场营销调研

营销调研即营销调查与研究,是指营销人员或者相关人员及其组织为解决营销问题,有计划地、系统地对营销信息进行系统收集、记录、整理、分析、说明,为营销决策提供可靠依据的活动。营销调研一般由市场营销调查、市场营销活动分析和市场营销预测三部分组成。随着国际、国内市场竞争的不断加剧,加上营销调研手段、分析方法和预测工具越来越现代、准确和高效,市场营销调研在企业营销管理活动中的地位和作用越来越突出。

营销调研可以分为国际市场营销调研和国内市场营销调研。国际市场营销调研,是指从事国际市场营销的企业(包括出口企业和跨国公司)所进行的营销调研活动。

与国内市场营销调研相比,两者的程序相同,使用的原理和分析工具也相同。国际市场营销调研与国内市场营销调研的差异性主要体现在:(1)国际决策比国内决策更需要充分、及时、准确的信息;(2)国际市场营销调研所需要的信息不同于国内市场营销调研所需要的信息;(3)国际市场营销调研比国内市场营销调研更困难、更复杂。

二、国际市场营销调研的作用

(一)发现市场机会,开拓潜在市场

在国际市场营销活动中市场营销调研是不可缺少的因素。当企业决定将产品打入国际市场之前,必须进行市场调研,从而准确选择、捕捉和把握市场机会。

(二)制定正确的营销组合策略,寻找可能发生问题的原因

国际市场营销调研可以帮助管理者发现出现问题的原因。通过国际市场营销,广泛收集信息,探索问题发生的根源,管理者可以抓住问题的本质并针对问题有的放矢地加以解决。

(三)监测和评价市场营销活动的实施

市场调研可以提供当前的市场信息,如产品市场占有率、竞争对手情况和营销策略的实

施等。据此,企业可以详细了解营销计划的实施情况,对营销策略进行必要的评估和修正,从而保证市场营销活动正常进行。

(四)预测未来的情况

在市场营销活动中出现失误是不可避免的,如果能在错误发生之前进行预防,既能节省更多的资金和时间,又能把国际市场营销工作做得更好。营销调研可以帮助企业发现一些非正常现象,并据此及时调整和制订合理的营销计划,应付可能出现的变化,使企业在国际市场竞争中掌握主动权。

三、国际市场营销调研的范围

国际市场营销调研的范围主要包括国际营销机会调研、目标市场选择调研和营销组合战略调研三个方面。通过国际市场调研,企业首先可以获得产品的市场规模信息、竞争对手的营销策略和产品的市场潜力等信息,从而发现和研究市场进入的机会。在确定营销机会之后,企业需要细分市场,确定和选择目标市场,即进行目标市场选择调研。最后,在确定目标市场之后,企业需要对产品、定价、促销和销售渠道等方面进行调研,以确定和实施营销战略,即进行营销组合战略调研。

四、国际市场营销调研的程序

企业国际市场营销调研程序一般包括确定调研问题和调研目标、制订调研计划、收集信息资料、分析整理信息资料、提交调研报告五个步骤。

(一)确定调研问题和调研目标

确定调研问题和调研目标是国际市场营销调研过程中最困难的步骤之一,对整个国际市场营销和营销决策都至关重要。根据调研问题和调研目标的不同,国际市场营销调研可以分为:探索性调研,即用试探的方法进行了解市场行情;描述性调研,即对所要解决的问题作如实的反映和具体的回答;因果分析调研,即在描述性调研的基础上,找出互相关联的各种因素中何者为"因",何者为"果",谁是"主因",谁是"次因"等;预测性调研,即在收集整理大量资料的基础上,运用数理统计方法,对需求或者其他变量在未来一段时期内的变化趋势进行估计。

案例 3-3

摩托车厂商设厂调研

我国重庆的一家知名摩托车厂商要在伊拉克投资建设一个摩托车生产厂,他们决定要进行一次市场调研。最初界定的问题是"选择在哪里投资环境最好",并且把伊拉克的坎大哈作为实地的考察对象。但很快他们就发现,首要的决策问题应为"是否要进入伊拉克市场进行投资",然后才是"工厂应该建在哪里"。这样原来的实地考察问题就转为二手资料的调研问题。由此他们必须先弄清"目前伊拉克的社会安全问题及政治稳定问题",其次是"关于政府对投资的政策是什么"。

(二) 制订调研计划

1. 确定需要收集的信息

调研问题明确之后要收集调研所需的信息。假如企业计划生产新产品以满足消费者的需求,则企业需要调研的信息可能包括:目标消费者的收入水平;市场竞争状况;现有的销售渠道是否适用;竞争对手的营销策略;东道国与该产品相关的法律法规等。

2. 确定信息来源

确定了需要收集的信息之后,需要明确信息来源。信息的来源分为两个方面,即二手资料和原始资料。

二手资料也称间接资料,是指由别人收集整理过的资料。二手资料的收集比较方便、自由迅速,可以超越时空的限制,受外界因素干扰少,效率高,而且费用低,可以为直接调研提供事前背景资料和事后对比资料,甚至可以获取直接调研无法获得的信息。但由此得到的信息全部性、针对性、适用性差,不一定客观、准确、可靠。

原始资料也称一手资料、直接资料,是指营销调研人员通过实地调查收集到的第一手资料,如营销调研人员通过问卷调查、面谈、实地观测等方式取得的资料。一手资料的收集主要靠企业自身来控制,其过程控制性高,而且能够得到针对性强、适用性高、及时性和可靠性强的信息。但是这种资料的获得操作起来会遇到诸多困难,需要投入较多的人力、物力,费时、费力,成本较高。

3. 选择收集资料的方法

获取信息资料的方法很多,一般情况下,二手资料的获取主要通间接的手段,如通过查询别人的成果或者相关信息获取,而收集第一手资料就可以采用问卷调查法、面谈访问法、观察法、实验法等多种方法。营销调研人员应当根据调研目标、资料来源情况、时间限制、调研预算等因素来选择适当的方法收集所需的资料。如采用抽样调研方法,则需要确定样本规模、样本单位和抽样技术等。

(三) 收集信息资料

收集信息是具体执行调研计划的一个过程。这一步是整个调研活动中花费时间和精力最多的阶段,也是能否获得所需数据资料、完成调研目标要求的关键。二手资料的获取相对来说要容易些,而一手资料的获取,尤其是通过市场调查问卷的方式获取一手资料的话,在调研活动前,必须对有关人员进行选拔和培训。此外,为了保证调研活动的顺利进行和资料质量,还要对营销调研人员进行严格的监督与管理。

(四) 分析信息资料

分析信息资料就是对收集到的资料进行检查、核实、整理和统计分析以得到决策需要的研究结果的过程。

1. 整理原始资料

收集到的原始资料往往是杂乱无章的,而且存在很多的错误和问题,因此需要在分析前对其进行检查、核实。如对问卷调查中存在明显逻辑错误和缺项太多的问卷予以剔除。

2. 将资料进行分类汇编

资料分类就是根据资料性质、内容或者特征的不同进行区别归类。在进行资料分类时,不但要根据资料的差异性划分不同类别,还要注意资料的相同性。同一资料只能归于一类,不能重复归类,以免造成统计失误。

3. 资料分析

资料经过加工处理后,营销调研人员要根据调研的目的要求对资料进行分析。资料分析可借助于各种统计分析方法。常用的分析方法有频率分析、回归分析、时间序列分析、相关分析等统计分析技术方法。

(五)提交调研报告

营销调研的最后一步是对调查结果作出解释和说明,得出结论,撰写并提交报告。报告的格式应当合乎规范,内容应当真实可靠,结论应当具有针对性和可行性。

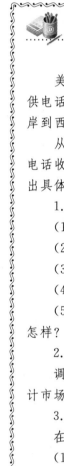

案例 3-4

制鞋企业的市场开发①

美国航空公司一直致力于航空服务创新。目前,他们正在探讨在高空为乘客提供电话通信的新服务。为此,营销部与电信公司接触,分析研究波音747飞机从东海岸到西海岸的飞行途中,电话服务在技术上的可行性。

从电信公司得知,空中通信系统每次航行成本约为1 000美元。因此,如果每次电话收费25美元,则在每次飞行中至少要40人通话才能保证成本。营销部据此作出具体调研如下。

1. 确定问题与调研目标

(1) 乘客在航行期间通电话的主要原因是什么?

(2) 哪些类型的乘客最喜欢在航行中打电话?

(3) 有多少乘客可能会打电话?各种层次的价格对他们有何影响?

(4) 这一服务对美国航空公司的形象将会产生多少有长期意义的影响?

(5) 电话服务与其他因素诸如航班计划、食物和行李处理等相比,其重要性将怎样?

2. 拟订调研计划

调研计划包括:资料来源;调研方法;调研工具;抽样计划;接触方法等。并且预计市场调研费用为4万美元。

3. 提出结论

在收集整理信息之后,营销部对收集信息进行分析,得出结论如下。

(1) 使用飞机上电话服务的主要原因是有紧急情况、紧迫的商业交易、飞行时间上的混乱等。绝大多数的电话是商人所打的,并且他们要报销单。

---

① 资料来源:〔美〕菲利普·科特勒.营销管理(新千年版)[M].梅汝和,梅清豪,周安柱,译.北京:中国人民大学出版社,2001.

(2) 每 200 人中,大约有 20 位乘客愿花费 25 美元打一次电话;而约 40 人期望每次通话费为 15 美元。因此,每次收 15 美元(40×15＝600)比收 25 美元(20×25＝500)有更多的收入。然而,这些收入都大大低于飞行通话的保本点成本 1 000 美元。

(3) 推行飞行中的电话服务使美航每次航班能增加 2 个额外的乘客,从这两人身上能收到 400 美元的纯收入,然而,这也不足以帮助抵付保本成本点。

(4) 提供飞行服务增强了美航作为创新和进步的航空公司的公众形象。

五、国际市场营销的调研方法和调研技术

(一) 国际市场营销的调研方法

根据信息来源的不同,国际市场营销的调研方法可以分为文案调研和实地调研两类。

1. 文案调研

文案调研,是指通过查找、整理和分析与调研项目有关的数据资料而进行的一种调研方法。由于文案调研的资料来源是经他人收集、整理、加工过的二手资料,故文案调研又被称为二手资料调研、间接调研。

文案调研的资料主要有以下来源。

(1) 企业内部资料。企业内部资料主要包括订单记录、销售记录、运输记录、财务报表、库存记录、售货员日报表、顾客意见记录及其他一些业务记录和预算报告等。一些企业过去的调查资料和营销调研人员的个人记录等也是详细的重要来源。

(2) 政府机构。本国政府负责对外贸易的机构和在国外设立的办事处等,可以为企业提供对外贸易的咨询服务。企业从这些机构中获取的资料,包括国外市场的统计资料、销售机会、进口要求和手续、国外的销售方法和商业习惯,以及经营各类具体产品的进口商、批发商和代理商名称表等。另外,政府机构公开出版的各种刊物、政府有关部门在网站上公开发布的各种数据也是信息的重要来源。

(3) 国际组织。各类国际组织定期发布的专题报告、出版的专门刊物提供的有关统计资料和市场数据,如联合国出版的《世界贸易年鉴》、《世界贸易年鉴补编》,联合国国际贸易中心发行的《世界外贸统计指南》都是二手调研资料的重要信息来源。比较常用的国际组织有联合国国际贸易中心、联合国经济合作与发展组织、联合国贸易和发展会议、国际货币基金组织等。

(4) 专业调研公司或者咨询机构。发达国家有许多的专业调研机构或者咨询公司为顾客有偿提供各类信息,企业可直接向这些公司或者机构购买。

(5) 行业协会或者同业公会。许多国家有各种行业协会和同业公会,它们收集、整理和定期发布本行业的产销信息。

(6) 一些公共图书馆、高等院校、研究机构、银行提供的调查资料和市场报告。

(7) 联机检索情报系统、数据库终端检索所能查到的有关资料,尤其在互联网普及的今天,联机检索情报系统在收集资料中的作用越来越大。

(8) 其他来源，如国外的经销商、代理商或者其他营销中介组织提供的信息。

虽然文案调研具有节省调研费用和缩短调研时间的优点，但是文案调研也存在一些问题，如资料数据的可获性、可靠性、时效性和可比性等。

 案例 3-5

广东香蕉通过二手资料调研进入欧洲市场

广东某土产公司是专营新鲜水果、新鲜蔬菜等农产品出口的企业。在美国、西欧、日本等市场，企业主要销售香蕉，而新鲜蔬菜和其他土产的出口量并不大。鉴于该公司资源有限，只能把力量集中在一个营利潜力最佳的目标市场上。从历史情况分析，芬兰、瑞典、英国、瑞士、西班牙和葡萄牙等国都是香蕉的主要进口国。于是公司决定从中挑选一个国家作为本公司香蕉出口的目标市场。公司的调研人员从联合国经济合作与发展组织所发表的贸易统计资料着手，开始了二手资料调查，他们找到近年来上述六个国家的香蕉进口数字，通过对二手资料的整理和分析，该公司选定英国作为目标市场并成功进入。

2. 实地调研

实地调研也称直接调研，是指企业通过派出营销调研人员到实地收集原始资料的途径进行营销调研的一种方法。相对于文案调研而言，实地调研所收集到的资料更客观、更准确，但实地调研的成本较高、费时较长。实地调研的方法主要有询问法、观察法和实验法三种。

（1）询问法。

询问法，是指通过询问方式向具有代表性的被调查者直接了解情况，从而获得原始信息资料的方法。询问法是营销调研中最基本、最常用的实地调研方法，包括个别访问、电话调查和问卷调查。此外，随着互联网的发展，有些企业可以通过网络向调研对象提出调研问题，收集原始资料。

其中，最常用的询问法是问卷调查，其优点在于：调查面广；询问对象广泛；成本不高；匿名性强等。但是，问卷调查管理难度大，调查表回收率低，回收时间长，难以选择有代表性的调查对象。一般而言，调查问卷可以分为自填式问卷和访问式问卷两大类。同时，根据问卷发放方式，还可以将问卷分为送发式问卷、邮寄式问卷、报刊式问卷、人员访问式问卷、电话访问式问卷和网上访问式问卷六种。其中，前三类大致可以划归自填式问卷范畴，后三类则属于访问式问卷。

（2）观察法。

观察法，是指营销调研人员凭借自己的眼睛或者摄像录音器材，在调查现场进行实地考察，记录正在发生的市场行为或者状况，以获取各种原始资料的一种非介入调查方法。在观察法中，营销调研人员同被调查者不发生直接接触，而是由营销调研人员从侧面直接地或者间接地借助仪器把被调查者的活动按实际情况记录下来，所获信息更加真实可靠。在现代市场调查中，观察法常用于消费者购买行为的调查以及对商品的花色、品种、规格、质量、技术服务等方面的调查。

案例 3-6

肯德基公司的"秘密顾客"

美国肯德基公司遍布全球 60 多个国家,连锁店数目多达 9 900 多个。然而肯德基公司在万里之外,怎么能相信它的下属循规蹈矩呢?一次,上海肯德基有限公司收到 3 份国际公司寄来的鉴定书。鉴定书中列明了海外快餐厅工作质量的 3 次鉴定评分,分别为 83 分、85 分、88 分。公司中方经理都为之瞠目结舌,这 3 个分数是怎么评定的?原来,肯德基公司雇佣、培训了一批人,让他们佯装顾客,秘密潜入店内进行检查评分。这些人来无影、去无踪,而且没有时间规律,这就使快餐厅的经理、雇员时时感受到某种压力,丝毫不敢疏忽怠慢。

(3) 实验法。

实验法从影响调查对象若干个因素中选择一个或者几个因素作为实验因素,在控制其他因素不变的条件下,观察实验因素的变化对调研对象的影响程度。实验法在营销调研中的应用,一是解释一定变量之间的关系,二是分析这种关系变化的性质。实验的目的主要在于寻找变量之间的因果关系。一般来说,实验法所获信息客观准确,主动性强。但是,实验法往往成本较高,并且干扰因素多,难以选择符合实验条件的市场。

实验法主要有以下三种形式。

① 由营销调研人员直接观察。如直接观察顾客所购买的花色、品种、牌号、包装等来分析畅销产品的主要特征。

② 采用仪器设备记录消费者的行为动态。如超市安装摄像头,除了可以用来监控防止丢失商品外,还可以清晰地记录下消费者在超市选购商品的全过程。

③ 市场销售稽查。企业或者一些调研机构通过定期或者不定期地对商品销售情况进行调查,从而获取有关方面的资料。

案例 3-7

杯子颜色与咖啡浓度

日本三叶咖啡店曾做过一个颇有意义的心理实验:店主请来了 30 多个人,每人喝四杯分别用红、棕、黄、绿四种颜色的杯子盛放的咖啡,然后各自回答对不同颜色杯子中咖啡浓度的感受。结果绝大多数人对浓度的排序是:最浓的为红色杯;棕色杯次之;黄色杯再次之;绿色杯浓度最低。其实只有店主人才知道,所有这些咖啡的浓度是完全一样的。于是该店从此以后一律用红色杯子盛咖啡,使得顾客普遍感到满意。

(二) 调研技术

调研技术包括调查技术和资料数据处理分析技术,在这里只对调查技术作简要介绍。

调查对象的技术主要包括调查对象的选择技术和调查问卷的设计技术。

1. 调查对象的选择技术

调查对象的选择是进行市场调研获取一手资料的一项重要工作。调查对象的选择技术是一项重要的技术工作,其选择的办法主要有以下三种。

(1) 市场普查。

市场普查即以总体的全部个体为对象的全面、普遍调查。其主要优点是涉及面广,取得的资料比较准确,具有较强的时效性。其缺点是需要投入大量的人力、物力。

(2) 重点调查。

重点调查是选择总体中占较大比重或者重要地位的个体(即重点单位)作为调查对象来进行调查,从而达到对全局基本了解的目的。其主要优点是投入较少的人力、物力、财力、时间即能获取重要的市场资料。其缺点是准确性不高。

(3) 抽样调查。

抽样调查是采用一定的抽样方法,从被调查总体中抽出一部分单位作为样本进行调查,从而掌握市场信息。其主要优点是花费时间少,投入成本低。其缺点是可能产生一些误差,需要利用一些统计方法来对误差进行分析和处理。

抽样方法根据是否利用概率原则分为随机(概率)抽样和非随机(非概率)抽样。

随机抽样是按照随机原则抽样,排除了人为的主观因素,给予每一个个体平等的被抽取机会,抽取的样本大体可代表总体,还可以通过概率计算,客观地评价调查结果的可靠程度,判断抽样误差,并将误差控制在一定范围内。

非随机抽样是按照一定的主观标准抽选,每一个个体不具有被平等抽取的机会,无法借助概率计算来判断抽样误差,只能主观地评定调查结果的可靠程度。

2. 调查问卷的设计技术

(1) 调查问卷设计步骤。

设计调查问卷的目的是为了更好地收集市场信息,因此在调查问卷的设计过程中,首先要把握调查的目的和要求,同时力求使调查问卷取得被调查者的充分合作,保证提供准确有效的信息,具体可分为以下三个步骤。

步骤1,根据调查目的,确定所需的信息资料。然后在此基础上进行问题的设计与选择。

步骤2,确定问题的顺序。一般简单的、容易回答的问题放在前面,然后逐渐移向难度较大的问题。问题的排列要有关联、合乎逻辑,便于填卷人合作并产生兴趣。

步骤3,调查问卷的测试与修改。在调查问卷用于实地调查以前,先初选一些调查对象进行测试,根据发现的问题进行修改、补充、完善。

(2) 调查问卷内容的设计。

设计是由一系列相关的工作过程所构成的。为使调查问卷具有科学性、规范性和可行性,一般可以参照以下程序进行。

步骤1,确定调研目的、来源和局限。调研过程经常是在市场部经理、品牌经理或者新产品开发专家做决策时感到所需信息不足发起的。尽管可能是品牌经理发起了市场研究,但受这个项目影响的每个人,如品牌经理助理、产品经理,甚至生产营销经理都应当一起讨论究竟需要些什么数据。

步骤2,确定数据收集方法。获得询问数据可以有多种方法,每一种方法对调查问卷的设计都有影响。如在街上进行拦截访问比入户访问有更多的限制,街上拦截访问有着时间上的限制;自我管理访问则要求调查问卷设计得非常清楚,而且相对较短,因为被调查者不在场,没有澄清问题的机会;电话调查经常需要丰富的词汇来描述一种概念以肯定应答者理解了正在讨论的问题等。对比而言,在个人访谈中营销调研人员可以给被调查者出示图片以解释或者证明概念。

步骤3,确定问题和问句的形式。

① 问题的类型。

根据结构度与隐藏度的不同,可以将问题分为结构化-非隐藏性问题、非结构化-非隐藏性问题、非结构化-隐藏性问题和结构化-隐藏性问题等四类(如图3-5所示)。所谓结构化,是指数据收集设备的标准化程度。在高度结构化的问题中,要询问的问题和可能的回答选项完全是事先确定好的。在高度非结构化的问题中,事先确定的问题比较松散,被调查者回答问题时可以用自己的话自由回答。事先固定要询问的问题而开放式回答的问题属于中度结构化。隐藏性即数据收集方法中对被调查者隐藏调查目的的程度。隐藏性问题试图掩盖调查目的,而非隐藏性问题中明显表明调查的目的。

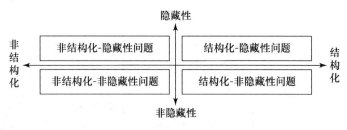

图 3-5 问卷调查问题的类型

- 结构化-非隐藏性问题。

这类问题应用最为广泛。在收集数据时,按照相同的顺序向被调查者询问相同措辞的问题,典型的题型为封闭题,以保证各被调查者回答的是相同的问题,从而得到的回答可以进行比较。结构化-非隐藏性问题的优点在于数据的可靠性比较强,问题易于管理与分析;其缺点是可能诱导被调查者的回答。这类问题主要适于收集事实型信息和被调查者有明确看法的意向型问题,但不适于初步寻找动机等探索性调查。

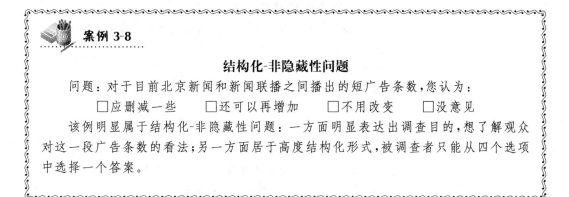

● 非结构化-非隐藏性问题。

这类问题调查的目的比较明显,但对问题的回答却是开放式的。营销调研人员事先对被调查者说出调查目的,对其进行深度访谈,属于开放题型。非结构化-非隐藏性问题的优点是:调查查可以自由表达自己的意见;仔细而且有经验的访问员可以由此得出更深入、更准确的答案。其缺点是:由于被调查者对回答的影响较大,该类问题对被调查者的素质要求较高;同时,由于访问时间较长,回答率可能较低;此外,答案不便于分析,容易受分析者自身的影响,结果的可靠性、准确性可能低。当然,也可以通过编码来减轻工作量,提高结果的可靠性和准确性。这类问题主要适用于探索性研究。

● 非结构化-隐藏性问题。

这类问题可以在被调查者不愿回答的情况下,掩藏调查目的,挖掘被调查者潜意识的动机和态度。该类问题经常使用"投影"法,主要方法有词语联想法、完成句子法、讲述故事法等。该类问题可以解决敏感性问题、回答率较低的问题等,但答案的审核、编码、分析比较繁琐,不同研究者对同一答案可能得出不同的结论,因而可靠性较差,主要适于探索性调查。

案例 3-9

非结构化-隐藏性问题

问题:目前北京新闻和新闻联播之间播出的短广告_____

晚上6:50看完北京新闻后我_____

词语联想法和完成句子法是按固定顺序和语句提问,似乎是结构化问题。但由于被调查者的回答与讲述故事法一样为非结构的,所以也列为非结构化问题。

● 结构化-隐藏性问题。

这类问题在实践中使用较少。其特点在于:一方面,具有隐藏性,可以挖掘出被调查者潜意识的动机态度;另一方面,问题的结构化使答案便于编码和分析。

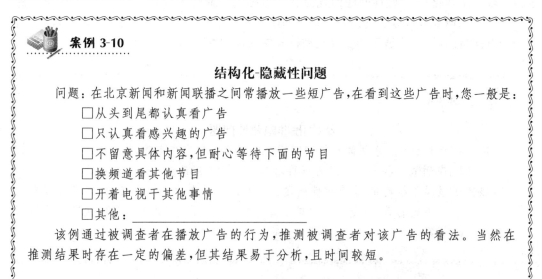

案例 3-10

结构化-隐藏性问题

问题:在北京新闻和新闻联播之间常播放一些短广告,在看到这些广告时,您一般是:

☐ 从头到尾都认真看广告
☐ 只认真看感兴趣的广告
☐ 不留意具体内容,但耐心等待下面的节目
☐ 换频道看其他节目
☐ 开着电视干其他事情
☐ 其他:_____

该例通过被调查者在播放广告的行为,推测被调查者对该广告的看法。当然在推测结果时存在一定的偏差,但其结果易于分析,且时间较短。

② 问句的基本类型。

理想的问句设计应能使营销调研人员获得所需的信息,同时被调查者又能轻松、方便地回答问题。这就要求营销调研人员能依据具体调查内容要求,设计选用合适的问句进行调查。问句的类型很多,按问题的内容,可分为事实问句、意见问句、阐述问句;按问句的回答形式,可分为自由回答式问句、多项选择式问句、顺位式问句、程度评等式问句、过渡式问句,下面分别进行介绍。

● 事实问句。

事实问句是要求被调查者依据现有事实来回答问题,不必提出主观看法,如"你使用的空调器是什么牌子的"、"你家庭的年人均收入是多少"、"你的职业是什么"等。这类问题常用于了解被调查者的特征(如职业、年龄、收入水平、家庭状况、居住条件、教育程度等)以及与消费商品有关的情况(如产品商标、价格、购买地点、时间、方式等),从中了解某些商品消费的现状。这类问题对营销调研人员确定某类产品的目标市场有很大的帮助。事实问句的主要特点是问题简单、回答方便、调查覆盖面广、调查结果便于统计处理,但也存在着不足,如由于时间长等原因,被调查者对某些事实记忆不清,或者由于某些被调查者的心理因素影响而使回答的结果在一定程度上失真。

● 意见问句。

意见问句主要用于了解被调查者对有关问题的意见、看法,要求和打算,如"你希望购买哪种品牌的自行车"、"你打算何时购买高级组合音响"等。这类问题可以帮助营销调研人员了解被调查者对商品的需求意向,使企业能够根据消费者需求不断改进产品设计,经营适销对路的商品,从而增强企业的生存能力。意见问句的主要特点是从这类询问中可以广泛地了解消费者对需求的要求、打算、意见,为决策者提供未来需求信息。但它也存在着不足。其一,这类询问仅能了解被调查者的意见、看法,而无法了解产生这些意见、看法的真正内在原因。如上面提到的问题"你希望购买哪种品牌的自行车",询问这一问题,营销调研人员只能知道消费者喜欢哪种品牌的自行车,而并不能了解消费者究竟喜欢这种品牌的哪些方面,是质量、颜色、式样还是其他等。其二,这类问题在一定程度上受心理因素的影响。如在了解消费打算等问题时,被调查者会因家庭财产问题而不愿说真话等。

● 阐述问句。

阐述问句又称解释问句,主要用于了解被调查者的行为、意见、看法产生的原因。根据询问是否给出问题的选择答案,可分为封闭式阐述询问和开放式阐述询问。这类询问可以在一定程度上弥补事实询问存在的不足。如前面提到的事实询问"你希望购买哪种品牌的自行车",营销调研人员若想进一步了解购买行为的原因,可提出"您为什么希望购买这种品牌的自行车",这就是阐述性询问。阐述问句的主要特点是能够较为深入地了解消费者的心理活动,从而找到问题以及问题产生的原因,为解决问题提供依据。但是这种询问也存在不足:其一是结果较为复杂,尤其是开放式的阐述问句,答复的结果不易整理;其二是此类问题涉及被调查者的主观因素较前面两种询问多,被调查者因各种原因而回避问题,或者只讲问题的次要方面,从而使调查结果的真实性受影响。

● 自由回答式问句。

自由回答式问句又称开放式问句,这种问句的特点是营销调研人员事先不拟定任何具体答案,而让被调查者根据提问自由回答问题,如"你喜欢穿什么式样的秋季外套"、"你对我厂生产的××牌空调器有何意见"等。这种询问方式因事先不提供回答答案,能使被调查者的思维不受束缚,充分发表意见,畅所欲言,从而可以获得较为广泛的信息资料。但由于被调查者的回答漫无边际,各不相同,使调查结果难以归类统计和分析。自由式问句比较适用于调查受消费者心理因素影响较大的问题,如消费习惯、购买动机、质量、服务态度等,因这些问题一般很难预期或者限定答案范围。这种询问在探测性调查中常常采用。

● 是否式问句。

是否式问句又称二项式问句、真伪式问句。这种问句的回答只分两种情况,必须两者择一。这种问句回答简单,调查结果易于统计归类。但这种问句也有一定的局限性,主要是被调查者不能表达意见程度的差别,回答只有"是"与"否"两种选择。若被调查者还没有考虑好这个问题,即处于"未定"状态,则无从表达意愿。如"你是否喜欢牡丹牌彩电",选项有:是( );否( )。

● 多项选择式问句。

多项选择式问句是对一个问题事先列出几种(3个或者3个以上)可能的答案,让被调查者根据实际情况,从中选出一个或者几个最符合被调查者情况的作为答案。多项选择式问句保留了是否式问句的回答简单、结果易整理的优点,同时也避免了是否式问句的不足,能有效地表达意见的差异程度,是一种应用较为广泛、灵活的询问形式。使用这种问句有一点值得注意,即在设计选择答案时应当考虑所有可能出现的答案,否则会使得到的信息不够全面、客观。如某空气清新机厂欲了解消费者希望产品具备什么功能时,设计问句:"您希望空气清新机应具备以下哪些功能"答案选项包括:A. 除烟( );B. 除尘( );C. 除臭味、异味( );D. 杀菌消毒( );E. 负离子( );J. 热敷美容( )。

● 顺位式问句。

顺位式问句是在多项选择式问句的基础上,要求被调查者对所询问的问题的各种可能的答案,按照重要程度或者喜爱程度的不同,对所列答案定出先后顺序。这种询问方式的回答较为简单,易于归类统计,但须注意避免可供选择的答案的片面性。如对于询问"您选购电视机时,对下列各项,请按照您认为的重要程度以 1、2、3、4 为序进行排序:A. 图像清晰( );B. 音质好( );C. 外形漂亮( );D. 使用寿命长( )。"

● 程度评等式问句。

程度评等式问句的特点是营销调研人员对所询问问题列出程度不同的几个答案,并对答案事先按顺序评分,请被调查者选择一个答案。将全部调查表汇总后,通过总分统计,可以了解被调查者的大致态度。若总分为正分,则表明被调查者总体上持肯定看法;若总分为零分,则表明肯定意见与否定意见持平;若总分为负数,则表明被调查者总体上是持否定看法。这种问句形式也常被用来对不同品牌的同类产品进行各种性能的评比。如"你对我厂生产的自行车质量有何看法?请在相应的( )中打√":

很好( ) 好( ) 一般( ) 较差( ) 差( )
 2   1   0   −1   −2

● 过滤式问句。

过滤式问句是逐步缩小提问范围,引导被调查者很自然地对所要调查的某一专门主题作出回答的问句形式。这种询问法不是开门见山、单刀直入,而是采取投石问路、引水归渠的方法,一步一步地深入,最后引出被调查者对某个所要调查问题的事实想法。这种问句形式通常用于了解被调查者对回答有顾虑或者一时难以直接表达的问题。如某企业欲了解消费者对购买电视机是否影响孩子学习的意见。若一次性提问(非过滤式提问):"你不购买电视机是怕影响孩子的学习吗?"上述问句会给被调查者一种很唐突的感觉,是不妥的提问法,因为不购买电视机往往是由多种原因引起的,很难直接回答,可用以下过滤式问句提出问题:"你对电视机的印象如何";"你是否限制孩子看电视";"你认为看电视有什么害处吗";"有人说看电视对孩子的学习有影响,也有人认为看电视没有影响反而有好处,你是如何看待这个问题的"。从上面的例句中,可以通过营销调研人员的逐步引导,使被调查者有一个逐步考虑问题的过程,从而自然真实地回答了营销调研人员的问题。

步骤 4,决定问题的措辞。调查问卷的措辞要求用词必须清楚,注意避免诱导性的用语,另外考虑被调查者回答问题的能力,还有要考虑被调查者回答问题的意愿。

案例 3-11

问题的措辞

1. 客户对某产品的价格和服务质量感兴趣,询问消费者"您对它的价格和服务质量满意还是不满意"。该问题实际上包括价格和服务质量两个方面的问题,结果"对价格不满意"、"对服务不满意"或者"对价格和服务不满意"的被调查者可能回答"不满意",该结果显然得不到客户想了解的信息。因而,该问题应当分为两个问题询问"您对它的价格满意还是不满意"、"您对它的服务质量满意还是不满意"。

这样,客户可以分别得到某产品的价格和服务质量方面的信息。

2. "您并不认为应该增加反污染法规吧"这种否定句提问对被调查者的回答有诱导作用。

3. 如果有下面两级问句:
(1) 您至今未买电脑的原因是什么?
A. 买不起 B. 没有用 C. 不懂 D. 软件少
(2) 您至今未购买电脑的主要原因是什么?
A. 价格高 B. 用途较少 C. 性能不了解 D. 其他

显然 B 组问句更有艺术性,能使被调查者愉快地合作。而 A 组问句较易引起填卷人反感、不愿合作或者导致调查结果不准确。

4. 1941 年罗格进行的试验,同一问题设计了两种问法:
A:您是否认为美国应该禁止反对民主的公开言论?
B:您是否认为美国应该允许反对民主的公开议论?
结果问题 A 中 54% 的被调查者回答"是",问题 B 中 75% 的被调查者回答"否",显然是过于严格的措辞"禁止"导致这两题结果的显著差异。

步骤5,确定问卷的流程和编排。问卷不能任意编排,问卷每一部分的位置安排都具有一定的逻辑性。有经验的市场研究人员很清楚问卷制作是获得访谈双方联系的关键。联系越紧密,营销调研人员越可能得到完整彻底的访谈。同时,被调查者的答案可能思考得越仔细,回答得越仔细。

步骤6,评价问卷和编排。一旦问卷草稿设计好后,问卷设计人员应当再回过来做一些批评性评估。在问卷评估过程中,主要考虑以下原则:问题是否必要;问卷是否太长;问卷是否回答了调研目标所需的信息;邮寄及自填问卷的外观设计;开放试题是否留足空间;问卷说明是否用了明显字体等。

步骤7,获得各方面的认可。问卷设计进行到这一步,问卷的草稿已经完成。草稿的复印件应当分发到直接有权管理这一项目的各部门,并要经过各部门的认可。

步骤8,预先测试和修订。当问卷已经获得管理层的最终认可后,还必须进行预先测试。在没有进行预先测试前,不应当进行正式的询问调查。通过访问寻找问卷中存在的错误解释、不连贯的地方、不正确的跳跃模型。在预先测试完成后,任何需要改变的地方都应当切实修改。在进行实地调研前应当再一次获得各方的认同,如果预先测试导致问卷产生较大的改动,则应当进行第二次测试。

步骤9,准备最后的问卷。精确的打印指导、空间、数字、预先编码必须安排好,监督并校对,问卷可能进行特殊的折叠和装订。

步骤10,实施。问卷填写完后,为从市场获得所需决策信息提供了基础。问卷可以根据不同的数据收集方法并配合一系列的形式和过程,以确保数据可以被正确地、高效地、以合理的费用收集。这些过程包括管理者说明、访问员说明、过滤性问题、记录纸和可视辅助材料。

(3)问卷结构。

问卷设计是一项十分细致的工作,一份好的问卷应做到:内容简明扼要,信息包含要全;问卷问题安排合理,合乎逻辑,通俗易懂;便于对资料分析处理。一份问卷通常由前言、主体内容和结束语三部分组成。

问卷前言主要是对调查目的、意义及填表要求等的说明,包括问卷标题、调查说明及填表要求。前言部分文字须简明易懂,能激发被调查者的兴趣。

问卷主体是市场调查所要收集的主要信息,它由一个个问题和相应的选择项目组成。通过主体部分问题的设计和被调查者的答复,营销调研人员可以对被调查者的个人基本情况和对某一特定事物的态度、意见倾向以及行为有较充分的了解。

问卷结束语主要表示对被调查者合作的感谢,记录营销调研人员的姓名、调查时间、调查地点等。结束语要简短明了,有的问卷也可以省略。

第三节 国际市场营销预测

一、国际市场营销预测

预测,是指人们由已知推未知,即根据某事情过去和现在的情况,经过一定的分析,对其未来可能的状况与变化趋势进行设想、估计、测算、判断,作出某种预见、预报、预言的思维活动过程。而营销预测作为一种特定的预测,是指广义的市场预测,是营销调研同营销决策的"结合部"。营销预测在市场调研的基础上,探索、揭示市场营销发展变化的规律性,并据此推断未来市场发展趋势,为营销决策提供可靠依据。

营销预测按照范围可分为国内市场营销预测和国际市场营销预测。相比较而言,国际市场营销预测更为困难、更为复杂。国际市场营销预测主要对国际市场需求、市场供应、市场竞争、经济周期、科技发展等进行预测。一般来说,国际市场营销预测的步骤包括:(1)确定预测目标;(2)收集、整理、分析相关资料;(3)选定预测方法并建立预测模型;(4)实际进行预测并得出预测报告;(5)分析并评价预测报告(如图3-6所示)。

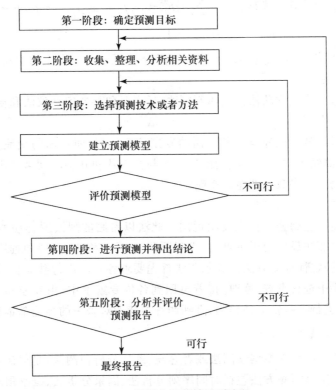

图3-6 国际市场营销预测流程

二、国际市场营销预测的方法

国际市场营销预测的方法很多,根据预测的精确程度,可分为定性预测法和定量预测法。

(一)定性预测法

定性预测方法又称经验判断预测法或者主观、直观判断预测法,是主要依靠预测者的经验、知识和综合判断能力,以定性分析技术为主(也结合一些定量分析技术)的预测方法。营销预测中常用的定性方法有以下三个。

1. 顾客意见法

顾客意见法也称市场调查法,是直接了解顾客对未来的看法,并加以汇总整理得出结论。此法比较实际、准确、可靠,但相当费时、费力。

2. 企业人员意见法

企业人员意见法包括个人判断法和集体判断法。在对个人提出的预测数字进行综合时,可采用算术平均法或者加权平均法。在对不同情况的预测数字进行综合时,可采用"三点估计法"和"主观概率法"。

"三点估计法"的计算公式是:$y = \dfrac{a + 4b + c}{6}$

式中,y 为三点估计值,a 为乐观估计值,b 为中等估计值,c 为悲观估计值。

"主观概率法"的计算公式是:$y = \sum x_i p_i = x_1 p_1 + x_2 p_2 + x_3 p_3 + \cdots\cdots + x_n p_n$

其中 $\sum p_i = p_1 + p_2 + p_3 + \cdots\cdots p_n = 1$

式中,y 为期望值,x 为某种情况下的估计值,p 为某种情况发生的主观概率。

3. 专家意见法

专家意见法包括个人判断法和集体判断法,后者又包括专家会议法和德尔菲法。

(1) 专家会议法。

专家会议法是邀请企业外有关各方面的专家开会,通过面对面的交流,互相启发补充,集思广益,求得预测结果的方法。其局限性在于与会人数和开会时间常受限,并且个人想法易受个别权威人物或者多数人的意见影响。

(2) 德尔菲法。

德尔菲法由美国兰德公司首先发明运用。此法以希腊的阿波罗神庙所在地命名,寓意"神谕灵验"。德尔菲法最早用于军事、技术问题预测,后经修正、发展和推广,已成为现代最常用、最有效的一种定性预测方法。德尔菲法首先要求各专家进行独立估计和假设,然后汇总到调查主持者手中进行审查、修改,接着再回到各位专家手中,由专家参考他人意见进行综合预测;依次再进行下一轮论证预测,直到调查主持者对未来的预测基本满意为止。

(二)定量预测法

定量预测方法又称数学模型预测法或者客观、统计分析预测法,是以定量分析方法技术为主的预测方法。定量预测方法包括时间序列分析法、因果分析法、概率预测法等。

1. 时间序列分析法

时间序列分析法也称趋势外推法或者历史引申法。该法运用预测的连贯性原理,假定预测的事情会沿着它从过去到现在的发展变化轨迹继续延伸到未来。因此,调查者可以从该变量的历史统计数据即时间序列中寻找变化的规律性以此来推算该变量的未来发展趋势。具体而言,时间序列法又分为以下七种方法。

(1) 算术平均法。

当各期数据呈稳定的水平型波动时,可计算全部数据的简单算术平均数 $\bar{x} = \dfrac{\sum x_i}{n} = \dfrac{x_1 + x_2 + \cdots\cdots + x_n}{n}$ 作为本期的预测值。

(2) 加权平均法。

对重要性不同的各期数据给予不同的权数 f,然后求得全部数据的加权算术平均数 $\bar{x} = \dfrac{\sum x_i f_i}{\sum f_i} = \dfrac{x_1 f_1 + x_2 f_2 + \cdots\cdots + x_n f_n}{f_1 + f_2 + \cdots\cdots + f_n}$ 作为本期的预测值。

(3) 移动平均法

当数据有变动趋势时,远期数据对于预测的影响不大,可以忽略不计。因此,可以选定近期若干期(如三期或者五期)作为观察期,计算这些数据的简单算术平均数或者加权平均值,就可以作为本期的预测值;随着时间的推移,观察期逐期移动,可以补充最新数据,再进行其平均数的计算。选择的观察期越短,预测结果越能灵敏反应变动趋势。

(4) 几何平均法。

根据各期的环比(与上一期相比)发展速度来计算平均发展速度,从而作出预测。计算公式为: $\bar{x} = \sqrt[n]{\prod x_i} = \sqrt[n]{x_1 x_2 \cdots\cdots x_n}$,式中,$\bar{x}$ 为平均发展速度,x_i 为各期的环比发展速度。

 案例 3-12

几何平均法

某企业在 2001—2006 年期间,各年的产品外销量依次是 880 吨、1 017 吨、1 096 吨、1 157 吨、1 199 吨和 1 285 吨。试用几何平均法预测 2007 年的外销量。

解:2002 年的发展速度=1 017/880=115.6%,2003—2006 年各年的发展速度分别是:107.8%;105.6%;103.6%;107.2%,则五年的平均发展速度= $\sqrt[5]{1.156 \times 1.078 \times 1.056 \times 1.036 \times 1.072}$,即 108%。所以,2007 年外销量=1 285×108%=1 388(吨)

(5) 指数平滑法。

指数平滑法是一种特殊的加权移动平均法。此方法中,权数是一个按指数递减的等比数列。

计算公式为:本期预测值=上期预测值+α×(上期实际值-上期预测值)=α×上期实际值+$(1-\alpha)$×上期预测值。

其中,α 为"平滑系数",并且 $0 \leqslant \alpha \leqslant 1$。

由公式可见,实际上,此法是分别以 α 和 $(1-\alpha)$ 为权数,对上期的实际值和预测值进行加权平均,或用 α 对上期预测的误差进行调整、修正。当 $\alpha=0$ 时,本期预测值=上期预测值。当 $\alpha=1$ 时,本期预测值=本期实际值。通常 $0<\alpha<1$,本期预测值必定介于上期的两个值之间:α 越接近于 1,对上期预测误差的调整幅度越大;α 越接近于 0,对上期预测误差的调整幅度越小。因此,一般来说,预测误差较大时和实际值波动较大时,α 应大些;而预测误差较小时和实际值波动较小时,α 应小些。至于 α 的具体取值,则需通过反复试算比较,选出能够预测误差最小的值作为平滑系数。

以上是指数平滑法中一次指数平滑的基本原理,它适用于变化趋势不明显的情况。还有二次、三次指数平滑法,分别适用于呈线性变化和呈二次曲线形变化的情况,这里不作介绍。

(6) 趋势线法。

当数据有明显变动趋势时,先作散布图观察、判断其大体是呈直线趋势,还是呈曲线趋势,然后拟合趋势(直线或者曲线)方程进行预测,能比其他方法取得更精确的结果。其中,最简单、最常用的是直线趋势法,拟合直线方程为:$y = a + bt$。

式中,y 为预测的变量,t 为时序数,而 a 和 b 为待定参数,它们可以利用以下公式求得:当 $\sum t_i = 0$ 时,$a = \dfrac{\sum y_i}{n} = \bar{y}$,$b = \dfrac{\sum t_i y_i}{\sum t_i^2}$。为使 $\sum t_i = 0$,若数据的期数 n 为奇数,就是中间一期的时序数为0,两旁各期的时序数分别取 $\pm 1, \pm 2, \pm 3 \cdots\cdots$ 彼此间隔1;若 n 为偶数,就定中间两期的时序数分别为 ± 1,两旁各期的时序数分别取 $\pm 3, \pm 5, \pm 7 \cdots\cdots$ 彼此间隔2。求出 a 和 b,得出方程后,就可将预测期的时序数代入方程,求出相应的预测值。

案例 3-13

趋势线法

某产品2007年1—7月的月销量依次是330万件、350万件、380万件、410万件、420万件、440万件和460万件。试用直线趋势法预测8月和9月的销量。

解:1—7月的时序数 t 依次是 $-3, -2, -1, 0, 1, 2, 3$

$$a = \frac{330 + 350 + 380 + 410 + 420 + 440 + 460}{7} = 398.6$$

$$b = \frac{\sum t_i y_i}{\sum t_i^2} = \frac{460 \times 3 + 440 \times 2 + 420 - 380 - 350 \times 2 - 330 \times 3}{9 + 4 + 1 + 1 + 4 + 9} = 21.8$$

$$y = 398.6 + 21.8 \times 4 = 486(万件),\ y_9 = 398.6 + 21.8 \times 5 = 508(万件)$$

---

(7) 季节指数法。

当数据呈季节性波动,可明显区分旺季和淡季、高峰期和低谷期时,则需要运用能反映预测变量受季节变动影响的"季节指数"来进行预测。如果不同季节(节气、季度、月份、日期等)的数据存在波动,而不同年份的数据变化不大或者无明显趋势时,则可以采用一种简单的按季平均法,直接对各年同季的数值进行平均来求得季节指数。

2. 因果分析法

因果分析法也称相关分析法,运用预测的关联性原理,通过分析某事物同具体的自然因素或者社会经济因素之间较稳定的相关、因果关系,找出其变化的内在规律,据以对该事物做"解释性"预测的方法。此法比时间序列分析法更严密、更可靠,适用于对变化较大的事物的预测和较长期的预测。

3. 概率预测法

概率预测法又称马尔可夫链预测法。该法通过计算事物在连续不断地从一种状态转变到另一种状态的随机过程中的"转移概率"来预测其未来状态。此法无须大量的历史统计资料,只需近期资料即可进行预测,且结果相当可靠,故应用日益广泛。

 个案分析

把肯德基的"家庭宴会"介绍给英国人

到20世纪90年代,肯德基进入英国市场已30年,并开设了300多家连锁店。为了直接与当地流行的鱼肉薄饼店展开竞争,肯德基最初定位"叫卖"概念,因此店内座位很少,甚至没有座位。由于竞争者——麦当劳(到现在已有500多家连锁店)的发展及其他美国快餐公司的流行,肯德基将面临寻找其竞争优势的挑战。在英国,肯德基的传统消费者是年轻男性,他们一般在当地酒吧与朋友聚会后,在很晚的时候光顾肯德基。但在当地也有一些具有很浓家庭气氛的餐馆连锁店,这些店具有很强的竞争力。因此,肯德基很难保持现有的市场,从市场角度出发,肯德基认为需要重新进行定位,它们想把其现有的经营方式转变为家庭聚会形式。很明显,为了适应英国市场,肯德基有必要确定并调查英国市场家庭价值观问题。

1. 定义调研问题

肯德基(英国)部的市场总监约翰·沙格先生会晤了公司的营销部人员和广告代理商。这次会晤的目的是确定最佳方案,以使肯德基的消费对象从青年男性扩展到家庭领域。沙格先生在执行重新定位策略的过程中遇到了3个棘手的问题,并由此展开了讨论。第一,多年来肯德基已在英国消费者心目中形成了一种强烈的"外卖"式餐馆的印象,且其主要消费者一直都是青年男性。"外卖"概念在英国消费者心中已根深蒂固,因此公司可能会花好几年的时间使其形象转变为"友好家庭"概念。第二,肯德基的忠实消费者一直是青年男性,由此给人一种否定女性消费者的感觉。经常出入肯德基的都是青年男性,有时甚至是喝醉了酒的男人,因此母亲们都认为把孩子带进肯德基不很安全。第三,竞争者——麦当劳进入英国市场要比肯德基晚十年,但它却迅速地弥补了这个时间上的损失。现在,麦当劳仅用于儿童广告的单项支出已超过了肯德基的全部广告费用,麦当劳对于家庭的吸引力要比肯德基好很多。

沙格先生和广告代理商意识到,就公司的长期生存能力而言,肯德基重新进行形象定位是至关重要的,因为家庭是快餐行业最大且增长最快的一部分消费者。

由此,肯德基营销管理层即刻面临的问题是:如何使公司对英国的母亲们具有足够的吸引力,以及如何使她们经常购买肯德基的食品作为家庭膳食。所以,英国肯德基面临的两个主要问题是:(1)相似的"家庭宴会"是否会吸引英国的母亲们;(2)"家庭宴会"的推出是否会使肯德基的品牌在英国的整体形象和知名度有所提高。

2. 确定调研设计方案

对于母亲们进行的"家庭宴会"概念研究,将帮助我们确定肯德基的这个想法在英国是否具有生命力,这也就解决了上述的两个问题。如果它对母亲们具有吸引力,则"肯德基家庭宴会"将在英国全面推行,同时也将开始研究由此而产生的商业及消费者行为。一旦推行"家庭宴会"概念,则将制订相关调查方案,包括第二手资料分析、专题座谈会、对于英国母亲们的典型调查以及最终的销售及消费者追踪研究。

3. 实施调查

在专题座谈会阶段,肯德基(英国)部的研究人员走访了英国各地有 12 岁以下孩子的母亲们,并与她们展开了一系列的讨论,如她们喜欢的餐馆和快餐店等。由于不希望造成母亲们的偏见或者反对的局面,因此在此过程中并没有提及调查委托人。所有的专题座谈会都用摄影机录下,并将母亲们的观点制作成文件以备分析所用。

特定目的分析是指对不同变量的一系列的比较,如价格、食物的数量以及套餐中是否包括餐后甜点或者饮料等。公司设计了一份结构性问卷以获得这些资料,同时,为减轻管理的压力,还对该问卷进行了预测。市场追踪问卷是一份标准的并具有结构性和定量性的问卷,它具有一些与先前进行的追踪研究不同的优点。

在定性研究阶段进行的专题座谈会的访问对象来源于英国伯明翰、利兹、伦敦等三个城市的母亲,每一个小组都含有 10~12 个在过去 3 个月中在快餐店购买过食品的妇女。定性研究的访问对象来源于英国 10 条主要道路上随机抽取的 200 名妇女。市场追踪研究是定期性全国追踪研究的一部分,其访问对象来源与定性研究相似,这将通过在英国具代表性的区域持续进行拦截访问来完成。为了区别在不透露委托人情况下收集到的资料,有关"家庭宴会"的知名度及好处的特定问题将在定期追踪问卷最后被提及。

200 个样本的调查以及追踪研究应由专业营销调研公司经过培训和富含经验的访问员来完成,调查过程大约需要两个星期的时间。而一旦决定在全国推行"家庭宴会",则应在定期追踪研究中加入有关"家庭宴会"的问题,这需要 6 个月的时间完成。

4. 调查资料分析

根据调查,肯德基(英国)部当前正供应一种称为"经济套餐"的膳食,它包括 8 个鸡块和 4 份常规薯条,其售价为 12 美元。而准备推行的"家庭宴会"包括 8 个鸡块、4 份常规的薯条、2 份大量的定食,如豆子和色拉以及一个适合 4 人食量的苹果派。在调查过程中,对这两种膳食进行了比较。分析结果表明,如果"家庭宴会"的销价在 10 英镑以下(约 16 美元),则它会更受人们的欢迎。人们认为"家庭宴会"的价格更为合理,食物更为充足,人们也更喜欢、更愿意购买"家庭宴会"套餐。在这些研究发现的基础上,肯德基(英国)部推出了"家庭宴会"。品牌追踪研究解决的第二个问题,即"家庭宴会"的推出是否会使肯德基的品牌在英国的整体形象有所提高。对于整体价值的追踪调研显示:在推出"家庭宴会"时,肯德基(英国)部的整体价值信用度要比竞争者——麦当劳低 10 个百分点,但到追踪调研阶段结束时,两者的价值信用度已经相同了。到年底时,肯德基豪华膳食销售的比例已从 10% 上升到 20%,整整增加了一倍。

其他的追踪研究因素包括连锁餐馆的知名度、"家庭宴会"的知名度以及"家庭宴会"的销售情况。尽管麦当劳在英国的电视广告是肯德基的 4 倍,但"家庭宴会"的广告还是创造出了前所未有的品牌广告知名度。

人们更喜欢"家庭宴会",因此其销量远高于"经济套餐"。而从财务角度看,尽管"家庭宴会"的总利润率比"经济套餐"低,但其总利润还是要高于后者。令肯德基员工感到惊讶的是,"家庭宴会"的销量上升了,但同时"经济套餐"的销量却仍然维持在原来的水平。造成这种情况的原因可从对"家庭宴会"消费者的调查结果中反映出来,即不同类型的消费者对这两种食物具有不同的喜好,一般人口多的家庭喜欢"家庭宴会",而人口少的家庭仍喜欢购买

"经济套餐"。

"家庭宴会"利用了肯德基原有的实力,因此从竞争地位的角度来看,"家庭宴会"能有效地与其他的快餐店展开竞争。除了原有的青年男性购买者外,肯德基还将其消费者领域扩展到了家庭。相对于原有的汉堡和薯条等食品,母亲们更喜欢肯德基提供的这种有益健康并符合家庭风格的膳食,"家庭宴会"最终成为了肯德基(英国)部首要的销售项目。在不断重塑自己的良好形象并和其他的快餐店展开有力的竞争中,肯德基从营销调研上获得了很高的收益。

思考题:(1)肯德基(英国)部定义的调研问题是什么?(2)肯德基(英国)部是怎样实施调研的?(3)肯德基(英国)部是怎样分析调查资料的?

1. 什么是国际市场营销调研?企业应当如何开展国际市场营销调研活动?
2. 国际市场调研的方法和技术有哪些?
3. 国际市场营销预测的方法有哪些?应当如何应用?

教师设定一项任务或者一个主题,学生分组,进行市场调研,设计问卷,写出调研报告。根据问卷设计情况以及调研报告的情况打分。

第四章
不同市场的购买行为分析

学习目标
◎ 掌握购买者行为模式的一般规律
◎ 了解影响消费者购买行为的主要因素
◎ 认识消费者购买行为的不同类型
◎ 了解购买群体决策中的角色以及各自的作用
◎ 了解消费者的购买决策过程和决策方式

第一节　国际消费者市场的购买行为分析

一、消费者市场与购买行为的含义及特点

（一）消费者市场与购买行为的含义

消费者市场,是指购买(包括租用)消费品以满足个人或者家庭生活需要的社会最终消费群体。

消费者的购买行为,是指消费者在整个购买过程中所进行的一系列的有意识的活动。这一购买过程从引起需要开始,经过形成购买动机、评价选择、决定购买到购后的评价行为等几个阶段。

（二）各国消费者市场及其购买行为的共同特点

（1）消费者市场的广泛性。消费者市场规模大,购买者的数量大,市场范围广。

（2）消费者市场需求的差异性、多样性、多层次性、伸缩性、地域性和流动性都很大,需求十分复杂。消费者市场由于人数众多,受不同因素的影响,因此不同的消费者有着不同的需求、欲望、爱好和生活习惯,因而会对不同的商品或者同品种的商品产生多样的需求。

（3）消费者需求的时代性、季节性、时间性、流行性和发展性很大。随着社会经济的发展、消费水平的提高、消费观念的变化,消费需求在结构上也不断地发生变化。

（4）消费者市场每次购买的数量小,但是购买频率高,购买的时间和地点都很分散。由于消费者市场是最终消费群体的市场,购买的产品不再用于生产,而是用于生活,因此,消费者不会一次购买很多的商品,反倒往往会考虑购买地点和购买时间是否便利等其他的条件。

（5）消费者市场的购买行为大多属于非专家购买。购买时的选择性和变化性很强,需求弹性较大,需求也很容易受价格、促销、包装等相关因素的影响。

（6）消费者市场的购买行为多为非理性购买,即往往属于冲动性购买和非计划性购买。

（7）消费者市场的购买动机复杂,且购买都不是营利性的,购买过程中参与的决策者少,决策过程简单,决断快。

（8）消费者市场的购买行为很容易受外部环境的影响,因此购买行为很不稳定,购销双方的关联程度低。

（三）不同国家消费者市场及其购买行为的差异

世界各国消费者市场的购买行为由于受其文化因素、经济因素和社会因素的影响,其购买行为的差异性很大。不同国家和地区的消费者呈现出格局特色的购买行为,下面仅就美、日、欧三个具有代表性的国别简单介绍。

1. 美国消费者的购买行为特征

（1）赶时髦,猎新奇。

美国人天性喜新厌旧,对旧的和老的都很忌讳,他们不仅对商品内在质量要求高,而且喜欢新奇的商品。

(2) 讲健康,求自然。

美国人生活水平高,故特别重视对健康的投资。市场上各类健康食品、保健饮料、健身器具、旅游物品是消费品的新宠。同时,由于美国人生活在一个机械化的时代和大量人造物品的环境中,因而希望返璞归真、回归自然。所以,美国市场绿色商品悄然兴起,天然食品商店生意兴隆。

(3) 追求个性,要高档。

美国人个性强,喜欢在消费生活中表现。喜欢按照自己的观念进行消费,表现与众不同,以充分显示自己的个性。同时,由于美国人本身收入水平高,因此对高档商品有较大的购买欲望,从而在一些名牌服饰、手表、珠宝等高端产品市场中占有很高的市场份额。

(4) 图方便,追求情趣。

美国是一个高度现代化的市场经济国家,生活节奏快,消费者追求节约时间,因此喜欢购买一些轻、薄、短、小的消费品。同时由于日常工作死板,因此喜欢追求生活情趣,在购买商品时追求商品的艺术性和情趣性。

(5) 借债消费,超前消费。

超前消费是美国人的一个重要的消费行为特征,在美国的全部家庭中,持有金融债务的家庭高达73.7%。在借债消费方式中,分期付款和信用卡借贷是美国社会鼓励的超前消费的主要手段,而且规模越来越大。

2. 日本消费者的购买行为特征

(1) 储蓄意识传统化。

日本人讲求消费,也讲求储蓄。在他们看来,储蓄是为了更好地消费。因为日本资源贫乏,备受资源的困扰,渐渐形成了勤俭节约的好习惯,而积极储蓄就是其重要表现。

(2) 日本消费者挑剔。

日本人在选择商品时不但追求品质优、性能好,而且追求款式新颖、外观完美,条件非常苛刻。如在购买服装时,日本人绝不买缝线不整的衣服,如果衣服发生褪色及缩水现象,往往还要到商店要求退换。同时对与衣服的衬里和镶边的质料的好坏以及是否缝贴牢固也非常在意。

(3) 要求有充分的选择范围。

日本的消费者喜欢对各种商品加以比较进行选择,因此,各商店的商品的品种、规格是否齐全往往要成为顾客是否光临的一个重要因素。

(4) 重视售后服务。

日本人对产品的售后服务要求颇高,并且认为供应者提供周到的售后服务是理所应当的事情,外国产品如果不能提供良好的售后服务,消费者是不愿意购买的。

(5) 追求名牌。

日本的消费者经常根据企业和商品的形象来选择商品,即追求名店和名牌,所以广告宣传中的企业的形象将对消费者购买产品产生重要的影响。

3. 欧洲消费者的购买行为特征

欧洲尤其是西欧消费者由于购买力高,其消费心理特点与美国消费者比较相似,即喜新厌旧、追求时髦,从不满足于自己已有的商品,喜欢在丰富多彩的商品中挑选和购买新产品。

欧洲作为一个区域性的国际市场,其消费行为也具有一些明显的特征。

(1) 内部市场的"差别消费"。

虽然西欧各国在某些方面的消费习惯是相同的,如购买汽车、化妆品和一些高档奢侈品方面基本相同。但是在家庭日用消费方面的差别很大。在不同地区,人们对食物、服装和鞋类等产品的需求截然不同。葡萄牙、希腊、爱尔兰等国居民日常消费的47%用在食品方面,而德国、法国、荷兰、比利时等国居民用在这方面的支出只占20%,地中海一带国家的人们讲究穿着,而北欧人却偏爱购置家庭用具。

(2) 精品王国的"平民消费"。

西欧一些产品都属于世界精品,然而西欧消费者并非追求精品,除了节俭一面外,他们还喜欢随意、自由、个性化。如巴黎时装世界盛名,巴黎女郎更是名扬天下,但是在平时女士们却穿得很随意,大多数人尤其是年轻人喜欢穿T恤衫、紧身裤、牛仔服等,面料也多以棉、麻为主。

(3) 回归传统消费。

欧洲消费者的传统消费观念根深蒂固,美国的麦当劳很难在西欧的一些国家打开市场即是佐证。传统玩具成了圣诞节法国商店的旺销商品,棋盘游戏开始重新受到家庭的青睐。在巴黎还能经常见到以土、泥和火的颜色为基调,夹杂着原始材料的服装。

(4) 流行单身消费。

在欧洲,人们认为单身生活自由自在,不需要承担家庭责任,因此单身消费也成了一个庞大的消费群体。以法国而言,6 000万的人口中约有1 500万因为未婚、鳏居或者离婚过着单身日子,这个数字几乎占到总人口的1/4。

二、消费者的购买行为模式

对消费者购买行为规律的研究首先涉及消费者购买行为的基本模式,它主要要回答以下一些问题:

形成购买群体的是哪些人?	购买者
他们要购买什么商品?	购买对象
他们为什么要购买这些商品?	购买目的
哪些人参与了购买决策过程?	购买组织
他们以什么方式购买?	购买方式
他们在什么时候购买?	购买时间
他们在哪里购买?	购买地点

这些问题往往需要通过广泛深入的市场调查来获得答案,而企业则必须在此基础上去发现消费者的购买行为规律,并有的放矢地开展市场营销活动。

企业的市场营销活动对一个具体的消费者来讲,是否能够产生作用,能够产生多大作用,对哪些人最为有效,可以从心理学的"认识-刺激-反应"模式去加以认识。这是研究购买者行为最为基本的方法。因为任何购买者的购买决策都是在一定的内在因素的促动和外在因素的激励之下而采取的。要使企业的市场营销活动获得成功,关键要看这些活动是怎样对消费者产生影响的,不同的消费者各自会对其作出怎样的反应,我们可以从"认识-刺激-反应"模式出发去建立消费者的购买行为模式(如图 4-1 所示)。

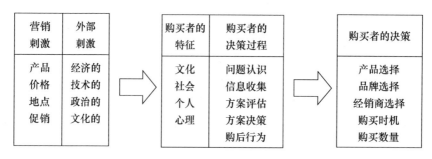

图 4-1 消费者的购买行为模式

从这一模式中我们可以看到,具有一定潜在需要的消费者首先是受到企业的市场营销活动刺激和各种外部环境因素的影响而产生购买取向的;而不同特征的消费者对于外界的各种刺激和影响又会基于其特定的内在因素和决策方式作出不同的反应,从而形成不同的购买取向和购买行为。这就是消费者购买行为的一般规律。

三、影响消费者购买行为的主要因素

营销学者认为,经济因素对于消费者的购买行为固然有着重要的影响,但消费者并非是纯粹的"经济人",一些非经济因素对消费者的购买行为同样发挥着重要的影响,而且其影响方式更为复杂。

总之,影响消费者购买行为的因素包括经济因素、文化因素、社会因素、个人因素和心理因素(如图 4-2 所示)。

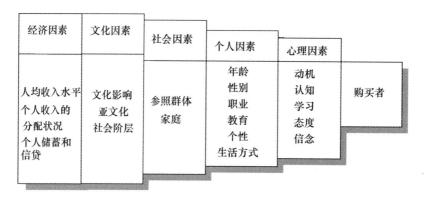

图 4-2 影响消费者购买行为的因素

(一)经济因素

经济因素是影响和决定消费者购买行为的最基本和最关键的因素。由于各国的人均收入水平、收入分配结构、储蓄信贷规模不尽相同,因而对人们的购买行为产生不同的影响。

1. 人均收入水平

人均收入水平的高低,不仅可以影响整个购买力,而且可以影响消费模式的变化。对于不同的商品,影响也不同。对于需求收入弹性大的产品而言,收入水平对其影响很大;而对

于需求收入弹性小的产品而言,收入水平对其影响就不会很大。

2. 个人收入的分配状况

消费者购买行为的差异还受各国居民收入分配情况的影响。不同的收入分配结构将会对整个国家的消费者购买行为产生很大的影响。如美国社会虽然存在着悬殊的贫富差距,但是它的中产阶级却是一个相当大的群体,占有一个庞大的消费者市场;相反,在印度,收入分配完全呈现一种金字塔形,只有少数人占有大量财富,大多数家庭收入不足1 000美元,处于贫困线之下。这种收入分配结构上的差异也会影响一个市场的购买行为。

3. 消费者的个人储蓄和信贷

在一定时期货币收入不变的情况下,边际储蓄倾向系数越大,消费者的购买力就会越小。同样,信贷融通的存在以及方便与否也会影响消费者的购买行为。然而,储蓄与信贷制度能否被消费者接受以及接受速度的快慢,又与一国文化中居民对赊购赊销方式的认同有关。

同时在购买力既定的情况下,直接影响消费者购买行为的是商品的效用和消费者取得该效用所必须花费的全部代价。横向比较时价值较大,或者纵向比较时价值提高,消费者才会认为值得买、有必要买。

(二) 文化因素

文化是一个广泛的概念。从广义上讲,文化是指人类在社会历史实践中创造的物质财富和精神财富的总和;从狭义上讲,文化是指社会的意识形态,以及与之相适应的制度和结构。广义的文化与文明同义,它将社会的经济、政治、科技、法律包含在内;狭义的文化也非仅指人们的文字运用能力和对基本知识的掌握,而是包括语言、文学、艺术、信仰、态度、风俗习惯、教育方式以及社会组织等各方面。

1. 文化影响

文化作为一种社会氛围和意识形态,无时无刻不在影响着人们的思想和行为,当然也必然影响人们对商品的选择与购买。文化对于人们行为的影响有着以下特征。

(1) 具有明显的区域属性。

生活在不同地理区域的人们的文化特征会有较大的差异,这是由于文化本身也是一定的生产方式和生活方式的产物。同一区域的人们具有基本相同的生产方式和生活方式,能进行较为频繁的相互交流,故能形成基本相同的文化特征。而不同区域的人们由于生产方式与生活方式的差异,交流的机会也比较少,文化特征的差异就比较大。如西方人由于注重个人创造能力发挥,比较崇尚个人的奋斗精神,注重个人自由权的保护;而东方人由于注重集体协作力量的利用,比较讲究团队精神,注重团体利益和领导权威性的保护。这种文化意识往往通过正规的教育和社会环境的潜移默化,自幼就在人们的心目中形成。然而,随着区域间人们交流频率的提高和交流范围的扩大,区域间的文化也会相互影响和相互交融,并可能对区域文化逐步地加以改变。如中国自20世纪80年代实行改革开放以来,已融入了相当多的西方文化,牛仔裤、西餐和肯德基快餐都已成为中国当代文化不可忽略的组成部分。

(2) 具有很强的传统属性。

文化的遗传性是不可忽略的。由于文化影响着教育、道德观念甚至法律等对人们的思想和行为发生深层次影响的社会因素,所以一定的文化特征就能够在一定的区域范围内得到长期延续。此外,必须注意到的是,文化的传统性会引发两种不同的社会效应。一是怀旧复古效应,利用人们对传统文化的依恋,可以创造出很多的市场机会。二是追新求异效应,即大多数年轻人所追求的"代沟"效应。这将提醒我们在研究文化特征时必须注意多元文化的影响,又可以利用这一效应创造出新的市场机会。

(3) 具有间接的影响作用。

文化对人们的影响在大多数情况下是间接的,即所谓的"潜移默化"。其往往首先影响人们的生活环境和工作环境,进而再影响人们的行为。如一个在农村长期生活的农民,在家乡时可放任不羁地大声说笑,随地吐痰,进城办事时马上会变得斯斯文文、彬彬有礼。就是由于外资企业的文化环境对其产生了影响。一些企业注意到这一点,首先通过改变人们的生活环境来影响人们的消费习惯的做法往往十分见效。

2. 亚文化

亚文化,是指存在于一个较大社会群体中的一些较小社会群体所具有的特色文化。所谓的特色表现为语言、信念、价值观、风俗习惯的不同。人类社会的亚文化群主要有以下三大类。

(1) 国籍亚文化群。

国籍亚文化群,是指来源于某个国家的社会群体。在一些移民组成的国家中,国籍亚文化现象显得尤为明显。如在美国等西方国家的大城市里都有"唐人街",那里集中体现了中国的国籍文化。但是由于"唐人街"是在美国等国,总体上受着所在国地域文化的影响,所以只能是一种亚文化。

(2) 种族亚文化群。

种族亚文化群,是指由于民族信仰或者生活方式不同而形成的特定文化群体。如中国是一个统一的多民族国家,除了占人口 90% 以上的汉族以外,还有 55 个少数民族。由于自然环境和社会环境的差异,不同的少数民族形成不同的亚文化群。这些亚文化群在饮食、服饰、建筑、宗教信仰等方面表现出明显的不同。

(3) 地域亚文化群。

同一个民族,居住在不同的地区,由于各方面的环境背景不同,也会形成不同的地域亚文化。我国的汉族人口众多,位居祖国辽阔的土地上,汉族人都讲汉语,但各地都有各自的方言。我国北方的汉语比较统一,但到了南方,方言就十分复杂。江南人讲吴语,广东人讲粤语,闽南人讲闽南话。各地人在一起,不讲普通话而讲方言也是无法沟通的。我国各地的饮食文化有着明显差异。北方人喜欢吃辣,江南人偏爱吃甜,广东人对食品特别讲究新鲜。北方人以面食为主,南方人则以米饭为主食等。

对于亚文化现象的重视和研究能使企业对市场有更为深刻的认识,对于进一步细分市场,有的放矢地开展市场营销活动具有十分重要的意义。

> **案例 4-1**
>
> ### 盛魁的蒙古市场
>
> 我国清朝晋商"大盛魁"为了多做买卖,他们精心研究蒙古族人的生活习性与心理。鉴于牧民不长于算账,他们就把衣料和绸缎裁成不同尺寸的蒙古袍料,大人有大人的尺寸,小孩有小孩的尺寸,任蒙古族人选购。蒙医治病用的药,习惯用药包,分72味、48味、36味、24味四种,"大盛魁"就将中药按此分包,药包上用蒙、汉、藏三种文字注明药名和效用。甚至每年冬至后用白面和羊肉加工大量的饺子,自然冷冻,运往蒙古包销售。

3. 社会阶层

社会阶层也属于文化的范畴。其主要是由于人们在经济条件、教育程度、职业类型以及社交范围等方面的差异而形成的不同社会群体,并因其社会地位的不同而形成明显的等级差别。社会阶层对人们行为产生影响的心理基础在于人们的等级观和身份观,人们一般会采取同自己的等级、身份相吻合的行为。等级观和身份观又会转化为更具有行为指导意义的价值观、消费观和审美观,从而直接影响人们的消费特征与购买行为。

美国的有关人士根据经济条件的差异对其社会阶层作了七个层次的分类(参见表4-1)。

表 4-1 美国各社会阶层的划分

社会阶层	主要成员	占人口百分比
上上层	老富翁	1%
上下层	新富翁	2%
中上层	经理专家	12%
中中层	白领雇员	32%
中下层	蓝领雇员	38%
下上层	非熟练工	9%
下下层	失业人员	6%

这些不同的社会阶层具有明显不同的消费特征。老富豪追求英国贵族式的生活;新富翁喜欢购置豪华的住宅、汽车、汽艇以显示富有;白领雇员只求体面,不求华丽;蓝领工人则喜欢光顾折扣商店、二手汽车市场等。

社会阶层作为一种文化特征具有这样一些特点:一是处于同一阶层的人的行为比处于不同阶层的人的行为有更强的类似性;二是当人的社会阶层发生了变化(如工人考上了大学、个体户发展为私营企业家),其行为特征也会随之发生明显变化;三是社会阶层的行为特征是受到经济、职业、职务、教育等多种因素的影响,所以根据不同的因素划分,构成的社会阶层会有所不同。

(三) 社会因素

1. 参照群体

参照群体也称参考群体、相关群体,是指对一个人的看法、态度和行为起着参考、影响作用的个人或者团体。人生活在一定的社会群体之中,其思想和行为不可避免地要受到周围其他人的影响。从主动的意义上讲,人们会经常向周围的人征询决策的参考意见;从被动的意义上讲,人们所处的特定社会群体的行为方式会不知不觉地对其产生引导和同化作用。我们把对人们的行为经常发生影响的社会群体称作"参照群体"。

参照群体一般可以分为以下四种类型。

(1) 首要群体。

首要群体也称亲近群体,包括家庭成员、亲朋好友、邻居、同事、同学等。首要群体虽不是正式组织,但同个人交往密切,对个人行为会产生大的、经常性、直接性的影响。

(2) 次要群体。

次要群体也称成员资格型参照群体,主要是指个人参加的各种正式组织或者社会团体。人们从事各种职业,具有不同的信仰和兴趣爱好,因此他们都分属于不同的社会团体。由于社会团体需要协同行为,作为团体的成员的行为就必须同团体的行为目标相一致。各种团体具有不同的性质,因此它们对其成员行为的影响程度也是不同的。军人必须穿着军装,严肃风纪,这是带有强制性的纪律。文艺工作者穿着打扮比较浪漫,比一般人更丰富多彩,这并不是文艺团体对其成员硬性规定的结果,而是一种职业特征的体现。次要群体由于和个人关系不是很密切,因此对个人影响小,不很经常,是一种间接的影响。

(3) 向往群体。

向往群体也称渴望群体。除了参与和接触之外,人们还可以通过各种大众媒介了解各种社会团体。所谓向往群体,是指那些与消费者无正式交往,没有任何联系,但对消费者又有很大吸引力和影响力的团体。人们通常会向往某一种业务,羡慕某一种生活方式,甚至崇拜某一方面团体的杰出人物。那些对未来充满理想憧憬的青年人,这种向往的心理就显得尤为明显。当这种向往不能成为现实的时候,人们往往会通过模仿来满足这种向往心理要求。女孩子会模仿歌星、影星,男孩子会模仿著名的运动员,成年人也会模仿某些有影响人物的发型、服饰和生活环境。向往型团体对消费者的行为影响也是间接的,但由于这种影响与消费者的内在渴望相一致,因此效果往往是很明显的。

(4) 离异群体。

离异群体也称厌恶群体、否定群体,是指一些虽同个人无正式交往,但被人讨厌、反对、拒绝,行为与之保持具体甚至反其道而行之的群体。

参照群体为消费者提供了一定的消费行为模式,直接或者间接地影响了消费者的购买行为。在产品生命周期的不同阶段,参照群体的影响作用是不一样的。在产品刚刚进入市场的时候,参照群体主要会在产品本身的推荐上对消费者产生影响;在产品已被市场普遍接受的情况下,消费者则会在品牌的选择方面更多地受参照群体的影响,产品本身的参考意见需要会逐渐减弱;而在产品已进入成熟阶段时,激烈的竞争会使得品牌的参考需求达到最高的程度。因此,企业应当根据不同的时间和阶段,利用参照群体的影响来实现自己的营销目的。

2. 家庭

家庭是社会最基本的组织细胞,也是最典型的消费单位,研究影响购买行为的社会因素不能不研究家庭。家庭对购买行为的影响主要取决于家庭的规模、家庭的性质(家庭生命周期)以及家庭的购买决策方式等几个方面。

(1) 家庭规模。

不同规模的家庭有着不同的消费特征与购买方式。三代同堂或者四代同堂的大家庭消费的量大,但家庭设备与耐用消费品的数量却不会很多;两口之家或者三口之家人虽然不多,但"麻雀虽小,五脏俱全",对生活质量的要求更高;单身汉的消费方式更是别具一格,对商品的要求更有其独特之处。一段时期内某一特定市场上不同规模家庭的比例直接影响产品需求的类型与结构。

(2) 家庭生命周期。

家庭也有其发展的生命周期,处于发展周期不同阶段的家庭,由于家庭性质的差异,其消费与购买行为也有很大的不同。一般来说,家庭的生命周期可划分为八个主要阶段(如图4-3 所示)。

图 4-3　家庭生命周期

① 单身阶段:已参加工作,独立生活,处于恋爱,择偶时期。处于这一阶段的年轻人几乎没有经济负担,大量的收入主要花费在食品、书籍、时装、社交和娱乐等消费上。

② 备婚阶段:已确定未婚夫妻关系并积极筹备婚事,处于这一阶段的人们为构筑一个幸福的小家庭,购置成套家具。耐用消费品、高级时装和各种结婚用品、装修新房等成了他们除了工作以外的基本生活内容,从而使此阶段成为家庭生命周期中一个消费相对集中的阶段。应当指出的是,备婚阶段在中国等东方民族比较明显,而在西方国家却不太突出。因为西方人的习惯是婚后才逐步添置家庭生活用品,所以此阶段的消费并不十分集中。在西方营销学的著作中一般不将此单独列为一个阶段。

③ 新婚阶段:已经结婚,但孩子尚未降临人间。这一阶段家庭将继续添置一些应购未购的生活用品,如果经济条件允许,娱乐方面的花费可能增多。

④ 育婴阶段(满巢1):有6岁以下孩子的家庭。有孩子的家庭才是完整的家庭,故称"满巢"。孩子诞生后将成为家庭消费的重点。因此,此阶段家庭会在哺育婴儿的相关消费上作比较大的投资。

⑤ 育儿阶段(满巢2):有6—18岁孩子的家庭。孩子在初步长大成人,家庭的主要消费仍在孩子身上。所不同的是,此阶段孩子的教育费用将成为家庭消费的重要组成部分。除学费之外,各种课外的学习与娱乐的开支也会大大增加。

⑥ 未分阶段(满巢3):有18岁以上尚未独立生活的子女的家庭。此时子女已经长大成人,但仍同父母住在一起。此阶段家庭消费的主要特点是家庭的消费中心发生了分化。父母不再将全部消费放在子女身上,也开始注重本身的消费;而子女随着年龄的增大,在消费方面的自主权开始增加;有些子女参加了工作,有了一定的经济来源,消费的独立性会显得更为明显。

⑦ 空巢阶段:孩子相继成家,独立生活。这一时期的老年夫妇家庭,由于经济负担减

轻,他们的消费数量将减少,消费质量将提高。保健、旅游将成为消费的重点,社交活动也会有所增加。在中国,一些老人经常会毫不吝啬地将钱花在第三代身上。

⑧ 鳏寡阶段:夫妻一方先去世,家庭重新回到单人世界,这时最需要的消费是医疗保健、生活服务和老年社交活动。

对家庭生命周期的研究,主要应和对一个地区或者市场的家庭结构与性质的分析相结合,其对于市场总体性质的研究具有十分重要的意义。

(3) 家庭成员在购买决策中起的作用。

家庭购买决策的方式对于购买行为的研究同样十分重要,其涉及对购买组织和营销对象的认识。因为各个家庭在进行购买决策时,决策方式会有较大差异。

首先是集中决策与分散决策的差异。一些家庭进行购买决策时集中度较高,购买大多数东西都要商量一番;另一些家庭则习惯分散决策,大多数购买决策由当事人自己来做。一般在收入水平较高的家庭,分散决策的倾向比较明显;而收入水平较低的家庭则倾向于集中决策。当然,家庭民主气氛的浓厚与否也会影响决策的集中与分散。

其次是独断决策与协商决策的差异。对一些重要的购买行为(如选购大件耐用消费品),有的家庭由家庭首要成员一人拍板决定,有的家庭则由全家进行协商后决定。独断决策还是协商决策,一方面看家庭的民主气氛是否浓厚,另一方面也取决于家庭成员对所购买的商品的知识普及程度。

再次是男主型还是女主型的差异。一些家庭购买决策主要由男主人拍板决定,而另一些家庭则主要由女主人拍板决定。由谁决策除了各种家庭的习惯之外,主要还要看购买何种类型的商品,一般情况下家庭日用消费品的购买决策通常由主妇来做,而耐用消费品的购买决策则通常由男主人作出。

(四) 个人因素

除了文化和社会的差异之外,消费者的个人因素在其购买决策中也起着重要的作用。个人因素中包含年龄与性别、职业与教育、个性与生活方式等。

1. 年龄与性别

年龄与性别是消费者最为基本的个人因素,具有较大的共性特征。如追求时髦的大都是年轻人,因为年轻人热情奔放,喜欢接受新事物;老年人一般比较稳健,不会轻易冲动,但相对也比较保守。另外,性别上男女之间在购买内容和购买方式上的差异特别明显。

2. 职业与教育

职业与教育实际上是社会阶层因素在个人身上的集中反映。从事一定的职业以及受过不同程度教育的人会产生明显的消费行为差异,这主要是由于一种角色观念的作用。如一个大学生,在学校期间喜欢穿着运动衫和旅游鞋,背着登山背包,骑一辆山地跑车,显得青春焕发、朝气蓬勃;而毕业以后,进大公司当了白领,立刻就换上了西装,夹起了公文包,从衣着打扮到言谈举止都发生了很大的变化。

3. 个性与生活方式

个性,是指对人们的行为方式稳定持久地发挥作用的个人素质特征。人的个性在不同场合通过自己的行为表现出来,因此它是消费者行为研究的重要内容。消费者的个性可以从能力、气质、性格三方面分析。

（1）能力。

消费者在购买商品时需要注意、记忆、分析、比较、检验、鉴别、决策等各种能力。由于个人素质、社会实践、文化教育等方面不同，使得各人的能力也有很大差别。这种能力方面的不同使得有些消费者在购买活动中比较自信，能比较迅速地对商品作出评价，从而作出相应的决策。有些消费者则由于能力较差、缺乏主见，对购买犹豫不决，并往往要求助手和"参谋人员"。

（2）气质。

心理学认为人们的气质有多血质、胆汁质、黏液质和忧郁质等四种。属于多血质的人好动、灵敏，对某一事物的注意和兴趣容易产生，但也容易消失，他们一般喜欢新商品，且易受宣传影响；属于胆汁质的人直率、热情、精力充沛，购买商品时愿意花时间选择比较；黏液质的消费者冷静、善于思考、自制力强，他们讲究实用，不易受宣传影响；忧郁质的消费者多虑谨慎，对新兴商品反应迟钝，购买决策迟缓。

（3）性格。

性格与气质既有区别又有共同之处。两者相比较而言，性格带有更多的社会因素，气质则带有更多的生理色彩，性格更能反映一个消费者的心理特征。人们的性格大致可分为五种：① 外向型，具有这类性格的消费者愿意表白自己的要求，喜欢与售货员交谈；② 内向型，内向型消费者少言语，感情不外露，丰富的思想集中于内心；③ 理智型，这类消费者善思考，作决策时要反复权衡；④ 意志型，这类消费者的特点是比较主观，购买目的明确，决策比较果断；⑤ 情绪型，情绪型的消费者容易冲动，购买商品往往带有浓厚的感情色彩。

人的个性对于人们的生活方式和消费方式会有很大的影响，日本东京的R&D调查公司根据他们所作的调查，将人们的个性分为四种不同的类型（参见表4-2），并以此来分析人们的生活欲望与生活方式，具有很强的借鉴意义。

表 4-2　个性与生活方式的关系

个性特征	欲望特征	生活方式
活跃好动	改变现状 获得信息 积极创意	不断追求新的生活方式 渴望了解更多的知识和信息 总想做些事情来充实自己
喜欢分享	和睦相处 有归属感 广泛社交	愿与亲朋好友度好时光 想同其他人一样生活 不放弃任何与他人交往的机会
追求自由	自我中心 追求个性 甘于寂寞	按自己的意愿生活而不顾及他人 努力与他人有所区别 拥有自己的世界而不愿他人涉足
稳健保守	休闲消遣 注意安全 重视健康	喜欢轻松自在，不求刺激 重视既得利益的保护 注重健康投资

（五）心理因素

心理是人的大脑对于外界刺激的反应方式与反应过程。影响购买行为的心理因素主要包括动机、认知、学习、态度和信念等五个方面。

1. 动机

动机是购买行为的原动力,需要是产生动机的基本原因,但需要并不等于动机,动机有其固有的表现形态。

(1) 马斯洛著名的"需要层次论"将人的需求划分了生理需要、安全需要、社交需要、尊重需要和自我实现需要(如图4-4所示)。从基本的生理需要出发,人们首先会产生寻求食物充饥和获得衣物御寒等最基本的动机;而当饥寒问题解决了以后,安全又会成为人们所关心的问题,人们不再会不顾一切地去寻求食物等基本生活资料,而可能是为了更高层次需求的满足(如为了爱情或者事业);生活有了充分保障的人们又会把社交作为重要的追求,以满足其社会归属感;而有了一定社交圈的人又十分重视他人对自己的尊重,重视在社会上的身份和地位;追求自我价值的实现是最高层次的需要和动机,人们会在各种需要得以基本满足的前提下,努力按自己的意愿去做一些能体现自我价值的事情,并从中寻求一种满足感。马斯洛的理论对于企业分析和研究市场不失为重要的理论依据。如当我们分析顾客购买某种商品的动机时就应当弄清楚,他是为了满足自己的某种需要,还是为了送给朋友以满足社交的需要。因为对于不同的需要,营销的策略和方法是很不一样的。

图4-4 马斯洛的"需要层次论"

(2) 赫茨伯格的"双因素理论"对于需求动机的研究同样是很重要的,他将影响人的购买行为的因素分为"满意"和"没有不满意"两个方面。"双因素理论"认为,人们"不满意"的对立面不是"满意",而是"没有不满意";同样,"满意"的对立面也不是"不满意",而是"没有满意"。即"没有不满意"只是人们对所获得的商品和服务的基本要求,但并非其购买的原因和动机,如人们选择到某地旅游是由于该地的宜人景色令人满意,而服务是否周到并非人们选择旅游点的主要原因。人们不会由于在服务上没有不满意而到一个不能满足其旅游欲望的地方去旅游。

(3) 从商业的角度思考,人们的购买动机又可分为以下两大类型。

① 本能动机。

本能动机又称原始动机,它直接产生于本能需要,如"饥思食,渴思衣,困思眠,孤单思伴侣"等。本能动机是基本的,也是低层次的。

② 心理动机。

心理动机是人们通过复杂的心理过程形成的动机。心理动机又可以分为以下三类。

● 情感类心理动机。

人们有高兴、愉快、好胜、好奇等情感和情绪,表现在购买动机上常有以下特征:求新,即注重新颖,追求时尚;求美,即注重造型,讲究格调,追求商品的艺术欣赏价值;求奇,即追求出奇制胜、与众不同。

- 理智类心理动机。

经过客观分析形成的心理动机,称为理智型动机。这种理智型购买动机在购买行为上表现为以下几个特点:求实,即注重质量,讲究效用;求廉,即注重商品的价格;求安全,即希望商品使用顺利,有可靠的服务保障。

- 惠顾类动机。

惠顾类动机,是指消费者基于经验和情感,对特定的商品、品牌、商店产生特殊的信任和偏爱,从而引起重复购买的动机。

2. 认知

认知是人们的一种基本心理现象,是人们对外界刺激产生反应的首要过程。人们不会去注意其没有认知的事物,不可能去购买没有认知的商品。只有觉察和注意某一商品存在,并与自身需要相联系,购买决策才有可能产生。

认知是一种人的内外因素共同作用的过程,取决于两个方面:一是外界的刺激,没有刺激认知就没有对象;二是人们的反应,没有反应,刺激就不能发挥作用。然而在实际生活中真正能使两者完全结合的并不多,原因是人们认知能力的局限,对外界刺激的接受只能是有选择的。具体而言,反映在选择性注意、选择性理解和选择性记忆三个方面。

(1) 选择性注意。

人们对外界的刺激源不会全都注意,有许多可能是视而不见、听而不闻。表4-3反映了外在刺激物的特征与引发感知的关系,说明除了了解消费者的需要和兴趣,有的放矢地进行刺激之外,调整刺激的方式和力度也是很重要的。

表4-3 刺激与认知的关系

刺激物的特征	容易引起认知	不易引起认知
规模	大	小
位置	显著	偏僻
色彩	鲜艳	暗淡
动静	运动	静止
反差(对比)	明显	模糊
强度	强烈	微弱

(2) 选择性理解。

人们对所接受的刺激和信息的理解会有一定的差异,这是由于人们在接受外在刺激和信息前,已经形成了自己的意识和观念。他会以自己已有的意识和观念去理解外来的刺激和信息,从而产生不同的认识。如对于"红豆"这样一种标志物,大多数中国人可能都会联想到"相思"这样一种情感,因为他们熟知"红豆生南国,春来发几枝,愿君多采撷,此物最相思"的诗句。但对于大多数外国人来讲,"红豆"可能最多只意味着是一种好看的植物,而不可能产生爱情之类的联想。

(3) 选择性记忆。

记忆在商业活动中是很重要的,消费者能否对企业的广告和品牌记忆深刻,关系企业的产品销路和市场竞争力。而人们在记忆方面同样是有选择的。强化记忆的因素有三个方面,除了人们的兴趣、刺激的强度这两个引发注意的因素对于强化记忆同样能发挥作用以外,"记忆坐标"的因素是很重要的。所谓"记忆坐标",是指在人们接收某一信息的同时接收的另一信息,它可以成为人们记住某一信息的"坐标"。如利用某种谐音可以使人们记住难记的电话号码,利用某种有特征的环境因素能让人们记住在此环境下发生的事情。积极创立各种记忆坐标是促使消费者记住企业和产品特征的重要方法。

3. 学习

消费者的大多数行为都是学习得来的,通过学习消费者获得了商品知识和购买经验,并用之于未来的购买。

消费者的学习方式大致有以下四种类型。

(1) 行为学习。

人们在日常生活中,不断学习许多有用的行为,包括干活、读书、与人交往等。作为一个消费者,他要不断学习各种消费行为,行为学习的方式就是模仿。模仿的对象是众多的,孩子模仿父母,学生模仿老师,观众模仿影视人物,还有人们之间的相互模仿等。

(2) 符号学习。

借助外界的宣传教育,人们了解各种符号,如语言、文字、造型、色彩、音乐的含义,从而通过广告、商标、装潢、标语、招牌与生产商和制造商进行沟通。

(3) 解决问题的学习。

人们通过思考和见解的不断深化来完成对解决问题方式的学习。思考就是对各种消费行为和各种体现现实世界的符号进行分析,从而形成各种意义的结合。思考的结果便是见解,见解是对问题中各种关系的理解。消费者经常思考如何满足自身的需要,思考的结果常被用于指导消费者行为。

(4) 情感的学习。

消费者的购买行为带有明显的情感色彩,如偏爱某个企业、某家商店、某种商品或者劳务、某种品牌等。

消费者的基本学习模型由内驱力、提示(线索)、反应和强化四个部分组成(如图4-5所示)。内驱力,是指人们的心理紧张状态。内驱力分为原始驱力和衍生驱力。

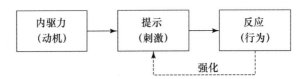

图4-5 消费者的基本学习模型(刺激-反应模式)

原始驱力是由生理需求造成,如饥饿、口渴。衍生驱力是后天学来的,如寻找面包因为能够充饥,购买饮料因为能够解渴。提示又成为线索,是引导人们寻求满足方式的一种启示,如人们饥饿的时候常会被饭店的招牌、食物的香味所吸引,因为以往学习的知识和经验告诉他们那里是解决饥饿的去处。而且一些著名饭店的招牌或者广告更能给人们以美味佳肴的提示;反应就是对提示采取的行动,反应有不同的层次,如婴儿饥饿的反应是啼哭或者作吸奶的动作,成年人饥饿会买各种喜欢的食品。强化就是使某种反应强化并稳定下来。强化的结果是对某种行为加以肯定,并能不断重复这一行为,如人们对某一品牌的商品产生"品牌忠实度",就是刺激不断强化的结果。

4. 态度和信念

消费者的态度是消费者对有关事物的概括性评估,是以持续的赞成或者不赞成的方法表现出来的对客观事物的倾向。态度带有浓厚的感情色彩,它往往是思考和判断的结果。信念是在态度得到不断强化的基础上所产生的对客观事物的稳定认识和倾向性评价。在信念指导下的行为往往不再进行认真的思考,而成为一种惯性。

态度具有以下三个明显特征。

(1) 态度具有方向和程度。

态度具有正反两种方向,正向即消费者对某一客体感到喜欢,表示赞成;反向即消费者对某一客体感到不喜欢,表示不赞成。所谓的程度,就是指消费者对某一客体表示赞成或者不赞成的程度。

(2) 态度具有一定的结构。

消费者的态度是一个系统,其核心是个人的价值观念。各种具体的态度分布在价值观念这一中心周围,它们相对独立,但不是孤立存在,而是具有一定程度的一致性,都受价值观念的影响;它们处于不同的层次,离中心较近的态度具有较高的向心性,离中心较远的态度具有较低的向心性;形成时间较长的态度比较稳定,新形成的态度则比较容易改变。

(3) 态度是学来的。

态度是经验的升华,是学习的结果,包括自身的学习和向他人的学习。消费者自身的经历和体会(如得到过的好处和教训)都会建立和改变人们的态度;家人、朋友以及推销人员所提供意见和看法也是一种间接的经验,同样会对人们的态度产生正面或者反面的影响。

相对态度而言,信念更为稳定。使消费者建立对自身产品的积极信念应当是企业市场营销活动的主要目标。而消费者如果对竞争者的产品建立了信念,则会对企业构成很大的威胁。从某种程度上讲,建立和改变消费者的信念就是对市场的直接争夺。

可以采用以下两种策略来建立或者改变消费者的态度和信念。

(1) 适应策略。

适应策略是通过适应消费者的需要来建立消费者的态度和信念,这种策略具体有四种做法:一是通过不断提高产品质量,改进款式,完善售后服务,不间断地做广告,以不断增强现有消费者的积极态度;二是为现有消费者提供新产品、新品牌,以满足他们的要求,增加现有消费者对企业的好感;三是强调现有产品的特点,吸引新顾客;四是及时了解市场新动向,为新的消费者提供新的产品。

(2) 改变策略。

改变消费者的态度和信念远比适应消费者的态度和信念困难得多,这种策略的做法主要有:突出强调企业产品的优点;尽量冲淡产品较弱属性的影响,如可以告诉消费者产品的某一些不足并不像他想象的那么严重,而且无伤大局;采取一些必要的补偿措施,如降低价格、实行"三包"等使消费者的心理得到平衡。

四、消费者的购买行为过程

(一) 购买行为的参与者

购买决策在许多情况下并不是由一个人单独作出的,而是有其他成员的参与,是一种群体决策的过程。这不仅表现在一些共同使用的产品(如电冰箱、电视机、住房等)的购买决策过程中,也表现在一些个人单独使用的产品(如服装、手表、化妆品等)的购买决策过程中,因为这些个人在选择和决定购买某种个人消费品时,常常会同他人商量或者听取他人的意见。因此,了解哪些人参与了购买决策,他们各自在购买决策过程中扮演怎样的角色,这对于企业的营销活动是很重要的。

一般来说,参与购买决策的成员大体可形成五种主要角色。

(1) 发起者,即购买行为的建议人,首先提出要购买某种产品。

(2) 影响者,即对发起者的建议表示支持或者反对的人,这些人不能对购买行为的本身进行最终决策,但是他们的意见会对购买决策者产生影响。

(3) 决策者,即对是否购买、怎样购买有权进行最终决策的人。

(4) 购买者,即执行具体购买任务的人。购买者会对产品的价格、质量、购买地点进行比较选择,并同卖主进行谈判和成交。

(5) 使用者,即产品的实际使用人。使用者决定对产品的满意程度会影响购买后的行为和再次购买的决策。

这五种角色相辅相成,共同促成了购买行为,是企业营销的主要对象。必须指出的是,五种角色的存在并不意味着每一种购买决策都必须要五人以上才能作出,在实际购买行为中有些角色可在一个人身上兼而有之,如使用者可能也是发起者,决策者可能也是购买者。而且在非重要的购买决策活动中,决策参与的角色也会少一些。

认识购买决策的群体参与性,对于企业的市场营销活动有十分重要的意义。一方面,企业可以根据各种不同角色在购买决策过程中的作用,有的放矢地按一定的程序分别进行营销宣传活动;另一方面,企业也必须注意某些商品的购买决策中的角色错位,如男士的内衣、剃须刀等生活用品有时会由妻子决策和采购;在儿童玩具的选购过程中,家长的意愿占了主要的地位等。这样才能找到准确的营销对象,提高市场营销活动的效果。

案例 4-2

亲近决策者

一家汽车零件批发企业 F 公司的推销员,由于推销业绩不佳,特此向一位专家咨询。专家问:"推销对象是谁?"推销员回答:"很多的小修理厂。"专家问:"谁有决策权?"推销员回答:"厂长。"专家问:"你见到厂长一般穿什么衣服?"推销员回答:"蓝色工作服。"专家问:"推销时你穿什么衣服?"推销员回答:"西服。"专家建议说:"推销时你最好也穿蓝色工作服。"F 公司的推销员都换上了蓝色工作服,换装使得 F 公司的销售业绩得到迅速提高。

(二) 消费者购买决策要素

消费者购买决策要素可以用"5W1H"来表示。

(1) 为何买(Why),即购买的目的和购买动机是什么。

(2) 买什么(What),即购买对象和购买标的物是什么。

(3) 何时买(When),即购买时机和购买时间,如是日常性购买还是季节性购买,是节假日购买还是随时购买。

(4) 何处买(Where),即购买场所和购买地点,如是在家网上购物还是在外地购买,是随地就近购买还是到多家商店选购。

(5) 由谁买(Who),即购买组织和购买者,如是丈夫购买还是妻子购买,或者是共同购买。

(6) 如何买(How),即购买方式,如是大宗购买还是零星购买,是自购还是代购等。

(三) 消费者购买决策过程

消费者的购买决策是一个动态发展的过程,一般可将其分为确认问题、收集信息、评价方案、作出决策、买后行为五个阶段(如图4-6所示),这是一种典型的购买决策过程。

图 4-6 购买行为的决策阶段

1. 确认问题

确认问题,是指消费者所追求的某种需要的满足。因为需要尚未得到满足,就形成了需要解决的问题。满足的需要到底是什么?希望用什么样的方式来进行满足?想满足到什么程度?这些就是希望解决的问题。需要的满足根据其性质的不同可分为几种不同的类型,如按照问题的紧迫性和可预见性两个指标可将需求满足的问题划分为四种类型(参见表4-4)。

表 4-4 需要解决的问题类型

预见性	紧迫性	
	需要立即解决的	无须立即解决的
在预期之中的	日常问题	计划解决问题
非预期之中的	紧急问题	逐步解决问题

(1) 日常问题。

日常问题属预料之中但需要立即解决的问题。事实上消费者经常面临大量的日常问题,如主副食品、牙刷牙膏、毛巾肥皂等天天要消费,经常要购买。在解决日常问题时,消费者的购买决策一般都比较简单,而且容易形成品牌忠诚性和习惯性的购买。但是,如果消费者感到前一次购买的商品不能令人满意,或者发现了更好的替代品,他也会改变购买商品的品牌或者品种。

(2) 紧急问题。

紧急问题是突发性的,而且必须立即解决。如自行车轮胎爆破、眼镜镜片失手打碎、钢笔遗失等。紧急问题若不立即解决,正常的生活秩序将被打乱。紧急问题一般难以从容解决。这时消费者首先考虑的是如何尽快买到所适用的商品,而对商品的品牌、销售的商店,甚至商品的价格都不会进行认真的选择和提出很高的要求。

(3) 计划解决的问题。

预期中要发生,但不必立即解决的问题便是计划解决的问题。计划解决的问题大多数发生在对价值较高的耐用消费品的购买,如一对开始筹备婚事的恋人准备年内购买一套家具,一个已有黑白电视机的家庭准备一年后购买一台彩电等。由于消费者对计划解决的问题从认识到实际解决的时间比较长,因而对于这种类型的购买活动,消费者一般都考虑得比较周详,收集信息和比较方案的过程比较完善。

(4) 逐步解决的问题。

逐步解决的问题即非预期之中,也无须立即解决的问题。它实际是消费者潜在的有待满足的需求。如一种新面料的服装出现在市场上,大部分消费者不必立即购买它,当然也无须计划过多长的时间去购买它。然而随着时间的推移,这种面料的服装的优点日益显示出来,这时购买者便会逐渐增多。一旦该种面料的服装得到社会的充分肯定,原先的逐步解决的问题很可能就演变成了日常问题或者计划解决的问题。

2. 收集信息

消费者一旦对所需要解决的需要满足问题进行了确认,便会着手进行有关信息的收集。所谓收集信息,通俗地讲就是寻找和分析与满足需要有关的商品和服务的资料。

消费者一般会通过以下四种途径去获取其所需要的信息。

(1) 个人来源,包括家庭、朋友、邻居、熟人。

(2) 商业来源,包括广告、推销员、经销商、包装、展览。

(3) 公共来源,包括大众传播媒体、消费者评价机构。

(4) 经验来源,包括产品的检查、比较和使用。

消费者所要收集的信息主要有三方面:(1) 恰当的评估标准,如某消费者欲购买一块手表,他首先要确定自己所要购买的手表应具有哪些特征,这些特征便是评估的标准,消费者一般先根据自己的经验判断一块理想的手表应具备哪些特征,一旦他感到自己的经验有限,他就会向朋友打听、查阅报纸杂志或者向销售人员征询;(2) 已经存在的各种解决问题的方法,如目前有多少种手表在市场上出售;(3) 各种解决问题的方法所具备的特征,如目前市场上各种手表的款式、功能、品牌信誉、价格等方面情况。

消费者所面临的可解决其需要满足问题的信息是众多的,他们一般会对各种信息进行逐步地筛选,直至从中找到最为适宜的解决问题的方法。图 4-7 描述了一个想要购买洗衣机的消费者对于各种有关信息的筛选过程。

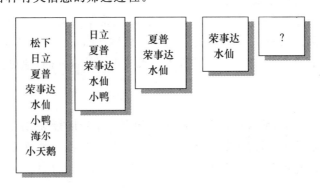

图 4-7 消费者信息收集与筛选过程

从图 4-7 中我们可以看到，消费者一般不可能收集到有关产品的全部信息，他们只能在其知晓的范围内进行选择；而对于其所知晓的信息进行比较筛选后，消费者会挑出其中一部分进行认真的选择；最终又会在它们中间选出 2～3 个进行最后的抉择，直至作出购买决策。在这逐步筛选的过程中，每进入一个新的阶段都需要进一步收集有关产品更为详细的资料和信息。如果某一产品在这一选择过程中被首先淘汰，除其不适应消费者的需要之外，很大程度上是由于所提供的信息资料不够充分。因此，积极向消费者提供产品和服务的有关资料在消费者收集信息阶段是十分重要的。

3．评价方案

消费者在充分收集了各种有关信息之后，就会进入购买方案的选择和评价阶段。该阶段消费者主要要对所收集到的各种信息进行整理，形成不同的购买方案，然后按照一定的评估标准进行评价和选择。

4．作出决策

消费者在进行了评价和选择之后，就形成了购买意图，最终进入作出购买决策和实施购买的阶段。但是，在形成购买意图和作出购买决策之间，仍有一些不确定的因素存在，会使消费者临时改变其购买决策。这些因素主要来自两方面：一是他人的态度；二是意料之外的变故（如图 4-8 所示）。

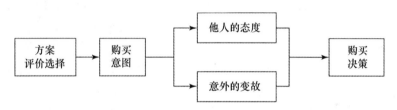

图 4-8　对购买决策的影响因素

影响消费者进行最终购买决策的根本问题是消费者对购买风险的预期，如果消费者认为购买之后会给其带来某些不利的影响，而且难以挽回，消费者改变或者推迟购买的可能性就比较大。所以，企业必须设法降低消费者的预期购买风险，这样就可能促使消费者作出最终的购买决策。

5．购买后的感觉和行为

消费者购买了商品并不意味着购买行为过程的结束，因为其对于所购买的商品是否满意以及会采取怎样的行为对于企业目前和以后的经营活动都会带来很大的影响，所以，重视消费者购买后的感觉和行为并采取相应的营销策略同样是很重要的。图 4-9 展示了消费者购买后的感觉以及行为特征。

满意还是不满意是消费者购买商品之后最主要的感觉，其购买后的所有行为都基于这两种不同的感觉，而满意还是不满意一方面取决于消费者所购买的商品是否同其预期的欲望（理想产品）相一致，若符合或者接近其预期欲望，消费者就会比较满意，否则就会感到不满意；另一方面则取决于他人对消费者购买商品的评价，若周围的人对其购买的商品持肯定意见的多，消费者就会感到比较满意，持否定意见的多，即使他原来认为比较满意的，也可能转为不满意。

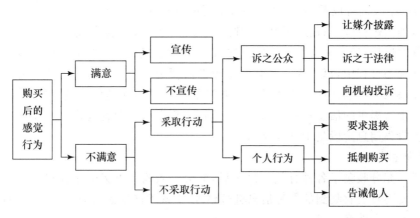

图 4-9 购买后的感觉和行为

感到满意的消费者在行为方面会有两种情况：一种是向他人进行宣传和推荐；另一种是不进行宣传。当然，消费者能够对企业的产品进行积极的宣传是最为理想的，企业要设法促使消费者这样去做。

感到不满意的消费者的行为就比较复杂，首先也有采取行动和不采取行动之分。一般而言，若不满意的程度较低或者商品的价值不大，消费者有可能不采取任何行动；但是如果不满意的程度较高或者商品的价值较大，消费者一般都会采取相应的行动。不满意的消费者所采取的一种是个人行为，如到商店要求对商品进行退换，将不满意的情况告诉亲戚朋友，以后再也不购买此种品牌或者此家企业的商品等。消费者的个人行为虽然对企业有影响，但是影响的程度相对小一些；消费者另一种可能的做法就是将其不满意的情况诉诸公众，如向消费者协会投诉、向新闻媒体披露，甚至告上法庭，这样的行为就会对企业造成较大的损失，企业应当尽可能避免这样的情况出现。

事实上，即使出现消费者不满意的情况，企业若能妥善处理，也是能够使消费者转怒为喜的。如妥善处理好退换商品的工作，耐心地听取消费者的意见并诚恳道歉，公开采取积极的改进措施，在必要的情况下，主动对消费者进行赔偿等。

现代营销观念认为稳定的市场份额比高额的利润更为重要，所以认真对待消费者购买后的态度和行为是企业市场营销活动中间的重要一环。

五、消费者购买行为类型

不同类型的消费者对于不同类型的商品，其购买决策行为也有很大的差异。如购买一台电脑和购买一把牙刷，购买决策行为就会有很大的不同。前者可能要广泛收集信息，反复比较选择；后者则可能不加思考，随时就可以购买。根据消费者对产品的熟悉程度（需要解决问题的多少）和购买决策的风险大小（很大程度上决定产品价格的昂贵与否），我们可以将购买行为分成四种类型（参见表 4-5）。

表 4-5 购买行为的类型

购买决策风险	对产品的熟悉程度	
	低	高
高	复杂性购买行为	选择性购买行为
低	简单性购买行为	习惯性购买行为

(1) 复杂性购买行为。

主要针对那些消费者认知度较低、价格昂贵、购买频率不高的大件耐用消费品。由于价格昂贵,购买决策的风险就比较大,购买决策必然比较谨慎;由于消费者对产品不够熟悉,需要收集的信息比较多。进行选择的时间也比较长。

(2) 选择性购买行为。

同样是价格比较昂贵的商品,有较大的购买决策风险,但是由于消费者对于此类商品比较熟悉,知道应当怎样进行选择。因此,在进行购买决策时无须再对商品的专业知识作进一步的了解,而只要对商品的价格、购买地点以及各种款式进行比较选择就可以了。

(3) 简单性购买行为。

对于某些消费者不太熟悉的新产品,由于价格比较低廉,购买频率也比较高,消费者不会花很大的精力去进行研究和决策,而常常会抱着"不妨买来试一试"的心理来进行购买,所以购买的决策过程相对比较简单。

(4) 习惯性购买行为。

对于那些消费者比较熟悉而价格比较低廉(通常产品的稳定性也比较好)的产品,消费者会采用习惯性的购买行为。即不假思索地购买自己习惯用的品种、品牌和型号。若无新的强有力的外部吸引力,消费者一般不会轻易地改变其固有的购买方式。

了解购买行为的不同类型,有助于企业根据不同的产品和消费者情况去设计和安排其营销计划,知道哪些是应当重点予以推广和宣传的,哪些只需作一般的介绍,以便使企业的营销资源得到合理的分配和使用。

第二节 国际生产者市场的购买行为分析

一、生产者市场与购买行为的含义及特点

(一) 生产者市场与购买行为的含义

生产者市场也称产业市场,是指购买产业用品用以进行营利性的产品或者劳务生产的生产者、产业用户群体,包括第一产业、第二产业以及第三产业中非商业、非政府、非社团的各行业的个人与企业。

生产者购买行为,是指生产者在购买产品和劳务过程中所进行的一系列的有目的活动。这一购买过程从满足生产要求开始,经过形成购买动机、评价选择、决定购买到购买后的评价行为等几个阶段。

（二）生产者市场及其购买行为特点

虽然消费者市场的产品理解起来比较容易，但是对于生产者市场的产品来说却占领着国际市场营销的较大比重。以美国为例，在国际市场上出售的主要产品是技术，世界上最有价值的美国两家公司微软和通用电器，它们出售的都是高技术工业产品，在美国的出口产品类别中，其工业品出口额约占出口总额的 40%（参见表 4-6）。

表 4-6　美国 2011 年出口机械运输设备的类别情况①

类　　别	在机械运输设备中的百分比	占全部出口产品比例
计算机电子产品	31.37%	11.69%
交通运输设备	25.46%	8.62%
机械设备	33.82%	11.45%
其他	9.34%	3.16%

对于生产者市场的产品的国际市场营销来说，与消费者市场相比，其相似之处要大于不同之处，生产者市场产品的固有特性以及生产者的相同的动机和行为共同创造市场，在这个市场上营销标准化已司空见惯。如在白俄罗斯销售复印机，其原因和在美国销售一样，都是为了满足复印需求。也许可能因为电源电压或者纸张大小不同，需要对复印机进行细小的改动，但是和大多数工业品一样，市场上销售的复印机基本是标准化的。对于另外一些特殊用途的工业品来说（如特种钢、专用机床），不仅在国外市场，就是在国内市场，也要适当进行改动。

总的来说，生产者市场具有以下特点。

（1）市场规模小，购买者数量少（一般整个企业就会作为一个生产者出现），市场范围不够广泛，购买者分布集中。

（2）需求属于派生需求，对产业用品的需求是由对消费品的初始需求、直接需求派生而出的一种间接需求，具有多变性，因为专业购买者往往会采取一致行动，但是当最终需求变化时，它就会加速市场的变化。

（3）需求受科技、经济发展状况的影响大，因为技术水平的高低决定了其在全球市场中是否具有竞争优势，而经济发展状况决定了处于不同经济发展阶段的市场对生产者市场产品的需求不同。根据罗斯托的经济发展模型，工业品的需求也可以相应地分为五类：在第一阶段即传统社会阶段，重要工业品的需求与自然资源取得有关，如矿山机械设备等；在第二阶段即经济起飞准备阶段，制造业开始出现，工业品需求开始与基础设施建设相关，如通信、交通、建筑等设备；在第三阶段即经济起飞阶段，非耐用消费品和半耐用消费品制造开始出现，商品需求与支持制造这些消费品的设备和原材料开始关联，如精密机床、注塑设备等；在第四阶段即经济趋向成熟阶段，开始集中于消费品制造的多样化和工业品的低成本，因此开始与生产者市场的工业品服务有关；第五阶段即大量消费阶段，此时这些市场开始致力于设计、技术创新活动，因此需提供最先进的产品和服务。

（4）每次购买的数量大，但是购买的频率低，购买的时间和地点相对集中。

---

① 资料来源：美国商务部网站。

（5）购买行为属于专家购买，购买时的选择性不强，专用性强，需求弹性小，短期内甚至可能无弹性，不易受价格、包装、促销的影响。

（6）购买行为属于理性购买和计划性购买，对所购产品的技术参数配套性、比例性要求高。

（7）购买动机简单，主要以营利为目的；购买过程中决策者多，决策过程复杂、规范，决策慢。

（8）购买行为相对稳定，购销双方关联程度高，往往要建立长期合作关系，关系营销作用显著。

二、影响生产者市场购买行为的主要因素

生产者在制定购买决策时会受到很多因素的影响，其中最主要的因素是经济因素，因为生产者购买生产资料的主要目的是为了营利，因此必须从各方面来降低成本，提高自己的利润。所以，生产者市场的购买人员往往会优先选择那些质优价廉的产品，除此之外，他们也会在价格差异不是很大的前提下考虑环境因素、组织因素、人际关系因素以及个人因素。

（一）环境因素

环境因素是企业不可控制的外界因素，包括经济、科技、政治、法律、文化、自然地理等因素。生产者的购买行为深受各种环境因素的影响。如在经济不景气或者政府采取紧缩的财政政策时，生产者往往都会减少对固定资产的投资，减少物资采购量与库存量，在这种环境下，生产者市场的主体在开拓市场时就会遇到很大的困难。除此之外，生产者的购买行为还会受到其他众多因素的影响，如生态环境，为了保护环境，各国都在积极出台一些相关政策；如要降低企业排污量，那么企业就需要购买更先进的设备或者购买专门用来进行污水或者废气处理的设备，就会加大对这个市场的需求。生产者市场的经营者要密切关注外部环境，积极适应环境的变化，并努力想办法去影响某些环境，使之向着有利于企业的方向发展。

（二）组织因素

每个企业都有自己的组织目标、组织结构形式、职权分配和人员配备情况、内部管理体制、企业文化，生产者必须要尽可能地了解这些情况，特别要清楚买方企业的采购权利分配情况，参与购买决策的成员、评价标准等，生产者只有掌握这些信息才能做到有的放矢。

（三）人际关系因素

人际关系因素对生产者来说是指采购部门在企业中的职权、地位和作用，采购部门同其他部门之间的关系，以及采购部门负责人的地位、权力和影响力。生产者市场的营销人员应该了解购买决策涉及多少人，所涉及人员的地位、职位、专长是什么，各人员对决策有什么样的影响力，谁是决策的关键人物等。然后在制定营销策略时将这些微妙的因素考虑进去。

（四）个人因素

个人因素，是指购买者的购买动机、购买个性和购买偏好等，这些因素将直接影响购买者的购买行为，在采购者的购买过程中始终起着作用。购买者的个人因素与其个人的年龄、受教育水平、生活习惯、职务等息息相关，生产者要学会通过对购买者个人因素的分析，寻找能够达成交易的途径。

三、生产者市场购买行为的类型

根据美国的罗宾逊等人对生产者市场购买行为的复杂性分析,生产者市场购买行为可以分为以下三类。

(一)直接重购

直接重购,是指企业采购部门根据过去和供应商打交道的经验,按照惯例重复采购原商品的情况。这种购买是由购买者从过去的采购经验和满意度来确定的,即长期、连续地订购过去采购的同类产品,具有习惯性和稳定性的特点。被选中的供应商获得了一个长期的稳定的销售量,但是必须要以高水平的质量、服务和信誉来保持与购买者的关系。未被选中的供应商应当力求通过推出新产品和改进服务等方式,争取购买者一定数量的购买。

(二)修正重购

修正重购,是指购买者希望修正产品规格、价格、发货条件以及其他方面的情况。修正重购是购买者的需求发生变化、有新的供应商参与竞争或者是市场环境发生变化所致,它具有不稳定的特点。在进行修正重购时,买卖双方都会有更多的人参与购买决策,购买过程也较为复杂,修正重购既给门外供应商提供了进入该企业的机会,也给原有的供应商以竞争压力。

(三)新购

新购,是指购买者第一次购买某种产品或者劳务的情况。这种购买的复杂性大,成本和风险大,参与决策的人多,需要收集大量的信息,整个购买的时间也很长。这种采购对于供应商来说是一个好机会,企业应该派出高水平的专业技术人员和市场营销队伍,通过对企业和产品的全面介绍,针对采购中的关键人物,开展一定的广告宣传等来向购买者展示企业的实力、产品的特征和提供服务的信息,引导购买者作出有利于自己的购买决策。

四、生产者市场购买行为的过程

(一)购买过程的参与者

生产者市场的购买决策者和消费者市场相比更为复杂,参与决策过程的人更多。根据企业购买决策的一般类型,可以将参与者划分为以下六种角色。

1. 倡议者

倡议者,即提出和要求购买的人,他们一般为企业内部的使用者或者相关人员。

2. 使用者

使用者,即将要使用产品或者服务的人员,他们也是最早提出购买意向的人,并对购买产品的品种、规格、数量和品牌选择起着重要作用。

3. 影响者

影响者,即能够影响决策的人员。他们主要协助决策者决定所购产品的品种、规格、数量和品牌,并提供所需的详细评价信息,对决策者作出选择具有较大的影响力。技术人员往往是最为主要的影响者。

4. 决策者

决策者，即有权决定购买与否、有权选择供应商的人。他们可能是采购者，也可能是企业负责人。

5. 采购者

采购者，即企业中负责组织采购工作的有正式职权的人。他们将选择多家供应商并分别进行谈判，其获得的信息也会影响决策者的决策。

6. 信息控制者

信息控制者，即控制企业外部和内部的市场信息能否及时准确地传递给决策者和使用者的人。他们可能是采购代理商，也可能是企业的技术人员。

在任何一个企业里，采购产品都会有这六种人员参与到决策过程之中，不过是参与人员的数量和规模因产品不同而已。生产者市场营销人员应当能准确判断出购买决策中的人员构成及其影响力的大小，然后有针对性地提供产品信息。

（二）生产者的购买决策过程

生产者市场购买产品是为了降低成本，获得经济利益。为购买其所需产品，生产者购买行为贯穿于整个企业采购活动过程，对于不同的购买行为类型，其购买阶段不同，一般包括以下八个阶段。

1. 认识需要

认识需要来源于企业的内部刺激和外部刺激，企业的内部刺激如企业开发新产品需新购设备和原材料，企业的外部刺激来源于外界通过广告、展销等手段提供的质量更好价格更低的产品信息。

2. 说明需要

一旦认识到了某种需要之后，采购人员便着手确定所需项目的数量、性能以及特征，包括产品的可靠性、耐用性、价格和技术参数等相关信息，根据信息指定专家组对所需品种进行价值分析，并作出详细的技术说明，以此作为采购人员选购产品的标准。

3. 物色供应商

产品要求被具体化后，采购人员将根据产品要求通过不同的渠道物色供应商，如可以通过检索《工商企业名录》的办法，也可以通过网上搜索或者寻找其他购买过该类产品的企业推荐。

4. 征求意见

采购人员邀请供应商提供详细的产品目录，如果必要也可以派人员进行面对面的交流、谈判。对于特别重要的产品，如技术要求高、采购复杂、价格高的产品，可以要求供应商提交详细的书面说明书和建议书。

5. 选择供应商

根据供应商提供的产品信息以及其他相关标准评价供应商，从中选择合适的供应商，一般生产者都会选择两家或者两家以上的供应商。

6. 确定订货程序

采购人员向最终选定的供应商下订单，订单中要详细地列出产品的技术规格、需求数量、交货时间、交货地点、付款方式、退款、退换货条件、担保条件以及违约责任和处理办法等具体项目。

7. 检验合同履行情况

采购回来的设备和原材料,采购人员要向使用者征求意见,了解他们对所购产品的满意程度,检查和评价供应商的合同履行情况。

8. 继续采购

如果检查和评价的结果良好,那么生产者将会继续向供应商采购产品。

(三)购买过程中的营销对策

从生产者的购买决策过程可以看出,要想在生产者市场做好营销工作,营销人员必须根据产业用品购买者所处的不同的阶段,采取不同的对策。

在认识需要阶段,可以通过展览、广告等促销手段,努力激发其购买欲望、动机。

在说明需要阶段,可以针对用户需要,分析其关心和需要解决的问题,尽可能为其提供帮助,帮其确定所需要的不同性能的产品,同时要运用价值工程或者技术经济学的分析技术论证本企业产品的优势。

在物色供应商阶段,可以通过各种适当的媒体有效地宣传本企业的情况,便于生产者查找到相关信息。

在征求意见阶段,应当重视报价单的填写,要提出与众不同的建议书,全面而形象地推出本企业产品的特点、长处。

在选择供应商阶段,要充分利用人员推销和公共关系,表明本企业的技术、服务优势,促使生产者选定本企业为供应商。

在确定订货程序阶段,要争取签订长期的"一揽子合同",使其他的供应商不容易再进入该企业。

在检查合同履行情况阶段,要及时掌握用户反映的问题,争取主动,在产品质量和产品服务等方面加以改进,以赢得用户的进一步信赖,从而促使其再次购买产品。

个案分析

OTC 市场消费者行为分析

非处方药(Over-the-Counter,OTC),是指由国务院药品监督管理部门公布的,不需要凭专业医师和执业助理医师处方,消费者可以自行判断、购买和使用的药品。随着新的医疗保险办法的实施,药品分类管理办法的出台,非处方药品目录的公布,病人自主治疗意愿的增加,大量零售药店出现了,消费者从公开渠道购买非处方药物的机会大大增加,药品零售额快速增长,非处方药市场充满机遇。越来越多的制药企业进入零售市场,希望通过广告的促销,建立自己的非处方药品,获得经济效益。

在这一领域获得成功的关键是企业直接向消费者进行营销的能力,即制定有效非处方药市场营销策略并付诸实施的能力。而市场营销策略的制定,必须建立在研究消费者市场和消费者行为的基础之上。

1. OTC 药品的购买者

OTC 药品的购买者一般是成年人,有一定的疾病判断能力,能较为准确地判断疾病的类别和病情严重程度,有一定的药品使用经验,在经济上有一定的来源,可以自主支配药品费用,文化程度高的人和医疗保健意识更强的人、工作节奏快的人。

2. 购买什么样的OTC药品

消费者购买OTC药品因为治疗的疾病类别、制造商、品牌、价位、剂型和包装等的不同而存在区别,同时也因为是否进入医疗保险报销目录而不同。

消费者对一个产品的把握一般有三方面的知识,有关产品属性和特征的知识,使用产品的积极结果或者收益,有助于消费者满意或者达到目的的产品价值。消费者对OTC药品的认识也一样,这三方面知识的结合形成了他们对OTC药品的认识。OTC药品属性,如包装外观、说明书、药品外观以及开启的方便性、服用方便性、口感等。OTC药品利益,如疗效、副反应、起效速度以及安全性等。OTC药品价值满足,如品牌地位。进入医疗保险目录对于OTC药品的推广很重要,调查显示:当消费者经常使用某种疗效不错的公费药变为自费药时,享受公费医疗的消费者中有近一半人会从公费药中寻找替代药,而不会自费购买这种药,只有近13%的消费者会自费购买这种药。目前的非处方药尚未受到公费报销的限制,公费报销品种目录中有不少是通过医生处方开出的,从而获得了医疗保险公司的补偿。

3. 购买目的

消费者购买OTC药品的原因有以下几点:治疗小病痛;方便;省时;节约费用。99%的消费者表示:他们去药店最主要的原因是得了小毛病,自己能够察觉症状并且判断缓解的程度。所以,服用OTC药品是消费者治疗日常小病最常用的方法。患者使用OTC药品对自身一些常见的、轻微的小病症进行自我药疗,大大节省了他们去医院排队看病、等待治疗的时间。同时,非处方药的市场销售价格比处方药便宜,因此消费者可以节约费用。

4. 购买时间

OTC药品购买方便,无须医生处方就可以很方便地在药店购买。OTC药品一般质量稳定,保质期长,基本在两年以上,用于治疗常见病、多发病,购买量大的话,也不必担心过期变质。所以,OTC药品的消费者一般有疾病发生时购买或者方便时购买、顺便购买。

5. 购买地点

购买OTC药品可以去医院、药店、医疗保险定点的医院和药店或者未定点的医院和药店,连锁药店或者非连锁药店,有品牌的、服务好的药店或者普通的药店、平价药店,社区附近或者医院的药店。

对于享受医疗报销的消费者来说,他们必然选择医疗保险定点的医院或者药店购买医疗保险目录中的OTC药品。关注价格的消费者或者购买长期用药的消费者宁愿去平价药房。医院附近的药店能得到更多的外配处方。注重药品质量的消费者更愿意去大型的连锁药店买药,因为药品质量有保证。

6. OTC购买者行为影响因素

随着消费者文化水平的提高,保健意识增强,对于预防疾病和身体保健逐渐重视起来,特别是高收入阶层和中老年人对补充维生素、增强免疫功能、防病强身、改善生活质量的OTC药品的消费支出增加了。现在的中青年女性更舍得购买减肥和养颜的OTC药品。

消费者OTC购买行为受到一系列社会因素的影响,如消费者的相关群体、家庭和社会角色与地位。一些消费者会因为角色和地位因素,在选择非处方药时考虑品牌和药品档次。

儿童和青少年的OTC药品消费主要受家庭中父母的影响,因为父母更有经验,他们在

OTC药品的购买和消费方面父母起着决定性作用。一般来说,父母是决策者,他们从父母身上可以学习到一些常见病的诊断和治疗,这将影响子女在成人后的OTC药品的消费观念。

白领阶层在选购OTC药品时,更倾向于知名品牌和声誉好的企业的产品,如合资药品或者价位高的药品。

消费者OTC药品购买决策也受其个人特征的影响,如消费者对自己病情变化的感知,对品牌特征的感知,对其他备选品牌的态度,特别是受其年龄所处的生命周期阶段、职业、经济环境、生活方式、个性和自我概念的影响。成年人和对病情判断力强的人,购买OTC药品的可能性更大些;自我保健和自我药疗意识强的人,工作节奏快的人,不享受医疗报销的人,去药店购药的次数更多。许多的慢性病患者(如高血压、慢性胃炎、糖尿病病人等)需要长期服药,这些患者在经过几次医生诊治和处方后,知道了自己的病情,知道该用什么药,这些患者可能会直接去社会零售药店买药。

我国消费者的认识中,受传统中医药文化的影响,普遍认为中药的毒副作用小,许多的中药在预防和保健方面作用显著,比西药更安全;中药在一些慢性病的治疗方面可能比西药更有效;中药的作用也全面,可以从根本上治疗疾病。一般的家庭中都会备有三七伤药片、红花油、健胃消食片等一些中成药。而在起效速度方面,普遍认为西药比中药见效快。

7. OTC药品的购买决策角色

OTC药品的消费者是怎样作出决策的,营销人员必须识别谁作出购买决定以及影响作出购买决定的因素,购买者的介入程度和对品牌有效性的数目,确定消费者属于哪一种购买类型。消费者在购买药品时往往是因为家里有儿童患者、老人患者、男性患者、女性患者,然后会通过家人、朋友、医生、药店店员和广告代言人等获取相关信息,再决定到医院或者是到药店购买。

8. OTC药品的购买行为类型

和处方药相比,OTC药品具有安全性高、疗效确定、质量稳定、使用方便等特点,所以购买决策过程相对简单,消费者低度介入,显示出与其他日常消费品类似的购买特征。但因为同一治疗类别的非处方药品品牌众多,差异较大,表现在功效、价格、包装、企业声誉上的不同,因此消费者往往不会只购买一个牌子的药品。

9. OTC药品的购买过程

引起消费者购买OTC药品的环境,可能是疾病发作,产中不适的症状;或者疾病多发季节的即将到来,提前考虑购买OTC药品,如夏季来临,购买治疗蚊虫叮咬的OTC药品;或者受购药环境影响,如设在超市药店的产品展示,药店的促销活动等会引起非计划购买行为发生。

OTC药品消费者的信息来源有四种:个人来源,如家庭、朋友、邻居和熟人;商业来源,如广告、推销员、经销商、包装、陈列;公共来源,如大众传播媒体、消费者评审组织;经验来源,如使用产品。这些信息来源有营销人员可以控制的和不能控制的,有来自个人的和非个人的。

获得信息后,消费者将对OTC药品进行评价,评价包括以下因素:功效;安全性;服务方便性;价格;包装;企业声誉;品牌等。综合评价高的品牌应该作为购买意图。OTC药品多为治疗一般疾病的常备药品,如感冒药、止痛药、肠胃药、皮肤药等,这些药品一般在生产技术上都比较成熟,不具有专利技术方面的竞争优势,而正因为技术工艺的简单,又使此类药店的生产厂家众多,市场上同一种OTC药品往往具有多个品牌,市场竞争异常激烈。因为消费者不具备辨别药品内在品质的能力,所以代表产品品质和信念的品牌成为消费者购买OTC药品的导向。在广泛决策制定期间消费者倾向于搜寻药品信息,所以用一种品牌促销来中断他们的问题解决过程相对容易。成功的OTC药品销售必须用消费品的营销手段建立产品品牌和促进产品销售。

消费者在评价阶段可能形成某种购买意图而偏向购买自己喜爱的品牌,然而,在购买意图与购买决策之间,可能受到他人的态度和未预期到的情况因素的影响。专业人士具有左右OTC药品购买决策的能力;尽管OTC药品无须医生处方,消费者即可在药店购买,OTC药品越来越接近于一般消费品,但是药品毕竟是用来治病救人的,并且药品知识的专业性较强,还不是一种普及性知识,所以消费者在购买和使用OTC药品时十分关注专业人士(如医生、药剂师等人)的意见。据美国Scott-Levin医疗保健咨询公司最近的一份调查,约有50%的病人根据医生的建议使用OTC药品。医生给病人的OTC样品也起着重要作用,有35%的病人在过去一年接受过样品,并且约50%的病人称他们自己将会购买同样的药品。店员与消费者行交流是一个重要的市场营销战略。有调查结果表明:除了电视广告,药店店员对消费者购药的影响大于其他各种广告媒体。值得注意的是,一旦店员向消费者推荐某种药品,通常有74%的消费者会接受店员的意见,这表明在药品消费中店员能起到很大的作用。特别需要指出的是在明确具体品牌的消费者中,当店员向他推荐其他品牌的药品时,占66%的消费者改变了主意,他们接受了店员的意见。

OTC药品都有很详细的使用说明书,消费者按照说明书文字就可以很方便地使用,而使用效果是否满意,是否有不良反应发生,首先取决于该药品的选择是否对症,如果购买的OTC药品不对症,治疗效果必然大打折扣,还可能产生不良反应。如果药品选择对症,然后看产品本身的功效和不良反应,是否疗效好、起效快,而不良反应小。消费者如果使用OTC药品后满意,必然强化他的产品信念,会刺激下次的购买。他们往往会记下上次医生处方的药品名称,或者直接拿着药品包装盒,指名购买同样的产品。国家规定OTC药品使用说明书上要注明制药商的联系电话,目的在于及时得到不良反应的信息,这也是制药商提高售后服务质量的主要途径。

总之,非处方药市场营销人员只有在了解消费者行为的基础上,制定出使目标顾客的需要和欲望得到满足和满意的营销策略,才有市场成功开发的可能。

思考题:(1)请根据案例说明OTC药品的购买者是谁?该市场购买对象是什么?该市场为何购买(购买目的)?该市场何时购买?该市场何地购买?(2)OTC购买者行为影响因素有哪些?OTC药品的购买决策角色有哪些?他们都是什么人?(3)OTC药品的购买行为属于什么类型?(4)OTC药品的购买过程有几个阶段?

思考问题

1. 为什么说购买者行为模式从根本上讲是一种"认识-刺激-反应"模式?
2. 简述消费者市场和生产者市场的不同之处。

3. 影响消费者购买行为的主要因素有哪些？举例说明这些因素对购买决策行为的影响。

4. 影响生产者购买行为的主要因素有哪些？举例说明这些因素对购买决策行为的影响。

5. 消费者市场和生产者市场购买行为类型有哪些？

每位同学提供一张图片，交给老师，然后两位同学一组，每位同学从老师手中抽取一张图片，抽到图片后针对该图片提出 10 个问题，请另一位同学回答，如可以问这张图片中最显眼的是什么？图片的主题是什么？图片中的人、物、景之间可能有什么联系？图片与你所销售的产品（老师指定）能建立哪些方面的联系？老师根据分析的深刻性、全面性与独到性评定成绩。

第五章 国际市场营销战略

学习目标
◎ 了解市场营销战略的概念以及市场营销战略规划的过程
◎ 掌握企业业务组合与业务发展战略
◎ 掌握市场细分、目标市场选择以及市场定位的概念、原理
◎ 了解进入国际市场的各种途径和方式
◎ 理解国际市场的各种竞争战略

第一节　市场营销战略概述

一、市场营销战略的含义

"战略"一词由来已久,其思想含义可以追溯到军事领域。在军事上,我国战国时期的《孙子兵法》便是集中反映我国古代战略军事思想的代表之作。战略是军事指挥官在战争中利用军事手段达到战争目的的科学和艺术。将这些军事战略概念应用于企业的市场营销活动便形成了市场营销战略。市场营销战略是企业经营管理者在现代市场观念指导下,为适应不断变化的市场环境,满足顾客需求,实现企业长期生存、稳定发展的经营目标,根据企业资源条件,对较长时期内市场营销活动制定的总体构想、纲领、方针、规划和方案。它以营销调研为先导,以营销决策和计划为中心,设计企业活动的各个方面,但一般不包括企业组织、人事、文化、财务、科技和生产等职能战略。它是从属于企业领导层为企业整体经营制定的总战略,又高于某些专项职能部门战略的一个综合性的分战略。从构成内容上看,它主要包括制定市场选择、业务组合和新业务发展、市场进入、市场竞争等战略,每一方面的战略又包含多方面的具体内容,并与相应的战略配套应用。

首先,对营销人员而言,市场是指购买产品或者服务的顾客群体,而不仅仅是买卖双方的关系总和,也不是仅指买卖双方交易的场所。这是因为产品或者服务的提供者最关心的是接受产品或者服务时候能为目标购买者所接受,凡是愿意接受、正在接受、已经接受、将要接受产品或者服务的单位都被称为市场,或者是未来市场(可能市场)。显然,市场才是营销战略的核心部分。

其次,针对以上市场的需求,任何一家企业,包括跨国企业或者巨型企业都不可能满足其全球市场的所有需要。也就是说,企业不可能保证市场上的每一个消费者都一定会购买其产品或者服务。任何企业都不可能完全垄断一个市场(除非政府强制),所以,企业需要针对其产品或者服务"挑选"其主要的营销对象,即确定目标市场。目标市场虽然是由企业"挑选"出来的,但营销人员不能随心所欲地确定、评价或者划分目标市场。市场需要由很多的因素影响,如人们的生活方式、信念和文化习俗等。这些都是营销人员需要获知并用以分析目标市场需求的客观因素。

二、市场营销战略的特点

(一) 全局性

全局性,是指战略制定的整体性本身就带有全局性的谋划。

(二) 长远性

长远性,是指任何一种战略都要着眼于未来,都是对未来的谋划和设计。市场营销战略是为谋求企业的长远发展、长远利益,规划企业的基本思路和发展方向。

(三) 方向性

方向性,是指市场营销战略是研究市场营销中本质性的问题,强调市场营销的性质与结构,解决企业中的主要矛盾,阐明企业经营的大方向和基本发展趋势。

(四)应变性

应变性,是指企业的经营活动就是把现有的各种资源用于不确定的未来。由于经营环境的复杂多变,必然使企业面临诸多风险,而要尽可能使风险降到最低,市场营销战略就应当具有相对稳定性,同时,还应当随时根据企业外部条件及内部条件的变化加以调整。

三、市场营销战略规划过程

市场营销战略规划过程是通过制定企业的任务、目标、业务组合和新业务发展计划,在目标、技能、资源和它的各种变化市场机会之间建立与保持一种可行的适应性管理过程,即战略规划过程是企业及其各业务单位为生存和发展而制定长期总战略所采取的一系列重大步骤,包括规定企业使命(任务)、确定企业目标、安排业务组合、制订新业务发展计划、细分市场并确定目标市场、有效定位等(如图5-1所示)。

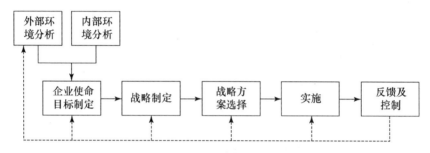

图 5-1　市场营销战略规划过程

(一)分析市场营销机会

营销机会是能够满足企业营利目标的市场业务。对国际市场营销人员来说,在全球范围内寻找现存的或者潜在的营销机会是一件非常复杂繁重的工作。

营销人员制定战略之前需要考察以下问题:(1)企业是否在一定范围内会受到优质竞争或者低价竞争的威胁;(2)企业是否在其他市场会有更高的获利机会;(3)企业是否需要扩张其客户规模和市场规模;(4)企业是否有需要其产品或者服务的潜在客户?

在对上述问题作出某种程度的肯定之后,企业须在一定范围内搜索是否存在满足以上条件的目标市场。

(二)确定企业使命

确定一个组织的使命要考虑五个关键性要素:企业过去突出的历史特征;企业高层的意图以及偏好;企业周围环境的发展变化;企业的资源情况;企业独特的能力。

(三)确定企业目标

规定企业使命后,还要把使命具体转化为一系列的各级组织层次的目标。企业可以采用目标管理的办法,即将目标落实到各级管理层次,各级经理对其目标的实现完全负责。企业的常用目标有贡献目标、市场目标、竞争目标和发展目标(参见表5-1)。企业制定的目标要切实可行,必须满足的要求包括目标要层次化、数量化、现实性和一致性。

表 5-1 企业常用的目标

类　　别	内　　　　容			
企业使命 （5W1H）	What	干什么	Where	何处满足其需要
	Who	为谁服务	Why	为什么这样干
	When	何时满足其需要	How	如何满足其需要
企业目标	贡献目标	提供给市场的产品数量和质量；节约资源状况，保护环境目标；利税目标		
	市场目标	原有市场的渗透，新市场的开发，市场占有率的提高，销售额的增加，客户忠诚度的提高		
	竞争目标	行业地位的巩固或者提升		
	发展目标	企业资源的扩充，生产能力的扩大，经营方向和形式的发展		

（四）战略制定

战略的制定包括国际市场选择战略、企业业务组合战略、新业务发展战略、市场进入战略以及市场竞争战略。市场营销战略制定过程如图 5-2 所示。

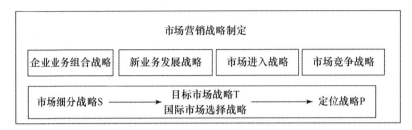

图 5-2　市场营销战略制定过程

市场营销战略的设计制定应当遵循以下原则。

（1）精选和集中原则：国际市场营销选择战略是所有战略中的根本，尤其是关于目标市场的选择，我们必须要在市场细分的基础上，审慎地选择目标市场，并将资源配置对准目标。

（2）顾客价值原则：更深层次上理解顾客的需求、愿望和偏好，向顾客提供价值的能力在此阶段受到考验。

（3）差别优势原则：在营销组合因素上挖掘差异化，形成独特的差别（或称竞争）优势，如成本优势、长期关系、购买方便性、技能优异的技术人才、优质服务的企业文化等。

（4）整合原则：协调各部门利益-整合效益，管理体系、组织结构、行动计划配合，保证整合设计的实施。

（五）战略方案选择

战略方案选择时首先要明确企业使命，然后进行环境分析（SWOT 分析），确定目标市场以及市场定位，再在此基础上进行营销组合设计，将市场和产品相结合的战略和战术都落实为书面的战略营销计划。这个计划还包括贯彻营销战略手段的说明以及监控进展、确认目标是否达到的各种控制方法。

（六）实施与控制

在贯彻企业的战略过程中，需要追踪结果和监测内外环境的新变化。要做好环境变化的准备，并且当环境变化时，企业要能够及时地采取措施，及时反馈和修订它的执行过程、计划、战略方案甚至目标。

第二节　国际市场选择战略

国际市场选择战略决策是关于国际市场营销企业应当选择哪些国家市场作为目标市场，以及以何种方式进入目标市场的决策，它关系企业长远的、全局性的发展，是企业发展的方向性决策。企业的国际市场选择战略决策是由市场细分、目标市场选择以及目标营销、市场定位等一系列在现代市场观念指导下相继进行的决策组成的营销战略，即STP（Segmenting，Targeting，Positioning）战略，它是决定企业市场营销活动成败的核心决策。

一、国际市场细分

（一）国际市场细分的概念

市场细分是在20世纪50年代中期由美国市场营销学家温德尔·史密斯教授提出的，作为企业实现营销目标的基础，市场细分化战略已在市场营销管理中得到广泛应用。其原因在于，世界上有200多个国家和地区，其人口、经济、自然、政治和法律等环境千差万别，市场消费需求也是千变万化，任何企业都难于满足所有消费者的需求。在纷繁复杂的市场中，选择能为其提供最好服务的消费群体就成为企业所必须面临的问题。因此，国际市场细分就成为国际市场营销活动中的必要环节。

国际市场细分理论的提出是以市场上存在的两个客观条件为依据的。一是市场消费者需求的差异性。国际市场上消费者的需求千差万别，主要受到他们的需求、爱好和欲望等方面的影响。我们将这些不同需求、不同爱好、不同欲望的消费者群，归纳到不同的细分市场中。市场细分实际上是细分消费者的需求。国际市场细分的基本含义，是指企业在分析国际市场营销环境的基础上，根据某种标准将大而分散的国际市场划分成若干个具有显著不同特征的子市场的过程。国际市场细分可分为国际市场宏观细分和国际市场微观细分。这里所说的某种标准是将消费者行为差异分开的因素。国际市场细分的另一个客观基础是消费者需求的类似性。消费者需求方面固然存在差异，但同时也存在相似性。并不是每一个消费者都有一个特殊的与众不同的属性，相反的，相当数量的消费者在对某种产品或者服务上的需求非常类似甚至一致。这种类似性是由人们的居住环境、文化习俗、民族传统等因素决定的。因此，每个具有类似性的消费群体就构成一个特殊的细分市场。所以，同一个子市场内的消费者购买行为具有相似性，而在不同的子市场之间消费者行为存在着明显的差异：某一整体市场内顾客需求是相同或者相近的，与其他整体市场明显不同；每个细分市场内顾客需求也是相同或者相似的，但不同细分市场之间顾客需求又有着一定程度的差别。这就是"同中有异，异中有同，大同而小异"。

（二）国际市场细分的原则

1. 可衡量性原则

企业在国际市场上选择的细分市场必须是能够准确衡量的，可以准确衡量的主要标准有市场的规模、收入水平、年龄构成等,它们可以从相应的人口统计资料中得到。

2. 可进入性原则

可进入性原则,是指所选的细分市场必须是企业可以有效地到达并能够为之提供满意服务的原则。

3. 可获利性原则

可获利性原则决定了某一个细分市场是否有价值、是否值得进入的问题。

4. 可实施性原则

依靠企业的力量,通过制订计划和具体实施能够达到企业的目的,这一国际市场才有意义,否则即使具备前面三个条件而不具备可实施性,一切都将会失去意义。

(三)国际市场细分的标准

国际市场细分的标准包括国际市场宏观细分的标准和国际市场微观细分的标准两类。

1. 国际市场宏观细分

国际市场宏观细分,是指企业根据各国市场需求的宏观因素,将国际市场细分为若干个宏观环境相近、进而市场总体需求相类似的子市场的过程。国际市场宏观细分的主要依据是宏观环境因素,在对国际市场进行宏观细分后,各子市场在总体上需求相似,而各子市场内部需求则存在较大的差异。其细分的标准主要有地理因素、经济因素和文化因素。

(1)按照地理因素细分国际市场。

地理因素是国际市场宏观细分最常用的变量。按照地理因素人们可以把全球市场大致划分为亚洲市场、欧洲市场、拉丁美洲市场和大洋洲市场。这些大的市场还可以再进行细分,如亚洲市场还可以划分为东亚市场、西亚市场和南亚市场等。这种划分办法有利于企业进行营销管理,便于企业采取集中的营销策略,而且由于本身具有相同或者类似的自然环境,因此其购买行为也较为接近。需要注意的是,随着区域经济一体化的发展,同一地理区域的国家常属于同一区域经济集团,企业进入某一成员国则可以享受集团内部的优惠待遇,容易把业务扩展到整个经济集团,如欧盟、东盟、北美自由贸易区等均以地理区域来划分。但要注意的是,对于按照地理因素划分的子市场,其经济水平、政治体制或者文化环境可能会存在很多的差异,因此在进行营销战略制定时一定要注意这些方面的差异。

(2)按照经济因素细分国际市场。

按照经济因素细分主要是根据经济发展指标将各国进行归类。最为常用的标准是根据罗斯托的经济发展五阶段来进行划分。按照经济因素划分国际市场的优点是使同一个市场的国家在经济发展水平上和经济环境上比较接近,有助于分析消费者的购买能力和对不同商品的消费需求,但是这种划分办法往往会导致细分市场分布在世界各地,给国际市场营销管理带来很大的困难。

(3)按照文化因素细分国际市场。

文化对国际市场营销的影响是深远而全面的,文化的各项因素均可以作为细分国际市场的变量,如宗教信仰、语言、价值观念等。依照文化因素划分的市场可能会产生市场分散或者同一细分市场经济差距较大等情况,因此对市场容量的测定以及营销管理带来很多的困难。由于人为因素具有多元性和复杂性,在按照人为标准细分市场时应当参考一些其他因素,以免出现较大偏差。如美国和新西兰虽属同一文化类型,但美国的国民生产总值是新西兰的几十倍,其市场差异是比较明显的。

2. 国际市场微观细分

国际市场微观细分,是指在国际市场宏观细分的基础上,企业再按照影响消费需求和购买行为差异的个体因素将市场进一步细化的过程。国际市场微观细分包括消费者市场的细分和生产者市场的细分两个大的方面,除此之外还应当有中间商市场的细分、政府市场的细分以及其他方面,我们重点介绍消费者市场细分和生产者市场细分。

(1) 消费者市场的细分标准。

随着市场细分化理论在企业市场营销活动中的普遍应用,消费者市场细分标准可归纳为四大类,即地理环境因素、人口因素、消费心理因素和消费行为因素。这些因素有些相对稳定,多数则处于动态变化中。消费者市场细分标准如图 5-3 所示。

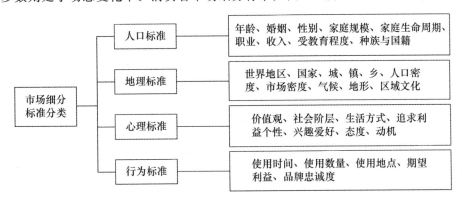

图 5-3 消费者市场细分标准

① 人口标准。

人口标准,是指各种人口统计变量,包括年龄、婚姻、职业、性别、收入、受教育程度、家庭生命周期、国籍、民族、宗教、社会阶层等。如"二战"以后,美国的婴儿出生率迅速提高。20世纪 60 年代到战后出生的一代已成长为青少年。加之美国这个时期经济繁荣,家庭可支配的收入增加,所以,几乎所有定位于青少年市场的产业和产品都获得了巨大的成功,举世闻名的迪斯尼乐园就是成功的典范。70 年代后期,受美国经济不景气的影响,出生率显著下降。到 80 年代中期,几乎所有原来定位于婴幼儿和儿童市场的产品市场都呈现不同程度的萧条景象,这必然使那些原来定位于儿童和青少年市场的企业重新定位或者扩大经营范围,如迪斯尼集团也不得不改变服务对象,除了继续以青少年为对象外,还增加了成年人游乐项目,并经营酒店、高尔夫球等业务,使企业在新的市场环境下得以继续发展。

 案例 5-1

资生堂的市场细分

日本资生堂公司曾对日本女性化妆品市场作过深入的调查,按照年龄把她们分为以下四类。

> 第一类,15—17岁的女性。她们正当花季,讲究打扮,追求时髦,对化妆品的需求意识较为强烈,但购买的往往是单一的化妆品。
>
> 第二类,18—24岁的女性。她们对化妆品也非常关心,消费积极,而且只要看中合心意的产品,即使价格昂贵也在所不惜。
>
> 第三类,25—34岁的女性。她们大多数已经结婚,化妆品的使用已经成为一种日常习惯了。
>
> 第四类,34岁以上的女性。她们对化妆品的需求比较朴素,而且比较单一。

② 地理标准。

地理标准,即按照消费者所处的地理位置、自然环境来细分市场。具体变量包括国家、地区、城市规模、气候及人口密度、地域文化等。处于不同地理位置的消费者,对同一类产品往往呈现出差别较大的需求特征,对企业营销组合的反应也存在较大的差别。如咖啡的消费在西方比东方要大得多,南方大米的消费比北方多。总体而言,地理环境中的大多数因素是一种相对静态的变量,企业进行市场营销必须清楚,处于同一地理位置的消费者和用户对某一类产品的需求或者偏好仍然会存在很大的差异,因此,还必须同时依据其他因素进行市场细分。

③ 心理标准。

心理标准,即按照消费者的心理特征细分市场。按照上述地理和人口等标准划分的处于同一群体中的消费者对同类产品的需求仍会显示出差异性,这可能是消费心理因素在发挥作用。心理因素包括个性、购买动机、价值观念、生活格调和追求的利益等变量。如生活格调是指人们对消费、娱乐等特定习惯和方式的倾向性,追求不同生活格调的消费者对商品的爱好和需求有很大差异。越来越多的企业,尤其是服装、化妆品、家具、餐饮和旅游等行业的企业越来越重视按照人们的生活格调来细分市场。

④ 行为标准。

行为标准,即按照消费者的购买行为细分市场,包括消费者进入市场的程度、使用频率、偏好程度等变量。按照消费者进入市场程度,通常可以划分为常规消费者、初次消费者和潜在消费者。一般而言,资力雄厚、市场占有率较高的企业,特别注重吸引潜在购买者,争取通过营销战略,把潜在消费者变为初次消费者,进而再变为常规消费者。而一些中小企业,特别是无力开展大规模促销活动的企业,主要吸引常规消费者。在常规消费者中,不同消费者对产品的使用频率也很悬殊,可以进一步细分为大量使用户和少量使用户。根据美国某啤酒公司的调查,某一区域有32%的人消费啤酒,其中,大量使用户与少量使用户各为16%,但前者购买了该公司啤酒销售总量的88%。因此,许多的企业把大量使用户作为自己的销售对象。消费者对产品的偏好程度,是指消费者对某品牌的喜爱程度,据此可以把消费者市场划分为四个群体,即绝对品牌忠诚者、多种品牌忠诚者、变换型忠诚者和非品牌忠诚者。在绝对品牌忠诚者占很大比重的市场上,其他的品牌难以进入;在变换型忠诚者占比重较大的市场上,企业应当努力分析消费者品牌忠诚转移的原因,以调整营销组合,加强品牌忠诚程度;而对于那些非品牌忠诚者占较大比重的市场企业来说,则应当审查原来的品牌定位和目标市场的确立等是否准确,并且随着市场环境和竞争环境变化重新对定位加以调整。

案例 5-2

大宝护肤品：工薪阶层的选择

大宝是北京三露厂生产的护肤品，在国内化妆品市场竞争激烈的情况下，大宝不仅没有被击垮，而且逐渐发展成为国产名牌。在日益增长的国内化妆品市场上，大宝选择了普通工薪阶层作为销售对象。既然是面向工薪阶层，销售的产品就一定要与他们的消费习惯相吻合。一般来说，工薪阶层的收入不高，很少选择价格较高的化妆品，而他们对产品的质量也很看重，并喜欢固定使用一种品牌的产品。因此，大宝在注重质量的同时，坚持按普通工薪阶层能接受的价格定价。其主要产品"大宝 SOD 蜜"市场零售价不超过 10 元，日霜和晚霜也不过是 20 元。价格同市场上的同类化妆品相比占据了很大的优势，本身的质量也不错，再加上人们对国内品牌的信任，大宝很快争得了顾客。许多顾客不但自己使用，也带动家庭其他成员使用大宝产品。大宝还了解到，使用大宝护肤品的消费者年龄以 35 岁以上者居多，这一类消费者群体的性格成熟，接受一种产品后一般很少更换。这种群体向别人推荐时，又具有可信度，而化妆品的口碑好坏对销售起着重要作用。大宝正是靠着群众路线获得了市场。

（2）生产者市场的细分标准。

细分消费者市场的标准，有些同样适用于生产者市场，如地理因素、追求的利益、使用者状况等因素，但还需要使用一些其他的变量。美国的波罗玛和夏皮罗两位学者提出了一个生产者市场的主要细分变量表（参见表 5-2），比较系统地列举了细分生产者市场的主要变量，并提出了企业在选择目标顾客时应当考虑的主要问题，对企业细分生产者市场具有一定的参考价值。

表 5-2　生产者市场的主要细分变量

人口变量
・行业：我们应当把重点放在购买这种产品的哪些行业？
・企业规模：我们应当把重点放在多大规模的企业？
・地理位置：我们应当把重点放在哪些地区？
经营变量
・技术：我们应当把重点放在顾客所重视的哪些技术上？
・使用者或者非使用者地位：我们应当把重点放在经常使用者、较少使用者、首次使用者或者从未使用者身上？
・顾客能力：我们应当把重点放在需要很多服务的顾客上，还是只需要少量服务的顾客上？
采购方法
・采购职能组织：我们应当将重点放在那些采购组织高度集中的企业上，还是那些采购组织相对分散的企业上？
・权力结构：我们应当侧重那些工程技术人员占主导地位的企业，还是财务人员占主导地位的企业？
・与用户的关系：我们应当选择那些现在与我们有牢固关系的企业，还是追求最理想的企业？
・总的采购政策：我们应当重点放在乐于采用租赁、服务合同、系统采购的企业，还是采用密封投标等贸易方式的企业上？
・购买标准：我们是选择追求质量的企业、重视服务的企业，还是注重价格的企业？

续表

形势因素
• 紧急：我们是否应当把重点放在那些要求迅速和突击交货或者提供服务的企业？
• 特别用途：我们应当将力量集中于本企业产品的某些用途上，还是将力量平均花在各种用途上？
• 订货量：我们应当侧重于大宗订货的用户，还是少量订货者？
个性特征
• 购销双方的相似点：我们是否应当把重点放在那些人员及其价值观念与本企业相似的企业上？
• 对待风险的态度：我们应当把重点放在敢于冒风险的用户上还是不愿冒风险的用户上？
• 忠诚度：我们是否应该选择那些对本企业的产品非常忠诚的用户？

（四）国际市场细分的步骤

无论是宏观细分还是微观细分，其基本过程都是按照由大到小、由小而微的顺序进行的。其中，宏观细分主要是通过宏观因素进行大致分类，因此相对比较简单，微观细分就要复杂得多，其主要包括以下几个步骤。

首先，根据顾客需求和企业的能力，确定产品的市场范围，列出该市场范围内所有的潜在顾客的全部基本需求（决定粗略市场），然后对需要进入的市场，通过运用已有的资料，分析产品的属性、市场现有的品牌数目和各品牌之间的消长情况；同时分析消费者的行为、产品爱好、使用方式和购买频率；再配合企业的目标，了解市场的特性及其背后支配的因素，分析不同的需求，选出最重要、迫切的若干种需求，对影响消费者行为的各种因素进行深入研究，以取得进一步的资料，从而进行细分和比较，抽出共同需求因素，将有特点的需求作为细分标准；接下来按标准初步粗略地划分市场，经筛选后为各分市场暂时取名，发掘目标群体，通过市场细分可以衡量每一个细分市场的经济性及其对企业的价值。最后，进一步分析各分市场的特点，增加其他细分变量作更细的划分，然后测定细分市场的规模和潜在需求，为选择目标市场做准备。

（五）国际市场细分的方法

市场细分的方法有依据单变量的一元、平行细分法，依据双变量的二元、平面、交叉细分法，依据三个变量的三元、立体细分法，按系列变量先后展开的多层次、树形细分法等（如图5-4所示）。

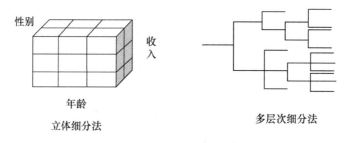

图 5-4　市场细分的方法

企业在细分市场时根据所选定的变量的个数来选择合适的细分方法。

二、目标市场选择和目标营销

（一）目标市场的概念

目标市场就是企业打算进入的细分市场，或者打算满足的具有某一需求的顾客群体。企业在对整体市场进行细分之后，要对各细分市场进行评估，然后根据细分市场的市场潜力、竞争状况、本企业资源条件等多种因素决定把哪一个或者哪几个细分市场作为目标市场。

案例 5-3

调整"动感地带"的目标人群

"动感地带"定位为15—25岁用户的品牌，但是很多在校大学生，尤其是研究生都是在25岁以上，但他们仍然属于追求时尚、好玩、对新业务有浓厚兴趣的一族，这种划分方法无疑会让这部分人有被拒之门外的感觉。另外，25—35岁的一部分用户属于既崇尚时尚又有一定的经济能力的用户。这部分用户选择"动感地带"则显得小儿科，选择"全球通"又无法满足其对时尚的需求，或许需要开辟一个专门针对这类客户的新品牌。

（二）选择国际目标市场的标准

1．市场需求量大

市场需求量的大小是决定该市场是否值得进入和占领的重要条件之一。关于市场需求量，企业既要考虑目前的市场需求，还要考虑未来的需求量。

2．营销收益高

企业从事国际市场营销一方面可以扩大市场规模，另一方面也要考虑获取更高的收益。而进行国际市场营销关于营销收益考虑的因素要远远多于国内市场营销，如果是出口型的国际市场营销，则要充分考虑运输、销售所带来的额外的成本，而如果是国外生产国外销售的企业，则要计算在东道国的生产成本、销售成本、税收和贸易限制等因素。在充分考虑相关因素的基础上，还要考虑进入国际市场是否会带来间接的收益，如高新技术的引进、国外特殊原材料的购入以及管理技术的提高等。

3．企业竞争力强

选择目标市场时，企业要注重发挥自身优势，扬长避短。

4．营销风险小

在国际市场营销中，企业面临的风险要远远大于国内市场营销，因此企业要充分考虑东道国的政治局势和市场风险，尽量选择政治局势稳定，与本国的政治经济关系融洽的国家或者市场作为目标市场。

（三）目标市场覆盖模式

企业在选择目标市场时有以下五种可供参考的市场覆盖模式（如图5-5所示）。

1. 市场集中化

市场集中化也称单一产品单一市场。这是一种最简单的目标市场模式。即企业只选取一个细分市场，只生产一类产品，供应某一单一的顾客群，进行集中营销。如某服装厂商只生产儿童服装。选择市场集中化模式一般基于以下考虑：企业具备在该细分市场从事专业化经营或者取胜的优势条件；限于资金能力，只能经营一个细分市场；该细分市场中没有竞争对手；准备以此为出发点，取得成功后向更多的细分市场扩展。

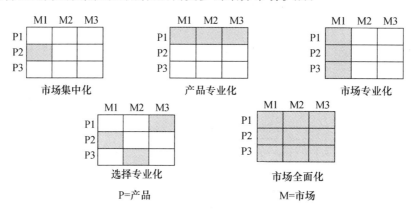

图 5-5　目标市场选择的五种选择

2. 选择专业化

选择专业化也称多个市场多个产品，是企业选取若干个具有良好的营利潜力和结构吸引力，且符合企业的目标和资源的细分市场作为目标市场，其中每个细分市场与其他的细分市场之间较少联系。选择专业化模式的优点是可以有效地分散经营风险，即使某个细分市场的营利情况不佳，仍可在其他的细分市场取得营利。采用选择专业化模式的企业应当具有较强的资源和营销实力。

3. 产品专业化

产品专业化也称多个市场单一产品，是企业集中生产一种产品，并向各类顾客销售这种产品。如饮水器厂只生产一个品种，同时向家庭、机关、学校、银行、餐厅和招待所等各类用户销售。产品专业化模式的优点是企业专注于某一种或者某一类产品的生产，有利于形成和发展生产上和技术上的优势，在该领域树立形象。其局限性是当该领域被一种全新的技术与产品所代替时，产品销售量有大幅度下降的危险。

4. 市场专业化

市场专业化也称单一产品多个市场，是企业专门经营满足某一顾客群体需要的各种产品。如某工程机械公司专门向建筑业用户供应推土机、打桩机、起重机和水泥搅拌机等建筑工程中所需要的机械设备。市场专业化经营的产品类型众多，能有效地分散经营风险。但由于集中于某一类顾客，当这类顾客的需求下降时，企业也会遇到收益下降的风险。

5. 市场全面化

市场全面化也称全面覆盖市场，是企业生产多种产品去满足各种顾客群体的需要。一般来说，只有实力雄厚的大型企业选用这种模式才能收到良好效果。如美国 IBM 公司在全球计算机市场、丰田汽车公司在全球汽车市场等都采取市场全面化的战略。

(四)目标市场营销战略

企业在确定目标市场的基础上,应当认真分析和研究企业、产品、市场和竞争者等各种因素,根据企业的整体目标制定国际市场营销战略。企业共有三种目标市场营销战略可供选择(如图 5-6 所示)。

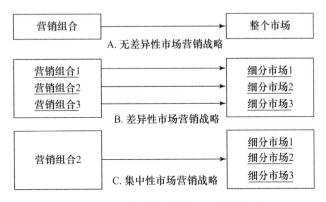

图 5-6 三种可供选择的目标营销战略

1. 无差异性市场营销战略

无差异性市场营销战略,是指企业只推出一种产品或者只用一套市场营销策略来招徕顾客。当企业断定各个细分市场之间差异很少时可以考虑采用这种市场营销战略。如无论在哪个国家的"麦当劳"店里,都有一样可爱的"麦当劳叔叔",每一家店的汉堡包的味道都是完全一样的。这种市场营销战略的优点有:有利于标准化、规模化生产;可提高效益,降低成本;节省产品开发和促销费用,从而取得价格优势;能赢得最广泛的消费者。其缺点是:不能普遍满足消费者的不同需求;难以适应市场变化,缺乏竞争力;适用于顾客需求差别较小或者市场产品供不应求的状态,但不适于长期采用。

2. 差异性市场营销战略

差异性市场营销战略,是指企业根据各个细分市场的特点,相应地扩大某些产品的花色、式样和品种,或者制订不同的营销计划和办法,以充分适应不同消费者的不同需求,吸引各种不同的购买者,从而扩大各种产品的销售量。如当年通用汽车公司就是采用这种市场选择战略赶超福特汽车公司的。福特汽车公司当时采用无差别的销售策略,生产的汽车全是黑色"T"型的。通用汽车公司则把市场细分为富裕阶层、中产阶层和普通大众,分别推出"凯迪拉克"高级轿车、"奥尔兹莫比克"轿车和物美价廉的"雪弗兰"轿车,结果大获成功。差异性市场营销战略的优点有:在产品设计或者宣传推销上有针对性,能分别满足不同地区消费者的需求;可以增加产品的总销售量,同时可以使企业在细分市场上占有优势,从而在消费者中树立良好的企业形象。其缺点是会增加各种费用,如增加产品改良成本、制造成本、管理费用、储存费用等。差异性市场营销战略的适用条件包括:应限制在一定的范围之内,使销售收入的增加大于各种销售费用的增加;企业拥有雄厚的财力、较强的技术力量和高素质销售人员。

3. 集中性市场营销战略

集中性市场营销战略,是指企业将一切市场营销努力集中于一个或者少数几个有利的细分市场。如生产空调器的企业不是生产各种型号和款式、面向不同顾客和用户的空调机,而是专门生产安装在汽车内的空调机,就是采用这一营销策略。集中性市场营销战略的优点有:对市场了解更加深,有利于扬长避短,发挥优势,使产品试销对路;易于实行专业化生产经营,节省生产成本,提高经济效益;为少数市场服务,策略灵活,也可以选择有利时机扩大市场。其缺点是风险较大,如果目标市场发生变化就有可能导致企业经营困难。集中性市场营销策略适用于资源力量有限的小企业。

(五)影响目标市场营销战略选择的因素

1. 企业的资源和能力

企业的资源和能力包括企业的物力、财力和技术能力等。如果企业的资源能力有限,无力把整个大市场作为自己的经营目标范围,则采用集中性市场营销策略为宜;如果企业的资源雄厚,则宜采用无差异性市场营销战略或者差异性市场营销战略。

2. 市场差异性

不同的市场有不同的特点,如果目标市场的购买者的需要、爱好以及其他特点大体相同,对营销组合反应无多大差别,则宜采用无差异性市场营销战略;反之,如果目标市场的差异性较大,则宜采用差异性市场营销战略或者集中性市场营销战略。

3. 产品本身的特点

无差异性市场营销战略适用于同质性强的产品,如生活必需品、初级产品、农副产品等,这些产品对大多数消费者而言并无多大的差异性,不同消费者的需求大致相同,产品的竞争主要在价格上。而对另一些花色品种比较复杂的耐用品或者高档消费品,如家用电器、家具等消费需求差异性很大的商品,应当根据消费者的购买能力、爱好等具体要求而采用差异性市场营销战略或者集中性市场营销战略。

4. 产品的生命周期

产品处于投入期时,同类竞争品不多,竞争不激烈,企业可以采用无差异性市场营销战略。当产品进入成长期或者成熟期时,同类产品增多,竞争日益激烈,为了确立竞争优势,企业可以考虑采用差异性市场营销战略。当产品步入衰退期时,为了保持市场地位,延长产品的生命周期,全力对付竞争者,可采用集中性市场营销战略。

5. 竞争对手的市场策略

企业选择目标市场营销战略时,一定要充分考虑竞争对手尤其是主要竞争对手的营销战略;如果对手采用差异性市场营销战略,企业可以采用差异性市场营销战略或者集中性市场营销战略与之抗衡;如果对手采用的是无差异性市场营销战略,则企业可以采用无差异性市场营销战略或者差异性市场营销战略与之对抗。

6. 竞争者的数目

当市场上同类产品的竞争者较少,竞争不激烈时,可采用无差异性市场营销战略;反之,当市场上竞争者多,竞争激烈时,可采用差异性市场营销战略或者集中性市场营销战略。

三、市场定位战略

(一)市场定位的含义和本质

市场定位就是根据所选定目标市场上的竞争者产品所处的位置和企业自身条件,从各方面为企业和产品创造一定的特色,塑造并树立一定的市场形象,以求在目标顾客心目中形成一种特殊的偏爱。这种特色和形象可以通过产品实体方面体现出来,如形状、构造和成分等;也可以从消费者心理上反映出来,如舒服、典雅、豪华、朴素和时髦等;或者由两个方面共同作用而表现出来,如价廉、优质、服务周到和技术先进等。

市场细分、目标市场选择和市场定位是一个连续自然的过程,市场细分的目的是为了把不同需求特征的消费者归为一起,组成一个子市场,以便企业根据细分市场的状况和自身条件选择适合的目标市场。选择目标市场的目的是为了占领该市场或者在该市场取得竞争优势,而市场定位正是通过研究目标消费者的需求偏好来为产品确定一个恰当的位置,以获得消费者的认同和好感。市场定位的本质是一个追求产品差异化的过程,突出自己产品的某项特征以达到和竞争对手相区别的目的,而且这些特征是消费者需要的或者喜欢的。因此,市场定位所确定的不是产品在市场中的物理位置,而是在消费者心中的心理位置,它取决于消费者对该产品的认识和感觉。

(二)市场定位的步骤

1. 分析目标市场的现状,确认本企业潜在的竞争优势

这一步骤的中心任务是要回答以下三个问题:一是竞争对手的产品定位如何;二是目标市场上顾客欲望满足程度如何以及确实还需要什么;三是针对竞争者的市场定位和潜在顾客的真正需要的利益要求企业应该做什么以及能够做什么?要回答这三个问题,企业市场营销人员必须通过一切调研手段系统地设计、搜索、分析并报告有关上述问题的资料和研究结果。通过回答上述三个问题,企业就可以从中把握和确定自己的潜在竞争优势在哪里。

2. 准确选择竞争优势,对目标市场初步定位

竞争优势表明企业能够胜过竞争对手的能力。这种能力既可以是现有的,也可以是潜在的。选择竞争优势实际上就是一个企业与竞争者各方面实力相比较的过程。比较的指标应当是一个完整的体系,只有这样才能准确地选择相对竞争优势。通常的方法是分析、比较企业与竞争者在经营管理、技术开发、采购、生产、市场营销、财务和产品等七个方面究竟哪些是强项,哪些是弱项。借此选出最适合本企业的优势项目,以初步确定企业在目标市场上所处的位置。

3. 显示独特的竞争优势和重新定位

这一步骤的主要任务是企业要通过一系列的宣传促销活动,将其独特的竞争优势准确地传播给潜在顾客,并在顾客心目中留下深刻印象。为此,企业首先应当使目标顾客了解、知道、熟悉、认同、喜欢和偏爱本企业的市场定位,在顾客心目中建立与该定位相一致的形象。其次,企业通过各种努力强化目标顾客形象,保持对目标顾客的了解,稳定目标顾客的态度和加深目标顾客的感情来巩固与市场相一致的形象。最后,企业应当注意目标顾客对其市场定位理解出现的偏差或者由于企业市场定位宣传上的失误而造成的目标顾客模糊、混乱和误会,及时纠正与市场定位不一致的形象。

企业的产品在市场上的定位即使很恰当,但在下列情况下,还应当考虑重新定位。

(1)竞争者推出的新产品定位于本企业产品附近,侵占了本企业产品的部分市场,使本企业产品的市场占有率下降。

(2)消费者的需求或者偏好发生了变化,使企业产品的销售量骤减。重新定位,是指

企业为已在某市场销售的产品重新确定某种形象,以改变消费者原有的认识,争取有利的市场地位的活动。重新定位可能导致产品的名称、价格、包装和品牌的更改,也可能导致产品用途和功能的变动,企业必须考虑定位转移的成本和新定位的收益问题。在定位特征的选择上,企业可以针对目标市场大力宣传一种利益,也可以同时强调多重利益。前者的优点在于,如果企业围绕一个利益进行长期宣传,容易被消费者记住,尤其是消费者每天都要接收大量的信息,这种方式更加有效。但如果有很多家企业同时宣传这种利益,就无法把企业的产品同竞争者的产品区别开来。而后者则可以弥补前者的缺点。同时我们也要看到,定位多种特征无法突出产品最具有个性的特征是什么,使市场模糊化,增加消费者的不信任感。

 案例 5-4

重新定位"神州行"品牌

"神州行"和"动感地带"的目标市场存在严重交叉和重复的现状,因此有必要重新定位"神州行"的目标市场,可锁定在对资费极度敏感、对新业务不感兴趣(也存在学习使用上的障碍)、手机使用频率较低、只作为偶尔使用的通信工具和少数与固定亲属朋友联系或用于应急的普通人群,也就是前面所说的"保守人士",即老年人、家庭主妇、少数学生、低收入人群和下岗职工等。同时应当调整"神州行"的资费标准以迎合目标人群的需要,亲情号码就是一个很好的开端,包括现在还有的轻松卡、创业卡等。

(三) 市场定位策略

为了有效地进行市场定位,必须要考虑两个方面的因素:一是要了解消费者重视的产品属性有哪些;二是要了解竞争者的定位。据此选择确定企业自己的产品定位——应当是消费者所重视的,又是与竞争者相区别的。具体来讲,有以下六种市场定位策略可供选择。

1. "抢占第一"的定位策略

因为在很多情况下,第一名往往可以给人们留下深刻的印象,如我们大家都知道为中国赢得第一块奥运金牌的运动员是许海峰,但第二块金牌是谁获得的?恐怕绝大多数人都回答不上来了。因此,抢占第一是非常有利的定位策略。企业可以为自己的产品选择确定某种利益上的"第一名",进而着力宣传这一特色。

2. "比附定位"策略

比附定位就是攀附名牌,借名牌之光使自己的品牌生辉。如内蒙古的宁城老窖酒,其宣传广告是"宁城老窖——塞外茅台",就达到了很好的定位效果。还有企业可能很难争得前两名,还可以借助群体的声望,提升自己的地位,如宣传自己是本省五大驰名商标之一等。

3. 利益定位策略

利益定位就是根据产品所能满足的需求或者所提供的利益来定位。如冷酸灵牙膏的定位是"冷热酸甜,想吃就吃";佳洁士牙膏的定位是"高效防蛀";宝马的定位是享受快乐驾驶,奔驰则强调安全、舒适,因而有"开宝马,坐奔驰"一说。

4. 使用者定位策略

使用者定位就是把产品与适当的使用者联系起来的定位。如金利来的宣传是"金利来，男人的世界"，百事可乐的宣传是"新一代的选择"。

5. 质量或价格定位策略

即从质量或者价格的角度来进行定位，如宣传"高品质"、"物美价廉"等。而产品的这两种属性通常是消费者在做购买决策时最为关注的要素。

6. 间接定位策略

间接定位策略，是指通过对竞争者的产品进行定位，而事实上达到为自己产品定位的一种策略。这种策略适用于消费者无法分清企业产品和竞争对手的产品时。如 Rapnael 是法国生产的一种葡萄酒，而 Dubonnet 是美国生产的一种葡萄酒，Rapnael 公司通过"每瓶少花1美元，你可享受进口产品"的广告诉求，让消费者知道了 Dubonnet 是美国产品，间接达到了巩固自己纯正法国葡萄酒生产者的市场地位的目的。

第三节　企业业务组合与业务发展战略

明确了企业使命，选定了企业目标后，就需要安排业务组合。国际市场营销企业一般都有许多的业务部门以及丰富的产品种类和品牌等，但是每个企业的资源都是有限的，各个业务的增长机会和经营效益也不完全相同。因此，必须对现有业务进行分析、评价，以选择哪些应该发展、哪些应该维持、哪些应该减少、哪些应该淘汰，从而把有限的资源分配到最有价值的业务上去。

一、业务组合战略

（一）建立战略业务单元

一个战略业务单元(Strategic Business Unit,SBU)具有以下特征:(1)是单独的业务或者一组相关的业务;(2)有不同的任务;(3)有其竞争者;(4)有负责该业务的经理;(5)掌握一定的资源;(6)能从战略计划得到好处;(7)可以独立计划与该业务相关的其他业务。一个战略业务单元可能包括一个或者几个部门，也可以是某个部门中的某类产品，或是某种产品、某种品牌。

（二）评价和组合战略业务单元

建立战略业务单元后，要对各战略业务单元的经营效益进行评价，以便确定哪些单元应当发展、维持、减少或者淘汰。最著名的分类和评价方法是波士顿矩阵法(BCG Approach)和通用电气公司法(GE Approach)。

1. 波士顿矩阵法

波士顿矩阵法是用"市场增长率-相对市场占有率矩阵"来对企业的战略业务单元加以分类和评价的方法(如图5-7所示)。

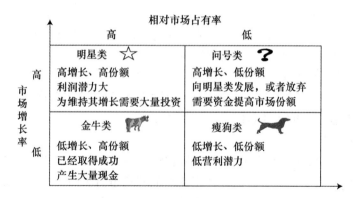

图 5-7　波士顿矩阵法

图 5-7 中纵轴代表市场增长率,表示企业各战略业务单元的年市场增长率。假设以 10% 为分界线,10% 以上为高增长率,10% 以下为低增长率。横轴代表相对市场占有率,表示企业各战略业务单元的市场占有率与同行业最大竞争者(市场领导者)的市场占有率之比。如果企业各战略业务单元的相对市场占有率为 0.4,则表示其市场占有率为同行业最大竞争者的市场占有率的 40%。假设以 1 为分界线,1 以上为高相对占有率,1 以下为低相对占有率。

波士顿矩阵法把企业所有的战略业务单元分为以下四种不同类型。

(1) 问号类战略业务单元。

问号类战略业务单元是高市场增长率和低相对市场占有率的战略业务单元。大多数战略业务单元最初都处于问号类,通常是消费者不足,产品差异性优势不明显,需要大量的资金和适量的人力、设备投入才能适应迅速增长的市场。此类业务不宜过多,应该精简或者淘汰。

(2) 明星类战略业务单元。

问号类战略业务单元如果经营成功,就会转入明星类战略业务单元。该战略业务单元是高市场增长率和高相对市场占有率的战略业务单元,犹如冉冉升起的明星。该战略业务单元因为增长迅速,同时要击退竞争对手的进攻,需要大量的资金,常常超过业务单元本身的销售收入。任何产品都有生命周期,这类业务的增长速度会逐渐降低,最后转入金牛类。

(3) 金牛类战略业务单元。

明星类战略业务单元的市场增长率下降到 10% 以下,就转入金牛类。它是低市场增长率和高相对市场占有率的战略业务单元。因为相对市场占有率高,需要投入的资金少,但取得的收入多,如同成熟的奶牛,吃的是草,产出的是奶,能源源不断地给企业带来生存发展所必需的资金。企业可用这部分资金来支付账单,支援需要资金的问号类、明星类、瘦狗类战略业务单元。但如果企业只有一个金牛类,而其他类较多的话,财务状况就比较危险。如果金牛类产品的市场占有率突然下降,则需抽回资金加强金牛类产品的市场领导地位;如果金牛类产生的收入全用于其他战略业务单元,则强金牛会变成弱金牛。

(4) 瘦狗类战略业务单元。

它是低市场增长率和低相对市场占有率的战略业务单元,营利少或者亏损,如果瘦狗类产品不止一个则情况更糟。

显然,企业问号类和瘦狗类战略业务单元多,而金牛类和明星类战略业务单元少,则其业务组合则不合理,需要调整。

针对不同类型的战略业务单元,企业要采取不同的战略对策。依据波士顿咨询集团的矩阵分析结果,制定出以下四种战略。

(1) 发展型战略,其目的是扩大战略业务单元的市场份额,甚至不惜放弃短期收入来达到这一目标。发展型战略适用于问号类战略业务单元,如果它们要成为明星类战略业务单元,其市场份额必须有较大的增长。

(2) 维持型战略,其目的是保持战略业务单元的市场份额。维持型战略适用于强大的金牛类战略业务单元,它们产生大量的现金流量。

(3) 收割型战略,其目的在于增加战略业务单元短期现金收入,而不是考虑长期影响。收割型战略适用于处境不佳的金牛类战略业务单元、瘦狗类战略业务单元和问号类战略业务单元。

(4) 放弃型战略,其目的在于出售或者清算业务,以便将有限的资源转移到更有利的领域。放弃型战略适用于瘦狗类战略业务单元和问号类战略业务单元。

2. 通用电气公司法

通用电器公司法是用多因素投资组合矩阵对战略业务单元加以分类和评价(如图5-8所示)。通用电气公司认为,企业在对其战略业务单元加以分类和评价时,除了要考虑市场增长率和市场占有率外,还要考虑其他许多因素,这些因素分别包含在以下两个主要变量之内。

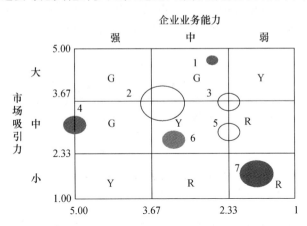

图 5-8 通用电气公司法(GE Approach)

(1) 行业吸引力。

行业吸引力的检验标准包括产品需求程度、交流的适应程度、分销的便利性以及市场营销活动面临的文化、政治、法律和环境限制。以纵坐标代表行业吸引力,分为大、中、小三种程度。

(2) 业务能力。

战略业务单元在本行业的竞争能力,检验标准包括财务资源、产品资源、价格竞争力、人力资源、环境适应性等。以横坐标代表战略业务单元的业务能力,分为强、中、弱三种。

企业针对上述两大变量中的各因素都要打分(最高分为5分),而且各因素都要加权,求出各个变量的加权平均分数,据此将企业业务分为三类。矩阵图中左上角标有G字样的区域是最佳的区域,对于处在这块区域中的业务单位,企业应当采取发展型战略,要抓住机会,对这个区域内的业务单元追加投资,促进其发展,即投资/增长战略。对于标有 Y 字样的区域,处于中等位置。针对此类业务,企业应当采取维持型的战略,即维持现有的投资水平,保持不增不减。对于右下角标有 R 字样的区域中,企业应当采取收割型或者放弃型的战略。

二、新业务发展战略

(一) 新业务发展战略的含义

新业务发展战略又称业务成长战略或者业务增长战略,是指企业在现有市场基础上去开发新的目标市场的战略。采用新业务发展战略时,企业提供的产品或者服务不断增加;企业的销售收入和利润不断增加,并不断开发新产品、新市场、新的生产流程以及产品的新用途;通过创造新产品或者新需求,主动适应外部环境变化,避开环境威胁。

企业采用新业务发展战略的原因包括:(1) 企业领导层的营销导向;(2) 追求企业市场占有率和长期经济效益的提高;(3) 追求企业的规模经济效益。

(二) 新业务发展战略的类型

1. 密集型增长战略

密集型增长战略,是指企业以现有产品或者现有市场为基础来提高市场占有率和销售额。当企业现有产品和现有市场仍具有发展潜力时,可采取这一种发展战略。按照市场发展战略的两个主要因素产品和市场,通过将市场分为现有市场和新市场以及将产品分为原有产品和新产品,画出安索夫产品/市场矩阵图,得到四种战略(如图 5-9 所示)。

图 5-9 安索夫产品/市场矩阵

(1) 市场渗透。

市场渗透,是指企业在其尚未完全开发的现有市场上,采取种种措施增加现有产品的销售的策略。市场渗透有三种可能性:一是增加现有顾客的使用速率,通过采取各手段进行降价、促销等,使顾客增大消费量,加速废弃速度;二是采取各种竞争手段,吸引和争取原来不使用本产品的顾客购买本产品;三是吸引竞争者的顾客,使他们转向购买产品。可能采取的措施有:改进广告、宣传和推销工作;在某些地区增设商业网点,借助多渠道发送产品;短期削价等。

(2) 市场开发。

市场开发,是指一个企业将其现有产品开发新市场,满足一些新市场的需求,以图利用新市场增加现在的销售额。市场范围可以从甲地市场扩大到乙地市场,从区域市场扩大到全国市场,从国内市场扩展到国际市场等。

(3) 产品开发。

产品开发,是指一个企业通过对现有产品进行改进,如改进产品性能,增加花色品种、规格、型号,增加新用途、新功能等来满足顾客需要来增加企业的销售额,扩大占有率。如在手机原有功能的基础上添加摄像头、MP4 的功能等。

2. 一体化增长战略

一体化增长战略,是指其基本行业很有前途,企业将其营销业务拓展到产、供、销不同环节,以求得不断向深度和广度发展,加强控制,扩大销售。这种战略有前向一体化、后向一体化、横向一体化三种(如图 5-10 所示)。

(1) 前向一体化。

前向一体化,是指企业通过收购或者兼并若干产品的加工和销售企业,或者拥有和控制其分销系统,实行产销一体化。具体形式有:① 原材料供应者通过自办、联合或者兼并等形式与加工制造企业结合,实行供、产前向一体化,如油田公司自己开办炼油厂;② 生产企业通过自办、联合或者兼并等形式与分销企业结合,实行产、销前向一体化,如企业在各地自行投资设销售网点,或者与分销企业联合、联营;③ 批发分销企业增设或者兼并零售商店。

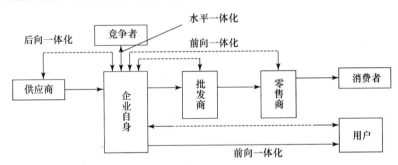

图 5-10　一体化增长战略

(2) 后向一体化。

后向一体化,是指企业通过收购、兼并若干供应来源,拥有和控制其供应系统,实行供产一体化。这样既可以使企业有稳定的原材料供应,又可以获得原材料供应商过去攫取到的高额利润。如家具生产企业过去用买来的板材做家具,后来改为自己加工板材、制作家具;既保证质量,又能节约成本。其具体形式有:① 零售企业兼营批发;② 分销企业通过自办、联合、联营或者兼并等形式,与生产企业结合,实行销、产后向一体化;③ 生产企业自办、联合、联营或者兼并等形式,与原材料供应商相结合,实行产供一体化。

(3) 横向一体化。

横向一体化(水平一体化),是指企业收购、兼并处于竞争地位的同类型企业。如汽车制造企业,根据市场需求增加的情况,购买同样类型的汽车厂,或者与其他的汽车厂合资经营,实现在同一水平上的变动。

3. 多元化增长战略

多元化增长战略,是指企业尽可能增加产品的种类和品种,跨行业生产经营多种多样的产品和业务,扩大企业生产经营范围和市场范围,使企业的特长得到充分利用的一种增长战略。企业实现多角化增长战略的原因如下:原有产品或者业务需求规模与经营的有限性;外界环境与市场需求的变化性;单一经营的危险性和多种经营的安全性。多角化增长战略也有以下三种方式。

(1) 同心多元化。

同心多元化也称同轴多角化，是指企业利用原有设备、技术、经验及其资源上的优势，发展与原来产品结构相似而用途不同的产品，以同一圆心为轴向外扩大经营业务范围。如汽车制造厂利用原有的设备、技术特长生产拖拉机就属于这种形式。

(2) 水平多元化。

水平多元化也称横向多角化，是指企业利用原有市场，根据顾客需要采用新技术、新设备跨行业开发新产品。如一农机制造企业增加农药化肥的生产，实行跨行经营，但服务对象都是农民。实施这种策略，意味着企业进了一个新行业，有一定的风险，但由于目标顾客是一致的，因而也能较好地发挥企业原有的销售优势，巩固企业在市场上的地位。水平多元化的特点是原产品与新产品的基本用途不同，但有较强的市场关联性。

(3) 集团多元化。

集团多元化，是指大企业通过收购兼并和投资等形式，把业务扩展到与现有技术、现有产品、现有市场毫无关联的其他行业，形成一个跨行业经营的企业集团。如美国的柯达公司除经营照相器材外，还经营食品、食油、化工和保险等。实行集团多元化经营，可以增强企业对环境的适应性，获得更多的发展机会，分散经营风险，更充分地利用企业的资源，但同时实行集团多元化需要大量的资金投入，一般来说，它适用于实力雄厚的大企业。

 案例 5-5

澳柯玛困局，多元化之过

澳柯玛与海尔、海信身处同城，被誉为山东家电业的三大领头羊，并被作为青岛的"五朵金花"之一，受到政府关注。与海尔、海信近年来的蓬勃发展相比，澳柯玛集团却一直颇为缓慢和低调。澳柯玛以冰柜发家，成为国内首屈一指的冰柜大王，随后顺着冰箱、空调等一系列制冷链不断延伸，实施了家电相关产业多元化，最终在家电制冷领域确立了其特有的竞争优势。澳柯玛冰柜十多年都保持着国内同类产品销量第一的位置，而在冰箱、空调等领域，也取得了不错的发展，品牌影响力、网络布局、竞争优势相得益彰。随后，澳柯玛还进入了利润空间颇为丰厚的小家电领域，陆续推出了净水器、浴霸、自动售货机、电动自动车、投影机和制冰机等一系列产品，并且在自动售货机和电动自动车等领域崭露头角，发展潜力和空间被业内看好。

然而，澳柯玛的领导者们并未局限于此，在稳定家电主业的基础上，陆续展开了向高科技、金融投资、房地产等非关联领域的扩张，并且一发而不可收。对于新能源、海洋生物、光电子以及锂离子电池、海洋生物产品、超高亮度发光二极管外延芯片等一系列具有高科技背景的新兴产业的扩张，体现了澳柯玛领导层独特的战略眼光。然而问题的关键则在于这些产业处于发展初期，投资周期长，短期内难以形成收益。同城的海尔，在进军医药和海洋生物等相关领域多年后，也迟迟未能获得收益，还处于战略投资期。同时,这一产业对于专业化人力资源队伍的要求极高,必须要有足够的专业经验、人才储备和经验丰富的管理队伍,这也就意味着企业必须要有足够的资金支撑。这些要求,对于家电出身的澳柯玛而言,短期内是很难形成的。一方面,家电行业整体发展趋缓,增长一度出现停滞,受行业价格恶战等因素影响,家电企业整体营利能力不断走低,这种行业性困局,澳柯玛亦是无力挽回。另一方面,家电企业作为传统产业,行业发展门槛低、技术研发水平整体薄弱,缺乏核心技术。因此,向高技术领域转型,必然会遭遇人才短缺。如此一来,澳柯玛面临着资金和人才双重压力,其全面多元化在操作伊始就注定了坎坷和艰难。澳柯玛的多元化战线甚至延伸到金融投资产业和房地产业。这些多元化的投入,大大拉长了澳柯玛资金链承受能力,也全面考验其整体竞争力。

2005年,澳柯玛集团开始抽调上市公司及部分子公司资金,特别是在发展看好的制冷产品、电动车、房地产、小家电等领域,都遭遇了被集团抽调资金的经历。最大问题是,资金被抽调之后,再无下文。这样一来,就极大地影响各个子公司和事业部的正常运作。先是进入2005年空调销售旺季,空调生产就基本停滞,都是在消化库存产品。接着由于集团抽调澳柯玛电动车资金,造成了经营规模和经济运营能力较弱的电动车公司受到较大影响,最终陷入了停产局面。据一位浙江澳柯玛电动车电机供应商透露,澳柯玛电动车拖欠其货款高达1500万。因此澳柯玛的多元化道路不仅对其旗下原本经营业绩较好的业务造成了极大影响,还对众多供应商和经销商的利益造成了侵害,拖垮了一大批供应商伙伴。

经营不善、主营业务走弱、新兴产业尚处发展期,国家宏观调控、紧缩银根、资金链断裂,内外交困迫促使澳柯玛走上了一条艰难之路。

第四节 国际市场进入战略

一、国际市场进入战略概述

国际市场进入战略也称国际市场开拓、拓展战略,是企业在国际市场选择的基础上,将产品打入国外目标市场,提高企业的市场覆盖率、占有率的战略,也是企业跨出国门、走向世界、走向国际化经营发展的战略。

由于国际市场比国内市场更加复杂、多变,不确定性更大,掌握信息更难,交易障碍多,开发难度大,营销风险大,采用该战略更须谨慎周密地进行战略考察分析和方案选择。可供选择的战略方案,除了包括集中进入一国或者少数几国市场的市场集中式战略,分散进入众多国家市场的市场分散式(多元化)战略,利用相对成本优势先进入发达国家市场的战略,以及利用相对技术优势先进入发展中国家市场的战略等以外,还包括进入国际市场的方式、途径战略。企业进入国际市场的方式是企业将其产品、技术、工艺、管理及其他资源进入国外市场的一种规范化的部署。

进入国际市场的决策面临以下五个问题。

（1）企业是否真的有必要进入国际市场或者扩大国际市场营销。

（2）企业进入国际市场或者扩大国际市场营销，对企业有什么样的近期的好处和长远的好处？进入国际市场可能意味着更大的利益或者更大的挫折甚至失败。

（3）企业如何进入国际市场？

（4）当一个企业决定进入某个国际市场销售其产品时，它必须同时确定进入这个市场的方式。可以选择的方式有很多，但是如何以最有利的方法将企业的产品或者服务销售给海外的客户，方式的挑选取决于市场规模、风险、收益、限制、经验以及企业间的关系。

（5）进入哪些国际市场合适？

从经济学的角度看，企业进入国外市场仅有两条道路：第一，在目标国家以外的地区生产产品向目标国家出口；第二，向目标国家输送技术、资金、工艺以及企业，直接地或者采用联合方式运用当地的资源（特别是劳动力资源）生产产品并在当地销售。从经营管理的角度看，上述两条道路可以分成几种对国际化经营企业具有不同成本和利益的进入方式。这些进入方式可分为下列三大类：(1) 出口进入方式，包括间接出口和直接出口；(2) 合同进入方式，包括许可证合同、特许经营、合同制造、管理合同、建筑或者交钥匙工程合同、生产合同、合作生产协议；(3) 投资进入方式，包括独资经营、合资经营。

二、出口进入方式

出口是一种最普遍、最简单，也是最传统的进入国际市场的方式，也就是企业将所拥有的生产要素留在国内，在本国制造产品，再通过一定的渠道将产品销往目标市场国的方式。与另外两种主要的进入方式（合同进入和投资进入）最重要的区别是，企业的最终产品或者中间产品是在目标市场国之外生产，然后运往目标市场国，这就限制了劳动力的出口。

（一）间接出口

间接出口，是指国际化经营的企业通过企业所在国的中间商来办理出口业务。主要有以下两种不同类型的中间商。一类是驻在国内的出口商。它们可以是本国开的国际贸易公司或者出口商行，也可以是常驻国内的国外买主。这些中间商收购企业的商品，自己承担责任向国外销售。国际化经营的企业将产品卖给出口商即可。另外一类是国内出口代理人和经纪人。国内出口代理人出口产品由出口代理人寻找国外买主，代表国外买主订货、运货、支付货款，出口代理人收取一定的佣金，但不拥有出口产品的所有权，企业要承担全部风险。经纪人只负责寻找国外顾客，收取佣金，并不直接办理与销售有关的服务，不承担风险。间接出口的优点是：投资少；企业不需向国外派遣销售人员或者开设分店；风险小。其缺点是：不利于企业了解国际市场环境和与国外的客户保持密切的联系；由于企业要向中间商支付较高的手续费，因而间接出口的营利性不高。

（二）直接出口

直接出口，是指企业绕过国内中间商，直接将国内生产的产品销售给国外的中间商或者客户。直接出口时,企业与国外企业直接接触,不同程度地直接参与其产品的国际市场营销活动,如国际市场调研、发展和建立海外客户、产品分销和定价、出口文件处理等。直接出口主要通过国内出口部、企业驻外办事处、企业国外销售子公司、直接销售给最终用户等方式进行。直接出口的优点是:企业可以根据国际市场的情况和变化自由选择国外市场;企业可以迅速而准确地获得市场信息;企业还可以借此获得国际市场营销的经验,并拥有对国际市场营销较大的控制权。其缺点是:企业要增加国际市场营销人员,或增设负责出口的专门机构,这样就增加了市场营销费用;企业必须亲自经营出口业务,工作量大,责任较重;从事直接出口时,还会遇到各种国际问题,如外国政府对产品的要求、货币兑换率的变化等。应当指出的是,直接出口的成败关键在于选择外国市场的经销商。

三、合同进入方式

合同进入方式是一个国际化经营的企业与目标国家的法人之间在转让技术、工艺等方面订立的长期的、自始至终的、非投资性的合作合同。合同进入方式和出口进入方式的区别是:前者主要输出的是技术和工艺,尽管它可能会开辟产品出口的机会。与投资进入方式的区别是,合同进入方式不对目标国家投资。主要的合同进入方式有以下五种。

(一)许可证贸易

许可证贸易,是指企业在规定的期间将自己的一个工业产权(专利权、技术秘密或者诀窍、注册商标等)转让给国外法人,而许可证接受者须向提供者支付一定的报酬和专利权使用费。许可证贸易分为以下五种类型。

1. 独占许可

独占许可,是指技术许可方给予被许可方在规定地区、规定期限内有权制造、使用和销售某项技术产品的独占权或者垄断权,而技术许可方以及任何第三者都不得在这个规定地区内制造、使用或者销售该技术产品。

2. 排他许可

排他许可,是指技术许可方和被许可方在规定的地区内有制造、使用和销售的权利,但许可方不得将此种权利给予第三者。

3. 普通许可

普通许可,是指技术许可方给予被许可方在规定地区内有制造、使用和销售的权利,而许可方仍保留自己或者转让给第三者在这个地区内制造、使用和销售的权利。

4. 可转让许可

可转让许可,是指技术的被许可方有权将其所得到的权利以自己的名义再转让给第三者。

5. 交换许可

交换许可,是指双方以各自拥有的专利技术或者专有技术等价交换使用。

(二)特许经营

特许经营是由特许授予人准许被授予人使用其企业商号、注册商标、经营管理制度与推销方法等从事企业经营活动。被授予人则向特许授予人付出一定的代价,特许授予人对被授予人以有效协助,被授予人有义务接受其监督与控制。

特许经营和许可证贸易尽管类似,但在动因、提供的服务和有效期限等方面是不一样的。在特许经营中除了转让企业商号、注册商标和技术外,特许授予人还要在组织、市场以及管理等方面帮助被授予人,以使专营能持续下去。

(三) 合作生产

合作生产,是指企业与国外制造商签订合同,由国外制造商生产产品,而企业主要负责产品销售,一般是将产品销往制造商所在国家的市场或者地区。为了获得制造商按照说明生产的产品,国际化经营的企业一般要向当地的制造商转让技术和提供技术帮助。

(四) 管理合同

管理合同是向国外企业提供管理经验、情报信息和专门技术知识的合同。赋予国际化经营企业在目标国家管理一个厂日常运行的权力,而由国外企业提供所需的资本;国际化经营企业不是输出产品,而是输出管理经验与劳务。

(五) 建筑或者交钥匙工程合同

建筑或者交钥匙工程合同把标准的建筑工程合同向前推进了一步,它要求承包人在将国外项目交给其所有者之前,应使其达到能够运行的程度。甚至在建筑工程全部完成后,为了使所有者进行项目的准备,承包人有责任提供诸如管理、操作、培训一类的服务。

四、投资进入方式

投资进入方式涉及国际化经营的企业拥有的制造厂和其生产单位在目标国家的所有权问题。在生产范围内,国外子公司可能是完全依靠由母公司进口半成品的简单的组装厂;也可能是那些承担全部产品制造任务的生产厂。在所有权和管理控制范围内,国外的生产分公司可分为以下四种。

(一) 独资经营

独资经营即国际化经营的企业单独在国外投资建立企业,独立经营,自担风险,自负盈亏。如果国外市场需求潜量很大,企业具有国际化经营的经验和能力时,可以考虑采用这种进入方式。独资经营的优点有:企业可以在国外市场获得便宜的劳动力和廉价的原料;节省运费等有利条件,因而可降低产品成本;企业可以积累更多的国际化经营经验;投资给东道国带来的就业机会,企业可以在该国树立良好的形象;企业可与东道国政府、顾客、当地供应商、经销商等保持密切的联系,使产品更适合当地的市场环境;企业能完全控制投资的使用,使企业制定出一个一体化的长远的国际战略,使子公司的目标与母公司的目标保持一致。独资经营的主要缺点有:企业对巨额投资承担风险,这对企业财务来说是一个很大的压力;独资公司常被东道国政府以及当地社会视为外国企业,易遭排斥,面临的风险比较大;由于对东道国的社会、政治、经济环境不够熟悉,在争取东道国各方面的理解与合作、处理与东道国各方面的纠纷时常常比较困难。

(二) 合资经营

合资经营即国际经营企业和目标国家的投资商共同投资,在当地兴办企业,双方都对企业拥有所有权和经营权,即共同投资、共同管理、共担风险和共享利益。从经济角度讲,如果目标国家的投资商缺乏资金或者管理能力从而无法单独投资经营,则联合投资利用当地资源就不失为合理地进入市场的方式。就政治因素而论,有些国家规定外国企业只有同本国企业合资才能进入其市场,这就迫使国际化经营企业不得不采取合资经营的方式。合资经营也有缺点:投资双方可能在投资、生产、市场营销以及利润的再使用方面发生争执,影响企业的正常经营;如果国际化经营企业将自己的独有技术和管理技能投入合资企业,则很容易被合资伙伴所掌握,它可能发展成为自己未来的强有力的竞争对手;国际化经营企业在合资公司中进行转移定价时受到其他合资伙伴的限制与阻碍;合资各方作为资本投入,合资公司的各项资产,特别是无形资产很难准确估价,这会影响各方的利益。

（三）新建企业

新建企业,是指投资者在东道国建立新的公司或者工厂,形成新的经营实体的投资形式。新建方式的优点是:企业可以根据自己的国际化经营战略来决定投资规模、地点和业务,确定企业的组织架构及规章制度,有利于跨国公司加强对新企业的控制,提高新企业的运行。新建企业所需的一切资产都可以从自由市场上购买,价值评估比较准确,对预算控制较容易,无须像并购方式一样处理原企业遗留的"历史问题",如原企业与客户签订的长期合同、与员工签订的工资协议等。这些正式、非正式的契约容易使企业背上历史包袱,降低企业的经营效率。新建企业也许存在一些不足,主要是:要投入大量的人力、物力等各种资源,速度慢,周期长;需要丰富的跨国经营经验和对东道国非常的了解;完全依靠自己的力量经营管理,要独立开拓市场等。

（四）企业并购

企业并购,是指投资者(合资或者独资)通过市场购买东道国现有的企业的股权或者资产,从而进入目标市场的投资行为。世界上先后发生了5次大的并购浪潮。目前,并购已经成为跨国公司对外投资的主要形式,并购不仅在发达国家间进行,在发展中国家或者地区,并购这种直接投资方式也被广泛应用。并购几乎涉及所有的行业,规模也越来越大。并购之所以能成为一种新型的投资形式,在于并购具有以下优点。

(1) 可以充分利用被并购企业现有的设备、人员和销售渠道,迅速开展生产和开拓市场,加快企业国际化经营的步骤。

(2) 可以和被并购企业实现资源互补(如专利商标等),这些是新建方式无法获得的,纵向兼并还可以保证原材料的供应。

(3) 可以节省资金,被并购企业一般处于经营困难时期,急需资金投入,因而可以压低并购价格到实际价格之下,减少投资成本。这些企业一旦获得资金的投入,就可以迅速摆脱困境,回复原有的竞争力,给并购者带来高额的回报,所以有时并购价格高一点也是值得的。

(4) 可以减少竞争,如果是同行业并购,可以化敌为友,结成战略联盟共同对付其他的竞争者;如果是跨行业并购,可以获得被并购企业现有的市场份额,迅速实现多元化经营,绕开行业进入壁垒。

当然,我们要看到并购也存在以下局限性。

(1) 企业并购的最大障碍在于并购对象的寻找和评估。由于国家间会计制度的不同,被并购对象的实际价值往往难以估计。

(2) 并购容易受到被并购企业原有的正式、非正式契约的约束。如果并购一家企业后处理不好企业重组、裁员等问题,则很有可能遭遇该国公会的反对和劳工法的约束。

(3) 由于民族感情等原因,并购方式往往受到被并购企业国家或者民众的发对。

(4) 由于文化上的差异,重组后的企业管理方式不易得到当地员工的认同。

 案例 5-6

"优势互补"出奇制胜

联想集团是国内最大的计算机产业集团,于 1984 年年底由中科院计算机技术研究所创办。联想集团进军国际市场取得成功,主要得益于"瞎子背瘸子"式的优势互补策略。1988 年北京联想集团投资 30 万港币在香港创办了联想电脑公司,由北京联想集团、香港导远有限公司和中国(香港)技术转让公司联合组成。联想集团刚刚步入国际市场,不太熟悉国际市场尤其是其贸易渠道,相对于香港的合作伙伴还缺少资金和技术实力,而技术转让公司却可以提供可靠的贷款,于是,一个最佳的优势互补的合作形成了。联想集团将自身科技实力的优势与港商熟悉世界市场的优势结合起来,把贸易作为积累资本的手段,解决科研生产所需资金,然后将产品打入国际市场。在产品定位上,联想集团充分注意国际市场竞争激烈的特点,利用世界知名电脑厂商把大多力量集中在电脑整机的市场机会上,出人意料、出奇制胜地将自身的资金和人力全部投入到电脑板卡的开发生产上,从而挤入国际市场。现在,联想集团已成为世界五大电脑板卡供应商之一。

五、跨国公司

跨国公司又称国际公司或者多国公司,是指由在两个或者两个以上国家的经济实体所组成,并从事生产、销售和其他经营活动的国际性大型企业。跨国公司的雏形最早出现在 16 世纪,成长于 19 世纪 70 年代之后,已经成为世界经济国际化和全球化发展的重要内容、表现和主要推动力。跨国公司的主要特征如下。

(1) 一般都有一个国家实力雄厚的大型公司为主体,通过对外直接投资或者收购当地企业的方式,在许多国家建立有子公司或者分公司。

(2) 一般都有一个完整的决策体系和最高的决策中心,各子公司或者分公司虽各自都有自己的决策机构,都可以根据自己经营的领域和不同特点进行决策活动,但其决策必须服从于最高决策中心。

(3) 一般都从全球战略出发安排自己的经营活动,在世界范围内寻求市场和合理的生产布局,定点专业生产,定点销售产品,以牟取最大的利润。

(4) 一般都因有强大的经济和技术实力,有快速的信息传递以及资金快速跨国转移等方面的优势,所以在国际上都有较强的竞争力。

（5）许多大的跨国公司由于经济、技术实力或者在某些产品生产上的优势，或者对某些产品，或者在某些地区，都带有不同程度的垄断性。

六、影响进入方式选择的因素

（一）影响进入国际市场方式的外部因素

1. 目标国家的市场因素

（1）目标国家市场规模的大小。较小的市场规模可选择出口进入方式或者合同进入方式。反之，销售潜力很大的市场应当选择分支机构或者子公司出口，或者投资进入方式。

（2）目标国家市场的竞争结构。竞争类型总是在分散型（有许多不占主要地位的竞争者）到卖主垄断型（有少数占主要地位的竞争者）以及寡头垄断型（具有单一公司）之间变化。

2. 目标国家的生产因素

目标国家的生产要素投入（原料、劳动力、能源等）以及市场基础设施（交通、通信、港口设施等）的质量和成本对进入方式的决策有较大的影响。对生产成本低的国家，应当选择投资进入方式。反之，生产成本高会抑制在当地的投资。

3. 目标国家的环境因素

即目标国家政府对外国企业有关的政策和法规，如提高关税、紧缩配额和其他贸易壁垒等。

4. 本国因素

本国因素主要包括国内市场规模、本国的竞争态势、本国的生产成本、本国政府对出口和向海外投资的政策。

（二）影响进入国际市场方式的内部因素

1. 企业产品因素

企业产品因素主要包括产品的独特性、产品所要求的服务、产品的生产技术密集度、产品适应性几个方面。

2. 企业的资源投入要素

企业的资源投入要素主要包括资源丰裕度、投入愿望。

第五节　国际市场竞争战略

一、竞争战略概念

竞争战略又称经营战略或者商业战略，其中心内容是寻找在某一特定产业或者市场中建立竞争优势。而所谓的竞争优势，是指企业具有某种其竞争对手所没有或者相对缺乏的特殊能力，以便能更有效、更经济、更快捷地为顾客提供所需的产品和服务。应当指出，多元化业务的企业由于经营不同类别的商品，无可避免地介入不同的产业及市场竞争，因此往往需要设计一种以上的竞争战略。至于选择哪几种不同类别的经营业务作为企业的投资对象和经营对象则属于企业战略的考虑范围。当然,非多元化企业只专营固定的产业和市场,从事单一业务和经营管理,因此其经营战略与竞争战略的实质是合二为一、不分彼此的。

竞争战略的选择由两个中心问题构成:一是行业吸引力,指由长期营利能力和决定长期营利能力的各种因素所决定的各行业对企业的吸引能力,行业的内在营利能力是决定企业营利能力的一个要素;二是竞争地位,在大多数行业,不管平均营利能力怎样,总有一些企业因其有利的竞争地位而获得比行业平均利润更高的收益。通过对竞争战略的选择,企业可以在相当程度上增强或者削弱一个行业的吸引力;也可以显著地改善或者减弱自己在行业内的地位。因此,竞争战略不仅应该是企业对环境作出的反应,而且是企业从对自己有利的角度去改变环境。

二、竞争战略类型

根据迈克尔·波特的竞争理论,在市场竞争中获得成功的企业都具有明显的竞争优势,这种竞争优势集中表现在低成本、产品差异、目标的集聚上(如图5-11所示)

图 5-11 竞争战略类型

每一基本战略都涉及通向竞争优势的迥然不同的途径,以及为建立竞争优势所采用的战略目标的选择。每一基本战略对产品差异化程度、市场定位、企业所需的独特能力具有不同的要求(参见表5-3)。

表 5-3 产品/市场/能力的选择和一般性竞争战略

	成本领先	差异化	目标集聚
产品差异	低(重点是价格)	高(重点是独特性)	从低到高
市场细分	低(大市场)	高(很多细分市场)	低(一个或者几个)
独特能力	生产和原材料管理	研发、销售和市场	任何独特能力

(一)低成本战略

低成本战略,是指企业通过有效途径降低成本,使企业的综合总成本低于主要竞争对手,甚至成为同行业中成本最低者,以低成本来获得竞争优势的战略。低成本战略的理论基石是规模经济效益和经验曲线,要求企业的产品必须具有较高的市场占有率。控制低成本的手段参表5-4。

表 5-4 成本驱动因素及其控制手段

成本驱动因素	控制手段
规模效益	形成恰当的规模形式,在对规模敏感的价值活动中通过制定政策以加强规模效益
学习与外溢效应	利用学习曲线、经验曲线进行管理,注意保密,防止经验外溢向竞争对手学习
生产能力、利用模式与效率	能力匹配,均衡生产,提高生产能力、利用效率等
价值链活动的内、外在联系	加强内部各职能部门、外部供应商和销售渠道的联系,使之产生协同效应
价值活动在企业内共享的协同效应	控制某些价值活动,使之在企业内共享,以产生协同效应
关键资源的投入成本	控制关键外购资源的投入成本,如开发采购信息,完善购买政策,增强砍价能力,参与外部价值链上游或者下游的成本管理等
垂直一体化及外部寻源所具有的利益	有时,通过合并或者协调外部价值链中紧密相关的价值活动带来重大的成本节约;相反,有时通过对某些价值活动进行外部寻源或者业务外包更能节约成本
时机因素	正确选择和把握时机,获取、利用先行动或者滞后行动的好处
地理因素	对各项价值活动的地理位置进行优化
企业战略决策能力	提高企业的战略决策和制定政策的水平,降低成本
政体因素	通过努力影响政府行为和政策等

（二）差异化战略

差异化战略,是指向顾客提供的产品或者服务比其他竞争者更独具特色、别具一格,使企业形成独特竞争优势的战略。其核心是取得某种对顾客有价值的独特性。企业可以从很多方面寻求差异化,如一种独特的口味(如比萨饼)、一系列特色(如斯沃琪表)、可靠的服务(如 DHL 的隔夜快递服务)、即时提供备用零件、物超所值(如沃尔玛和麦当劳)、工程设计和性能卓越(如奔驰汽车)、名望和特异性(如劳力士表)、产品可靠性强(如强生的产品)、高质量制造(如本田汽车)、技术领导地位(如索尼)、全系列服务(如海尔的星级服务)、同类产品线之高端的形象和声誉(如法国里茨酒店)。

实施差异化战略的主要途径有：(1) 制定各种差异化驱动因素,从整个价值链出发提升整体独特性；(2) 控制实施差异化的成本,包括挖掘形成差异化的廉价来源、控制成本驱动因素、降低与差异化无关的活动的成本；(3) 改变规则以创造独特性,如通过影响、转变买方决策者的观念、决策方式和购买标准来突出企业产品的独特性或者独特性的可见价值,揭示未被买方和竞争者所认识的购买标准,发现并优先满足改变购买标准的用户的独特性需求；(4) 重构价值链。

（三）目标集聚战略

从严格意义上讲,目标集聚战略不是一个独立的基本战略,它是成本领先战略和差异化战略在某个边界条件下的一种折中战略,这个边界条件就是企业的资源与能力约束。目标集聚战略,是指企业致力于某一个或者少数几个消费者群体提供服务,力争在局部市场中仅需少量投资取得集中精力,这对中型企业特别是小企业来说是一个在激烈竞争中能够生存与发展的空间。同时这一战略既能满足某些消费者群体的特殊需要,具有与差异战略相同的优势；又能在较窄的领域里以较低的成本进行经营,兼有与低成本战略相同的优势。但它也有一定的风险：当所面对的局部市场的供求、价格和竞争等因素发生变化时，就可能使企业遭受重大损失。

三、不同市场地位的竞争者采用的竞争策略

企业在行业中所处的地位可具体分为市场领先者、市场挑战者、市场追随者和市场利基者四种类型。

（一）市场领先者战略

市场领导者，是指某一行业中拥有最大市场占有率，在价格变动、新产品开发、分销覆盖面和促销强度等方面都起主导作用的某一大企业，被公认为是市场的主导者，如通用汽车公司（汽车制造）、微软公司（电脑软件）、可口可乐公司（软饮料市场）、宝洁公司（洗涤用品）、海尔集团（家电市场）、长虹集团（彩电市场）等。它是市场竞争的先导者，也是其他企业挑战、效仿或者回避的对象。

充当市场领导者角色的企业应当采取的战略包括：(1)扩大市场占有率，包括发现新用户、开辟新用途、增加使用量；(2)保护市场占有率，包括阵地防御、侧翼防御、以攻为守、反击防御、运动防御、收缩防御；(3)提高市场占有率，包括增加投入、专业优势、改变策略。同时，要注意扩大市场占有率带来的反垄断的威胁、成本的增加和策略的针对性等问题。

（二）市场挑战者战略

市场挑战者通常在市场上占有30％左右的市场占有率，它们可以通过攻击市场领先者和其他竞争对手来取得更多的市场份额。挑战企业根据竞争对手的实力情况不同而随机运用竞争战略，其竞争战略主要有以下两种。

1. 进攻型战略

当本企业的实力明显优于竞争对手的实力时，可展开在产品、广告和价格等方面的正面进攻，全面较量，直至获得成功。如正面进攻、侧翼进攻（地理性的侧翼进攻、细分性侧翼进攻）、包围进攻、游击进攻（间断性、小规模、干扰型）、迂回进攻战略。寻找竞争对手的销售"盲点"，即对竞争对手顾及不到的目标市场或者销售弱势地区发起进攻，可以通过价格、强化促销以及中间商联合方式来实施迂回进攻战略。

2. 防御型战略

当本企业的实力不及竞争对手的实力强大时，正面进攻难以取胜时，可采取保守的防御型策略，等待时机成熟，后发制人。

（三）市场追随者战略

市场追随者在市场上占有20％左右的市场份额，企业努力维持其市场份额，但并不希望通过竞争扰乱市场局面。市场追随者的竞争战略如下。

1. 紧跟型战略

即紧紧跟随市场主导企业和挑战企业其后，尽可能仿效主导者，待主导企业和挑战企业打开市场局面后，再进入该目标市场，以避免较大的投入和风险，获得较大的收益。

2. 距离跟随战略

即在主要方面追随主导企业和挑战企业，效仿它们的做法，但在某些方面有自己的特

色,待时机成熟后走自己的新路。

3. 选择性跟随战略

即中小企业可跟随但不一味模仿、不盲从、不被动,而是有选择性地跟随,选择适合自己的主导企业和挑战企业进行联合,成为其中的一员,利用主导企业和挑战企业的市场优势地位,不断壮大自己的实力。

(四) 市场利基者战略

市场利基者,是指精心服务于市场的某些细小部分,而不与主要的企业竞争,只是通过专业化经营来占据有利的市场位置的企业。一个理想的市场空缺(补缺基点)应当具备以下条件:足够的市场潜量和购买力;利润有增长的潜力;对主要竞争者不具有市场吸引力;企业具有占领此空缺所必要的资源和能力;企业既有信誉足以对抗竞争者。其战略要点是实现专业化。

"柯达"与"富士"之争

多年来,美国和日本在经济领域里的竞争非常激烈。正当日本的资本大规模侵入美国时,美国柯达胶卷公司却悄悄地打入了日本,争夺实力雄厚的日本富士公司的市场。

远在1899年,具有100多年历史的柯达公司已经垄断日本市场。但在第二次世界大战后,为了使满目疮痍的日本能及早恢复经济和重振民族工业,日本政府对国外企业设立了种种限制,柯达公司和许多外国企业一样被迫迁出日本。此后40年中,富士胶卷公司经过不懈努力取得很大进展,占据了日本70%的市场,并积极向海外开拓。连较小型的柯尼卡公司也取得了20%的市场占有率,而受到排挤的柯达公司和一些欧洲的同行仅有10%的市场占有率。与此同时,富士公司还在包括美国在内的世界各地处处显示出其咄咄逼人之势。

1985年,柯达公司总部开始意识到富士方兴未艾的猛烈攻势已威胁到自己的生存就决定予以反击。日本是世界最大的胶卷市场,柯达公司决定"以其人之道还治其人之身",打入日本本土。于是,柯达公司决定赴东京开办分公司,并进行大规模投资。5年多来,柯达产品在日本的销量上升了6倍,1990年营业额竟达13亿美元。这样的成绩真可谓来之不易,因为它是在最强大的地头蛇富士及柯尼卡的排挤下取得的。柯达腾飞的奥妙主要在于以下三个方面。

1. 多方投资

柯达的日本分公司多方向与自己业务有关的企业投资、合并或吞并,充分利用日本人的人力和财力,扩大自己的实力。例如,它买下了启农工业公司20%的股票。这家公司生产20毫米小型照相机及影片摄影镜头等,但他们的知名度不高,柯达即贴上了自己的商标出售,这对双方都有利。柯达从该公司获得大量的生产技术。

2. 利用日本的销售渠道

柯达的日本分公司经理阿勃持·塞梅认为:美国人仅靠自己在人地两生的日本很难打开销路,必须借助日本人的力量。于是,他们开始时把销售业务包给大阪一家大商业公司,结果推销时工作顺利。然后,他们又千方百计地与该公司实行合资经营,这样,销售和利润都有了保证。

3．广泛地进行促销活动

正当富士和柯尼卡致力于海外扩张时，柯达公司花了相当于它们两家2倍的广告费，在日本各地大做广告，光是在各大城市竖立巨型霓虹灯广告牌一项就花费了100万美元。在札幌和北海道的广告牌可算是日本最高的两座。促销的另一手即赞助，无论是对相扑、柔道、网球等比赛，他们都慷慨解囊。1988年汉城奥运会时，它赞助了日本体育代表团，赢得了日本人的好感。从此，柯达在日本几乎家喻户晓。

思考题：（1）柯达公司通过什么战略保护其在美国市场的份额；（2）柯达公司在日本的市场营销活动对我国的企业有何启示。

1．企业的国际市场营销战略主要有哪些？
2．新业务发展战略有哪些类型？
3．现代企业应当如何制定国际市场竞争战略？
4．企业进入国际市场的方式有哪些？
5．怎样评价企业多元化经营？

全班同士分成5个小组，虚拟成为5个不同行业的公司，每个小组共同讨论确定本公司的具体情况。就公司具体的经营范围和规模实力等条件，选择合适的进入国际市场的方式以及相应的竞争战略，并写出可行性分析报告。

游戏规则：可以上网查询资料，找相关行业公司的资料参考。根据所学知识、方案的可实施性以及小组成员间的团队合作精神等来评定成绩，记入平时成绩。

第六章
国际市场营销产品策略

学习目标
◎ 掌握产品整体概念的基本含义
◎ 掌握产品生命周期不同阶段的主要策略
◎ 掌握产品组合的含义和类型
◎ 掌握新产品的类型以及新产品开发的程序
◎ 掌握品牌的含义以及企业主要的品牌策略

第一节　国际市场产品及其产品生命周期

一、产品的概念

（一）产品的定义

按照传统的观念，产品仅指有形的产品，但从现代市场营销观念来看，也就是从顾客的角度来看，产品则是一个更加广泛的概念。菲利普·科特勒认为：产品是能够提供给市场以满足需要和欲望的任何东西。产品在市场上包括实体产品、服务、体验、事件、人物、地点、财产、组织、信息和创意。

（二）产品整体概念

产品整体概念可以将产品分为核心产品层、有形产品层和附加产品层三个层次（如图 6-1 所示）。

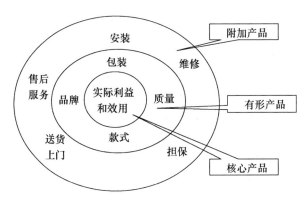

图 6-1　产品整体概念

第一个层次：核心产品。

核心产品，是指产品的基本效用或者基本功能。如手表的计时功能、电灯的照明功能等，其必须能满足消费者对该产品的基本需要。如果手表不能计时，不管它还会有多少其他方面的功能，人们也不会认为它是"手表"。核心产品确定了产品的本质内涵。

第二个层次：有形产品。

有形产品，是指产品外观形态及其主要特征，是消费者得以识别和选择的主要依据。一般表现为产品的质量、款式、特色、包装及品牌等。由于同类产品的基本效用都是一样的，因此企业要获取竞争优势，就必须在形式产品上下工夫，满足人们对于产品除基本需要之外的延伸需要。如通过改良外观来满足审美观念的需要，通过创立名牌来满足炫耀性的需要等。产品形态确定了产品的差异特征。

第三个层次：附加产品。

附加产品，是指在产品的售中、售后以及使用过程中企业提供给消费者的一些相关的服务或者承诺，如免费送货、免费安装、免费维修以及承诺退换等。诺基亚公司在全世界许多国家的大城市都设有售后服务中心,为该公司销售的产品进行修理、保养、更新零部件等工作,开展全面的售后服务,这就给消费者带来了许多的附加利益,这种附加利益有利于引导、启发、刺激消费者的购买欲或者增加对该产品的消费。

案例 6-1

酒店产品的三个层次

酒店作为一种产品,最基本的层次是核心利益,即顾客真正需要的基本服务或者利益。它可以划分为以下三个层次。

第一个层次,休息与睡眠。

第二个层次,实现核心利益所必需的基础产品,即产品的基本形式。如旅馆的床、浴室、毛巾、衣柜、厕所等。

第三个层次,附加产品,即提供超过顾客期望的服务和利益,以便把企业的提供物与竞争者的提供物区别开来。如旅馆的电视机、网络接口、鲜花、结账快捷、美味的晚餐、优良服务等。

二、产品的种类

（一）根据产品的耐用性和有形性区分

根据耐用性和有形性区分,产品可分为非耐用品、耐用品和服务。

非耐用品属于有形产品,消费快,购买频率高,相对价格便宜,如啤酒、方便面等。

耐用品也属于有形产品,其使用时间长,相对价格高,如汽车、电冰箱、电视机等。

服务是无形的、不可分离的、可变的和易消失的。作为结果,它们一般要求更多的质量控制、供应者的信用能力和适用性,如理发和修理等。

（二）消费品分类

根据消费者的购买习惯,产品可分为方便品、选购品、特殊品和非渴求品。

方便品,是指顾客经常购买或者即刻购买,并几乎不作购买比较和购买努力的产品。肥皂、洗衣粉、手纸、牙膏、毛巾和饮料等就属于此类商品。对于生产经营此类商品的企业来说,尽量增加销售此类商品的网点,特别是要把网点延伸到居民住宅区的附近就显得特别重要。

选购品,是指消费者在选购过程中,对产品的适用性、质量、价格和式样等基本方面要作有针对性比较的产品。服装、皮鞋、农具和家电产品等是典型的选购品。它们的销售者必须具备大量的花色品种,以满足不同顾客的爱好;它们还必须拥有受过良好训练的推销员,为顾客提供信息和咨询。

特殊品,是指具有独有特征和(或)品牌标记的产品。对这些独特性的产品,有相当多的购买者一般都愿意为此付出特别的购买努力。此类产品主要有高级工艺美术品、高档手表和时装等。法拉利汽车属于一种特殊品,因为购买者不惜远道去购买它。对于这类产品,名牌与否以及服务质量高低是至关重要的。

非渴求品,是指消费者未曾听说过或者即便是听说过一般也不想购买的产品,如保险、百科全书等。非渴求品需要广告和人员推销的支持。

三、国际产品生命周期

（一）产品生命周期的含义

产品生命周期,是指产品从进入市场开始,直到被市场淘汰为止所经历的全部时间。产品的生命周期不是指产品的使用寿命,而是指产品的市场寿命。产品生命周期可以分为四个阶段,用一条曲线把它表示出来(如图6-2所示)。

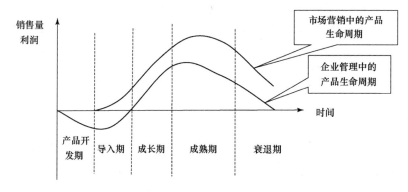

图6-2　产品生命周期曲线

导入期,即产品引入市场时销售缓慢成长的时期。在这一阶段,因为产品引入市场所支付的巨额费用所致,所以利润几乎不存在。

成长期,即产品被市场迅速接受和利润大量增加的时期。由于销售量的上升和扩大,规模效应开始显现,产品的单位成本下降,于是新产品的销售利润也就开始不断增加。

成熟期,即因为产品已被大多数的潜在购买者所接受而造成的销售成长减慢的时期。为了对抗竞争,维持产品的地位,营销费用日益增加,利润稳定或者下降。

衰退期,即销售下降的趋势增强和利润不断下降的时期。由于消费者的兴趣转移,或者替代产品已逐步开始占领市场,产品的销售量开始迅速下降,直至最终退出市场。

（二）国际产品生命周期理论

国际产品生命周期理论是由弗农提出来的,弗农的国际产品生命周期指的是由于世界各国的技术发展水平不同,技术领先的国家可能率先开发出某种新产品并出口;经过一段时间后,技术较先进的国家掌握了这种技术,成为新的出口国;技术较落后的国家随后才能掌握这种技术,在最后才成为该产品的出口国。可见,产品生命周期概念从国内市场扩展到了国际市场,主要经过三个阶段,即新产品阶段、产品成熟阶段和产品标准化阶段(如图6-3所示)。

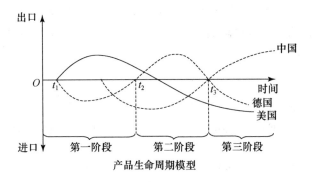

图 6-3　国际产品生命周期模型

如电视机首先在美国被研制出来,在国内经过一段时间的生产后,美国具备了出口能力,从 t_1 这一时间开始出口。德国的技术水平稍比美国落后,在美国开始出口后,德国率先从美国进口电视机,国际贸易由于两国技术水平的差异而发生。中国的技术水平更落后一些,于是在更晚的时间才产生了对电视机的需求,开始从美国进口。随着时间的发展,德国国内的企业掌握了电视机生产技术,开始生产这种产品,于是德国的进口量开始减少。当时间发展到 t_2,德国国内的企业已经具备了电视机出口能力,德国从电视机的进口国转变为出口国。与此同时,美国电视机产业已经不再是新兴产业,部分企业可能退出该产业去开发新的产品,产业开始萎缩,美国的出口量开始减少。而这时中国国内对电视机的需求不断扩大,而且国内尚未掌握生产技术,国内的需求完全靠进口来满足。这是国际市场产品生命周期的第一阶段即新产品阶段。

在第二阶段,随着产业的萎缩,资源转向其他更新的产品的研究和生产上去,美国国内电视机的产量已经不能满足国内的需求,美国成为电视机的进口国。这时候,德国后来居上,开始向世界其他国家出口电视机。也就是说,电视机产业已经从美国转移到了德国。在这个阶段,中国国内也掌握了电视机生产技术,开始自己生产,于是中国的进口量逐渐减少。随着中国的电视机产量不断增加,德国的出口量开始减少。这时德国也面临着与第一阶段中美国相似的情形:电视机产业开始萎缩,新的产业开始取代电视机产业。当时间发展到 t_3,德国不再出口电视机,中国成为电视机的出口国。也就是说,电视机产业已经从美国和德国转移到了中国。这是第二阶段,即产品成熟阶段。

在第三个阶段,只有中国在出口电视机,美国和德国都成了电视机的进口国。但中国的出口不会持续增加,中国面临的情况和前两个阶段中美国和德国的情况是一样的。随着技术进步,中国电视机的出口量也会减少。当电视机这个产业被其他新技术产业取代后,电视机的国际贸易也就停止了,因为各国对电视机都不再有需求。到这时,电视机这种产品的生命周期也就结束了。这是第三阶段,即产品标准化阶段。

四、产品生命周期各阶段的营销策略

(一)导入期的营销策略

新产品在刚刚推出市场时,销售量增长缓慢,往往可能是无利甚至亏损,其原因是:生产能力未全部形成;工人生产操作尚不熟练;次品、废品率高,增加了成本。加上消费者对新产品有一个认识过程,不会立刻都接受它。该阶段企业的基本策略应当是突出一个"快"字,以促使产品尽快进入成长期,具体操作上一般可选择以下四种策略(如图6-4所示)。

图 6-4 导入期的四种营销策略

1. 快速撇脂战略

即以高价格和高促销水平的方式推出新产品。企业采用高价格是为了在每单位销售中尽可能获取更多的毛利。同时,企业花费巨额促销费用向市场上说明虽然该产品的定价水平是高的,但有其独特的优点。高水平的促销活动加快了市场渗透率。采用这一战略的假设条件是:潜在市场的大部分人还没有意识到该产品;知道它的人渴望得到该产品并有能力照价付款。

2. 缓慢撇脂战略

即以高价格和低促销水平的方式推出新产品。推行高价格是为了尽可能多地回收每单位销售中的毛利,而推行低水平促销是为了降低营销费用。两者结合可望从市场上获取大量的利润。采用这一战略的假设条件是:市场的规模有限;大多数的市场已知晓这种产品;购买者愿出高价;潜在竞争并不迫在眼前。

3. 快速渗透战略

即以低价格和高促销水平的方式推出新产品。这一战略期望能给企业带来最快速的市场渗透和最高的市场份额。采用这一战略的假设条件是:市场是大的,市场对该产品不知晓;大多数购买者对价格敏感;潜在竞争很强烈;随着生产规模的扩大和制造经验的积累,企业的单位制造成本会下降。

4. 缓慢渗透战略

即以低价格和低促销水平的方式推出新产品。低价格将促进市场迅速接受该产品,同时企业降低其促销成本以实现较多的净利润。企业确信市场需求对价格弹性很高,而对促销弹性很小。采用这一战略的假设条件是:市场是大的;市场上该产品的知名度较高;市场对价格相当敏感,有一些潜在的竞争。

(二)成长期的营销策略

成长期的标志是销售的迅速增长,同时需求开始显示多样化。需求的迅速增长与大规模生产带来的成本下降,使得利润较大,导致新的竞争者进入该市场,竞争开始出现。这一阶段,企业应当尽可能维持销售的增长速度,同时突出一个"好"字,把保持产品的品质优良作为主要目标,具体策略如下。

(1)改进产品质量和增加产品的特色和式样,并从拓展产品的新用途着手以巩固自己的竞争地位。

(2)扩展新市场,使产品进一步向尚未涉足的市场进军。在分析销售实绩的基础上,仔细寻找产品尚未到达的领域,作重点努力,同时扩大销售网点,方便消费者的购买。

(3) 加强企业与产品的地位,企业广告的目标应当从产品知名度的建立转移到说服消费者接受和购买产品上。

(4) 调整产品的售价,企业在适当时候降低价格,以吸引对价格敏感的购买者,这样既可以吸引更多的购买者参加进来,又可以阻止竞争对手的进入。

(三) 成熟期阶段的营销策略

产品的销售增长速度在达到了顶点后将会放慢下来,并进入一个相对的稳定时期,这一阶段的特点是产品的销量大、利润大、时间长。在成熟期的后半期,销量达到顶峰后开始下跌,利润也逐渐下滑。这一阶段的基本策略是突出一个"优"字。企业应当避免消极的防御,而要采取积极的进攻策略,突出建立和宣传产品的特定优势,以增加或者稳定产品的销售,具体做法如下。

1. 扩大市场

企业应当通过努力把非使用人转变为该类产品的使用人。进入新的细分市场,企业可以努力进入新的细分市场,该新的细分市场使用产品而不使用品牌。争取竞争对手的顾客,企业可以通过开展一系列工作,吸引竞争对手的顾客试用或者使用自己的品牌。

2. 量上的改进

增加使用次数,企业可以努力使顾客更频繁地使用该产品;增加每个场合的使用量,企业可以努力使用户在每次使用时增加该产品的使用量;开发新的和更多种的用途,企业应当努力发现该产品的各种新用途,并且要使人们相信它有更多种的用途。

3. 改进产品

改进产品是为了吸引新的购买者和扩大现有的使用者的队伍。企业通过对产品的改良,使顾客对产品产生新鲜感,从而带动产品的销售。产品的改进仍然主要在质量、性能、特色和式样上。

4. 改进营销组合

在价格上,无论是提价还是降价都要仔细研究,如果降价会吸引新的试用者和新用户,则可以考虑采用降价策略;同时还要考虑要不要降低目录标价;以及考虑降价的方式是通过特价,还是数量上或先购者的折扣、免费运输、较易的信贷条件等方法;如果必要,能否利用提高价格来显示质量较好。

在分销渠道上,要考虑企业在现有的分销网点上是否能够获得比较多的产品支持和陈列,企业能否渗透进入更多的销售网点,以及企业的产品能否进入某些新类型的分销渠道。

在促销投入上,要考虑以下问题:广告费用应该增加吗?广告词句或者文稿应该修改吗?宣传媒介载体组合应该更换吗?宣传的时间、频率或者规模应该变动吗?企业应该采用何种方法来加快销售促进——廉价销售、舍去零头钱、打折扣、担保、赠品或者竞赛?销售人员的数量和质量应该增加或者提高吗?销售队伍专业化的基础应该变更吗?销售区域应该重新划分吗?对销售队伍的奖励方法应该修改吗?销售访问计划需要改进吗?

在产品售后服务上,企业能够加快交货工作吗?企业能扩大对顾客的技术援助吗?企业能扩大提供更多的信贷吗?

(四)衰退期的营销策略

这一阶段的特征是销售额和利润额开始快速下降,企业往往会处于一个微利甚至于无利的境地。在衰退阶段,企业的营销策略应当建立在"转"的基础上。产品的衰退是不可避免的,因此,到了这个阶段,一方面企业应当积极地开发新产品,有计划地使新产品的衔接圆满化;另一方面,针对市场形势,既保持适当的生产量以维护一部分市场占有率,又要做好撤退产品的准备。这时,企业应当逐渐减少营销费用,如把广告宣传、销售促进等都降到最低的水平,以尽量使利润不致跌得太厉害。

第二节 产品组合与产品线策略

一、产品组合

产品组合也称品种配置,是指销售者出售给购买者的所有产品线和产品项目的组合,即企业在一定时期内生产经营的各种不同产品的质的结构和量的比例关系及其构成的整体。产品项目,是指每一个具体的产品。产品线,是指企业经营的产品核心内容相同的一组密切相关的产品。

企业的产品组合包括产品组合的宽度、长度、深度和相关度四个基本要素。

表 6-1 宝洁公司的产品组合

	产品组合的宽度				
	清洁剂	牙膏	条状肥皂	纸尿布	纸巾
产品线长度	象牙雪	格利	象牙	帮宝适	媚人
	德莱夫特	佳洁士	柯克斯	露肤	粉扑
	汰渍		洗污		旗帜
	快乐		佳美		绝顶
	奥克雪多		香味		
	德希		保洁净		
	波尔德		海岸		
	圭尼		玉兰油		
	伊拉				

产品组合的宽度,是指企业具有多少条不同的产品线,即产品线的总数。表 6-1 中宝洁公司产品组合的宽度是 5 条产品线。

产品组合的长度,是指企业的产品组合中的产品项目总数。表 6-1 中宝洁公司产品项目的总数是 25,总长度为 25 个品种,平均每条产品线 5 个品种。

产品组合的深度,是指产品线中的每一产品有多少品种规格。表 6-1 中佳洁士品牌有 3 个规格,每个规格有两种口味,佳洁士品牌的深度是 6。

产品组合的相关度,是指各条产品线在最终用途、生产条件、分销渠道或者其他方面相互关联的程度。最终用途相关度大即为消费关联性(或称市场关联性)组合。如企业同时经营清洁剂、牙膏、条状肥皂就属于消费关联性组合。生产技术的相关度,是指所经营的各种产品在生产设备、原材料或者工艺流程等方面具有较强的关联性,可称生产关联性组合。如企业同时生产电视机、电冰箱、洗衣机等就是生产关联性组合。销售方式的相关度一般是指各种产品在销售渠道、仓储运输、广告促销等方面相互关联,或称销售关联性组合。

二、产品组合的调整优化策略

一个产品组合由多种产品线组成。一般每一条产品线都有专门的管理人员进行管理。如在通用电气公司的家电事业部里,有电冰箱、洗衣机等产品线的经理。一个企业采取什么样的产品组合要在对产品线进行详细分析的基础上进行决策。根据对现有产品线的分析,找出市场的空白处或者企业获利最高的商品,然后有针对性地提出企业的产品结构调整策略。

(一)产品线分析

产品经理需要知道产品线上的每一个产品项目的销售额和利润,以决定哪些项目需要发展、维持、收益或者放弃。

1. 产品线的销售量和利润

这一分析重要的是就产品线上每一个项目对总销售量与利润的贡献程度进行确定。一般可以通过计算每一个项目占产品线的销售额与利润额的百分比来分析。

如有一个企业某条产品线上项目 A 占产品线的总销售量的 50%,占总利润的 40%;项目 B 占总销售量的 30%,占总利润的 30%;项目 C 占总销售量与总利润的比重总分别为 10% 与 10%;项目 D 占总销售量与总利润的比重分别为 5% 和 15%;项目 E 占总销售量与总利润的比重分别为 5% 和 5%。对于企业来说,要重点经营利润比重大的产品项目,对于利润比重很小的产品项目可以不作为经营的重点。在上面这个例子中,项目 A、项目 B 与项目 D 的利润要占到产品线的利润总额的 85%,所以,在环境因素允许的情况下,就可以将这三个项目列为企业经营的重点。

产品线的利润集中在少数几个项目上,意味着这条产品线的弹性较差,遇到强有力的竞争对手的挑战,往往会受到很大的影响,因此,企业要尽可能地把利润均匀地分散到多个项目中去。

2. 产品项目定位

产品项目定位,是指确定本企业的产品项目与竞争对手的产品项目在市场竞争中的位置。一般可以通过产品项目定位图来分析(如图 6-5 所示)。这是一个电视机产品的项目定位图。产品项目定位图的作用主要有两个。一是了解竞争对手的产品项目与自己企业产品项目的竞争状况。如竞争对手 C、D 为已经存在的对手,与自己企业的项目竞争激烈。二是为新的产品项目定位提供帮助,在图 6-5 中,在高价 21 英寸处及低价 25 英寸以上处是两档市场空缺,企业可以发展这两档的产品。

图 6-5　产品项目定位图

（二）产品线深度的调整策略

企业产品线深度的调整策略主要有两种，即产品线扩展（延伸）策略和产品线填补策略。

1. 产品线扩展（延伸）策略

产品线扩展（延伸）策略主要有三种，即向下扩展、向上扩展及双向扩展。

（1）向下扩展。

向下扩展，是指企业最初位于市场的高端，随后产品线向下扩展。当存在以下问题时，企业要向下扩展其产品线：企业在高档产品市场方面受到攻击，于是就决定以拓展低档产品市场作为反击；企业发现其高档产品市场增长缓慢；企业最初步入高档市场是为了树立质量形象，然后再朝下扩展；企业增加一个低档的产品品目，是为了填补市场空隙，否则，其竞争对手会乘虚而入。

采取向下扩展的策略时，企业会有一些风险。新的低档产品品目也许会蚕食掉较高档产品品目，使企业的局面反而糟糕。

（2）向上扩展。

在市场上定位于低档产品的企业可能会打算进入高档产品市场。如丰田汽车公司推出了雷克萨斯品牌的汽车。一般来讲，企业向上扩展产品线有以下原因：拓展高端市场，以追求高利润；借用高档产品的上市，改变产品及企业在市场上的形象；增加产品品目，完善产品线，填补市场的空隙。

在向上扩展时，企业应当谨防向上的市场"陷阱"，防止利用原有品牌向高端发展，因为原有品牌已经在消费者心目中树立的形象是很难改变的。

（3）双向扩展。

定位于市场中端的企业可能会决定朝向上向下两个方向扩展其产品线。如韩国LG在中国的品牌策略是非常成功的，从进入中国市场之初，LG在品牌形象的塑造上一直是以"高端"形象示人，但产品价位却定位在中档，给消费者既实惠又有面子的感觉。在这样一种品牌基础上，一旦实行产品双向战略，既无损于LG原有的品牌形象，同时有利于掌握市场优势，扩大市场阵容。

2. 产品线填补决策

在现有产品线的范围内增加更多的产品品目使产品线延长。采取产品线填补决策有这样几个动机：获取增量利润；满足那些经常抱怨由于产品线深度不足而使销售额下降的经销商；充分利用剩余的生产能力；争取成为领先的产品线完整的企业；设法填补市场空隙，防止竞争者的侵入。

（三）产品组合宽度调整策略

产品组合宽度调整策略包括扩张策略和缩减策略。

1. 扩张策略

扩张策略包括水平型、垂直型和综合型三种策略。

水平型扩张策略，即企业在原有的产品品种结构基础上，增加产品的宽度，即增加产品线的数目。

垂直型扩张策略，即企业在原有的产品线基础上，不是增加宽度，而是在原有产品线上增加不同外观或者不同规格型号的同一产品的生产，即增加产品的深度。

综合型扩张策略，即企业在原有的产品线基础上，不仅增加产品组合的宽度，同时也增加产品组合的深度。

2. 缩减策略

缩减策略，即企业减少产品组合的宽度，删除部分产品线；或者减少同一产品线上产品生产的品种，即降低产品线的深度。

三、国际产品的标准化、统一化和差异化、多样化

（一）国际产品的标准化和统一化策略

国际市场营销在产品本身方面所面临的一个首要问题就是产品是否要标准化、统一化。因此，在制定产品组合策略时，必然面临的是在不同国家销售相同的产品（即采用产品标准化和统一化），还是在不同国家销售不同的产品（即采用产品差异化和多样化）两种选择。

1. 产品标准化、统一化策略

产品标准化、统一化策略可以降低生产成本和营销费用，实现生产经营的规模经济，提高产品研发的效益，有利于消费者在不同国家、不同地区识别该产品，有利于企业树立统一的产品形象，便于不同区域的市场之间协调和合作，从而能够充分地发挥企业的整体优势。但是该策略仅强调了不同国家消费者之间相同的一面，然而事实上，由于各国的宏观环境不同，因此必然会带来需求的不同之处，当需求的不同之处超过相同之处时，产品标准化、统一化策略就会由于不能满足消费者对产品需求的不同而带来困难。

2. 产品差异化、多样化策略

产品差异化、多样化策略有利于适应不同使用条件的要求，也能够较好地适应目标市场的不同消费习惯的要求，从而有利于企业本土化战略的实施。但是该策略会导致企业的生产成本提高，管理困难，只有当通过满足更多消费者需求所带来的收益大于差异化、多样化生产所带来的成本上升时，产品差异化、多样化策略才会取得更好的经济效益。

（二）国际产品组合与促销策略

根据产品是否标准化以及促销策略是否标准化，我们可以得出四种产品促销与组合策略（如图6-6所示）。

	标准化	直接延伸策略	促销适应策略
产品	差异化	产品适应策略	双重适应策略
		标准化	差异化
		促销	

图 6-6　产品促销与组合策略

1. 直接延伸策略

直接延伸策略又称产品、促销标准化策略，即不改变产品，也不改变促销办法，而是将本国产品直接推广到国际市场。一般具有独特风格的产品，或者适应性强、国际通用的产品，并且产品在用途、使用条件、使用方式上国家间基本相同的情况下采用此策略。

2. 促销适应策略

促销适应策略又称产品标准化、促销差异化策略，即不改变产品，但是对促销方式或者促销内容做适当调整，以适应国外市场的特点。如我国的茶叶如果出口到欧洲，欧洲由于人均摄入热量高，因此高血压、糖尿病和高血脂病人多，因此可以通过宣传其在降血压、降血糖和降血脂方面的治病、防病功能来吸引顾客。这种策略一般在产品用途不同，但是使用条件和使用方式上基本相同的情况下采用。

3. 产品适应策略

产品适应策略又称产品差异化、促销标准化策略，即不改变促销方式或者内容，但对产品的规格、功能、式样、商标和包装等方面做适当变化，以适应国外市场的需要。如美国通用食品公司销售的速溶咖啡在销往英国时添加牛奶，而销往法国时则不添加牛奶。又如，日本和英国销往中国的汽车需将方向盘从右置改为左置，销往其他一些国家的电器需改变其电机的额定电压等。因此，这种策略一般在产品用途相同，但是使用条件和使用方式上不同时采用。

4. 双重适应策略

双重适应策略又称产品、促销差异化策略，即对产品和促销的方式都做适当的调整。如我国向欧洲出口自行车时，既要改变样式，使之接近跑车式样，又要在广告宣传上突出自行车的运动和锻炼的用途。因此，在产品用途、使用条件和使用方式都不同时就要采取该策略。

总的来说，以上四种策略的使用依据参见表 6-2。

表 6-2　国际市场产品组合与促销策略

组合与促销策略	产品用途	使用条件和使用方式
直接延伸策略	相同	相同
促销适应策略	相同	不同
产品适应策略	不同	相同
双重适应策略	不同	不同

第三节　国际市场新产品开发策略

由于消费者口味、技术和竞争的快速变化,企业必须持续地开发新产品和新服务。当某些产品进入衰退期后,企业就必须采取适当的措施,进行新产品开发,以替代不再具有生命力的产品。不断提出和实现新产品创意是营销计划工作的主要任务之一。

一、新产品开发的概念

从营销角度看,新产品是指在某个市场上首次出现的或者是企业首次向市场提供的、能满足某种消费需求的整体产品。只要是产品整体概念中任何一部分创新、变革和改变都算是新产品。市场营销学中新产品的含义可以分为以下四种。

（一）完全新产品

完全新产品,是指采用新原理、新结构、新技术、新材料制成的产品,与现有的产品基本上无雷同之处。完全新产品往往表示了科学技术发展史上的一个新突破。如电话、飞机、尼龙、复印机、电视机和电脑等就是 19 世纪 60 年代到 20 世纪 60 代之间世界公认的最重要的新产品。

（二）换代新产品

换代新产品,是指在原有产品的基础上,部分采用新技术、新材料制成的性能有显著提高的产品。如电脑问世以来,从最初的电子管（第一代）发展到现在的第四代电脑,即大规模集成电路电子计算机,其中经历了晶体管（第二代）和集成电路（第三代）两个阶段。

（三）改良新产品

改良新产品,是指在原有产品基础上采用各种改进技术,对产品的功能、性能和型号、花色进行局部改善而制成的产品。如手表从圆形到方形,又发展到各种艺术造型都是属于这种改良新产品。由于改良新产品对于科技开发的要求并不是很高,所以,企业依靠自身力量比较容易开发,在新产品的开发中,属于此类型的新产品要占绝大多数。

（四）仿制新产品

仿制新产品,是指企业仿制市场上已有的新产品,只是对已有的产品在局部进行改进或者创新,其基本原理和结构是仿制的。如数字化彩色电视机在国外较早就已上市,目前我国不少企业也开始生产,就属于模仿新产品。

二、新产品开发的程序

新产品开发一般要经过以下五个步骤（如图 6-7 所示）。

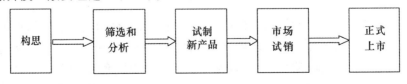

图 6-7　新产品开发的程序

（一）构思

构思是对潜在新产品的基本轮廓结构的设想。从一定的意义上讲，好的构思是产品开发成功的一半。当然并不是每一个新产品的构思都能符合市场和企业的要求，最后变成一件成功的产品。

企业可以通过以下一些渠道获得新产品构思。

（1）科技人员。科学技术的进步，新材料与新工艺的产生往往是新产品开发的基础，因此科技人员的一个新设想很可能孕育着一件新产品。此外，企业应当广泛收集国内外有关报道新发明、新专利的刊物和资料，这是国际市场营销人员获得新产品构思的重要来源。

（2）向顾客征求意见。顾客的需求是寻求新产品构思的起点。据美国6家大公司的调查，成功的新产品中有60%～80%来自用户的建议，或者是吸取了用户在使用过程中提出的改革意见。

（3）分析竞争对手的产品。通过对竞争对手产品的分析和调查，可以知道哪些产品是成功的，哪些产品是有缺陷的。了解竞争对手的产品特点，在研制新产品时博采众长，是企业在国际竞争中立于不败之地的重要策略。

（4）中间商和销售人员是极好的构思来源。他们与顾客直接打交道，最了解消费者需求和市场的变化，也最了解用户对本企业产品的意见和要求，是一个主要的构思来源。

以上是主要的构思来源，其他像大学、科研机关、专利机关、咨询公司和广告公司等都是可能获得构思的渠道。

（二）筛选和分析

由于新产品的构思来源非常广泛，个人的技艺、经验、审美观、价值观不同，所提的构思不一定符合企业的要求。所以，将新产品的构思收集起来后，必须根据企业的目标和能力来进行选择，把不合理的构思尽早淘汰。所谓"不合理"的构思，一方面是指缺乏科学依据和可操作性的构思，另一方面是指同企业的基本目标不相吻合或者企业一时无能力进行开发的构思。

（三）试制新产品

产品试制则是要把新产品的构思设想转变成一件顾客真正能够消费的实体产品。试制新产品主要包括以下内容。

（1）研制样品。研制的样品必须具备产品构思中所确认的所有属性和特点，同时在经济上和技术上又是可行的。样品一般需要进行多次试制比较，不断发现新问题、解决新问题，最后才能确定下来。

（2）消费试验。样品制造出来以后交消费者使用，在使用过程中发现科研人员未曾发现的问题。

（四）市场试销

实践表明，很多的产品试制出来后仍然会遇到被淘汰的命运，也就是说，市场不能接受此种新产品。因此，企业往往制造一定数量的正式产品，投入一定范围的市场进行试销。市场试销可以是针对产品性能、质量的试销，也可以是针对产品价格的试销，还可以是针对销售渠道的试销以及针对产品广告促销方式的试销。实际上，市场试销就是对消费者有关产品反应的测定。通过试销,一方面可以进一步改进新产品的品质,另一方面可以帮助企业制订出有效的营销组合方案来。

试销有三种主要方法,即全面市场试销、微型市场试销和实验室试销。全面市场试销是了解市场反应的最好方法,但是反应慢、太公开。微型市场试销成本低、反应快。实验室试销成本低廉、保密性好,并且非常快,它对季节性商品特别有效。

(五)正式上市

这是新产品开发的最后一个阶段,即将产品正式投放市场。产品的批量上市并不意味着新产品开发已经取得成功,因为此时正是产品能否真正被市场接受的关键时刻。如果策略不当,产品仍然可能存在销售不出去的危险。企业必须设计合理的营销组合,诸如何时进入市场、向何地区销售、销售给谁以及采用什么样的导入战略等。

第四节 国际市场产品品牌与包装策略

一、品牌

(一)品牌的含义

品牌是一种名称、术语、标记、符号或者设计,或者是它们的组合运用,其目的是借以辨认某个销售者或者某群销售者的产品或者服务,并使之同竞争对手的产品和服务区别开来。

商标是一个法律名词,是经过合法注册的名称、标识、图案和设计等。企业因此获得专有权,受法律保护,其他任何企业不得仿效使用。品牌和商标是有一定区别的,一般来说,品牌是一种泛指,凡是能够用以识别产品差异,并被市场所认识的任何名称和符号都可以称作品牌,如双汇火腿、天津狗不理蒸包、永和豆浆等。但真正能成为商标的,则必须是经过正式登记注册的,受到法律保护的品牌要素,包括特定的名称、图案、文字、标识等。

当人们看到某一品牌时,就会联想到其所代表的产品或者企业的特有品质,以及在接受这一品牌的产品或者企业时所能获得的利益和服务,这就构成了品牌的基本属性。一个品牌往往是一个更为复杂的符号标志,它能表达出以下六层意思。

1. 属性

属性,是指品牌所代表的产品或者企业的品质内涵,它可能代表某种质量、功能、工艺、服务、效率或者位置。如奔驰汽车代表昂贵、制造精良、耐用、良好的声誉等。

2. 利益

品牌在消费者的心目中往往是不同程度的利益象征,消费者购买的是产品所带来的利益,需要把属性转化为功能型利益或者情感型利益。

3. 价值

品牌会因其所代表的产品或者企业的品质和声誉而形成不同的等级层次,从而在顾客心目中形成不同的价值。同时品牌也反映了该制造商的某些价值观,如奔驰汽车包含的价值有高绩效、高安全度和良好的名声。

4. 文化

品牌是一种文化的载体,它所代表的产品或者企业本身所具有的文化特征也会在品牌中体现出来,被人们理解和认同。如奔驰汽车包含的德国文化有组织性、效率和高质量。

5. 个性

好的品牌应当具有鲜明的个性特征,它会使人们联想到某种具有鲜明个性特征的人或者物,这样才能使品牌产生有效的识别功能。

6. 使用者

品牌还体现了购买或者使用这种产品的特定顾客群体,它往往会是某些特定的顾客群体所喜欢和选择的,群体之外的人使用该品牌的产品会使人感到惊讶。这也就是使用者同品牌所代表的价值、文化与个性之间的适应性。如使用奔驰汽车的消费者应该是成功的人士。

(二) 品牌决策

一个企业进行品牌决策一般包括以下五个步骤(如图6-8所示)。

图6-8 品牌决策流程

1. 品牌化决策

品牌化决策,是指企业是否一定要给产品加注品牌名称的决策。并非所有的产品都需要品牌,但现如今品牌化商品已深入到我们生活中的每个角落。

尽管使用品牌就意味着要付出包装费和宣传费等,那为什么销售者还要使用品牌呢?这是因为使用品牌给销售者带来一些好处。

(1) 有了品牌名称可以使销售者比较容易处理订单并发现问题。

(2) 销售者的品牌名称和商标对产品独特的特性提供法律保护。

(3) 品牌化给了销售者这样一个机会,即吸引忠实的和有利可图的顾客。品牌忠诚使销售者在竞争中得到某些保护,并使他们在规划市场营销企划时具有较大的控制能力。

(4) 品牌化有助于销售者细分市场,不同的品牌对应不同的细分市场。

(5) 强有力的品牌有助于建立企业形象,使它更容易推出新品牌和获得分销商和消费者信任和接受。

2. 品牌归属决策

企业决定为其产品确定品牌后,制造商在如何使用品牌方面有以下三种决策。

(1) 企业可以决定使用自己的品牌,这种品牌叫做企业品牌或者叫制造商品牌,如海尔公司采用的品牌策略就是企业品牌。

(2) 企业可以决定将其产品大批量的卖给中间商,中间商再用自己的品牌将货物转卖出去,这种品牌叫做中间商品牌、私人品牌。

(3) 企业使用许可品牌,如麦当劳分店。企业还可以决定有些产品用自己的品牌,有些产品用中间商品牌。

3. 品牌名称决策

企业必须给自己的产品选择品牌名称,一般有以下四种策略。

(1) 个别的品牌名称。

即企业决定其各种不同的产品分别使用不同的品牌名称。企业采取个别品牌名称决策的主要好处是,企业的整个声誉不至于受其中某个产品的声誉的影响。

(2) 共同的家族品牌名称。

即企业决定其所有的产品统一使用一个品牌名称。如美国通用电气公司所有的产品都统一使用"GE"这个品牌名称。企业采取统一品牌名称决策的主要好处是:企业宣传介绍新产品的费用开支较低;如果企业的名声好,其产品必然畅销。

(3) 不同类别的家族品牌名称。

如果企业的产品非常多,并且产品类别或者质量差别比较大,则就要采取不同的家族品牌以示区别。企业通常对同类产品中的不同质量的产品使用不同的家族品牌名称。如丰田公司使用雷克萨斯和丰田两个品牌名称。

(4) 企业名称和单个产品名称相结合。

即企业决定其各种不同产品分别使用不同的品牌名称,而且各种产品的品牌名称前面还冠以企业名称。如美国凯洛格公司就采取这种策略推出"凯洛格米饼"、"凯洛格葡萄干"。企业采取这种决策的主要好处是:在各种不同新产品的品牌名称前冠以企业名称,可以使新产品合法化,能够享受企业的信誉;而各种不同的新产品分别使用不同的品牌名称,又可以使各种不同的新产品有不同的特色。

4. 品牌战略决策

当企业处于品牌战略决策阶段时,一般有以下四种选择。

(1) 产品深度扩展。

产品深度扩展,是指企业在同样的品牌名称下,在相同的产品类别中引进增加的项目内容,这有利于帮助母品牌在国际市场上的扩展。但产品深度扩展也有风险,它可能使品牌失去原有的意义。

(2) 品牌延伸。

品牌延伸,是指企业利用现有品牌来推出其他产品类目中的一个新产品。如本田公司利用其公司名称推出了摩托车、汽车、滑雪车和海上发动机等。品牌延伸能使新产品易于被消费者认识和接受,能使企业的新产品更快地进入新的市场,并节约了新产品的广告宣传费用。但如果新产品质量不能保证或者不符合消费者的需要,则有可能损坏企业其他产品的形象。

(3) 多品牌。

多品牌,是指企业决定同时经营两种或者两种以上相互竞争的品牌。企业这样做的目的是能根据产品的质量、价格和性能等进一步地进行市场细分,以满足不同层次消费者的需要。

案例 6-2

宝马为何能把品牌延伸到衣服

知道万宝路牛仔系列服饰卖得不错的人不少,但知道宝马轿车延伸到服饰的就不多了。宝马把品牌延伸到服饰行业,中国的第一家专卖店就开在北京东方广场,产品有男女正装、运动休闲与配饰系列。宝马服饰面向时尚、崇尚健康、喜爱运动的成功人士。

宝马之所以能延伸到服饰,是因为宝马不仅象征着非凡的制车技术与工艺,还意味着"潇洒、优雅、时尚、悠闲、轻松"的生活方式,车和服饰都是诠释宝马核心价值观的载体。宝马服饰选用纯棉、纯正美利诺羊毛等优质面料,并且强调时尚和功能并重,比如在受力点采用高科技的材料以加强拉力牢度,在冷风进口处加上恒温面料来保暖。这些都是功能化的具体表现。从外观看,宝马服饰在设计上力求与宝马汽车的风格一致,在颜色的选择上绚丽而不失稳重,在线条上也保持宝马汽车流线型的设计。宝马汽车代表了豪华,宝马服饰也是服装中的贵族。在北京东方广场宝马生活方式店,衬衫的价格为1 823元,带汽车抽象图案的领带1 571元,女士丝巾1 571元。车和服饰都能传神地体现宝马核心价值观——"潇洒、优雅、时尚、悠闲、轻松"的生活方式,这种延伸无疑是对的。

宝马延伸到服饰不仅能获得服饰的利润,而且还有另一层深意,即通过涉足服饰领域来向更多的消费者推广宝马生活方式与宝马这个品牌。宝马注意到,人们空闲时很少到汽车展示厅闲逛,而去商业中心却成为都市人们的一种休闲方式。因此,宝马希望通过宝马生活方式店的服饰向人们直接展示宝马精良的品质和完美的细节,从而将人们培育成为宝马汽车的潜在消费者。宝马希望在消费者还很年轻的时候就钟爱宝马这个品牌,成为宝马汽车的潜在消费者。刚从大学毕业的男士要购买一部宝马汽车可能力不从心,但他可以先购买一件宝马服饰,从中感受到宝马生活方式。如果再加上女友对他这款宝马服饰赞美有加,则他将对宝马品牌留下很深的印象。因此对宝马品牌的信任和忠诚度可提前培育,等到他事业有成,选择高档汽车时,就会先入为主,对宝马汽车情有独钟。这是培养市场、抢占商业先机的高招。这让我们看到宝马的长远战略眼光和创新者的开拓精神。

(4)合作品牌。

合作品牌,是指两个或者更多的品牌在一个产品联合起来的一种策略。每一品牌的发起人都希望与另一品牌结合来强化消费者对某一产品的偏好或者购买欲望,达到双赢的目的。如英特尔对消费者直接品牌的宣传活动使许多个人电脑的购买者只购买内置英特尔品牌的电脑。最后,一些主要电脑制造商如IBM、戴尔为了促进本品牌个人电脑的销售,在对消费者进行宣传时,特别强调本品牌内置英特尔芯片。

5. 品牌再定位决策

也许一种品牌在市场上最初的定位是适宜的,但是到后来竞争者可能在企业品牌之后推出自己的品牌,以此来削减企业的市场份额。此外,顾客偏好的转移使其对企业品牌的需求减少。在这种情况下企业可能不得不进行重新定位。如七喜公司进行"非可乐"饮料重新定位宣传,从而获得了非可乐饮料市场的领先地位。

二、包装

传统意义上的产品包装一般指的是包装产品的容器或者用品,是为了保证产品在运输和销售的过程中不会受损。从现在的营销观念来看,包装是指设计并生产作为方便产品营销的容器或者包装物的一系列活动。

(一)包装的功能

1. 保护产品

保护产品即产品在流通过程中不受污染、损害和腐蚀。

2. 促进销售

包装具有识别、美化产品的作用,可以吸引购买、指导消费。作为形式产品的重要组成部分,独特的包装可以提高产品的竞争能力,并形成与竞争者之间的产品差别。在销售现场,包装是货架上的广告,是"无声的推销员"。国外学者曾作过一项研究,发现由媒体广告招来的顾客中,有33%的人在销售现场而另行选择包装吸引人的品牌。

3. 增加利润

包装还具有增值的功能。好的包装不仅可与好的产品相得益彰,避免"一等产品,二等包装,三等价格",而且还能提高产品档次,获得超值。由于包装产品便于储存管理、方便运输、减少损耗等,可以提高市场营销中各环节的效率,故也能相对增加盈利。

(二)包装的层次

1. 主要包装

主要包装是最贴近产品的直接包装,如牙膏皮、酒瓶等。

2. 次要包装

次要包装是用于保护主要包装的第二层次包装,一般在产品使用时被丢弃。如包装牙膏、瓶酒所用的硬纸盒。

3. 运输包装

运输包装,是指产品储存、运输和识别所用的包装,又称大包装、外包装。

(三)包装策略

1. 相似包装策略

即企业生产经营的各种产品均采用相同或者相近的图案、色彩等共同的特征以使消费者容易辨认。其优点在于能节约印刷和设计成本,树立企业形象,有利于产品的推销。但有时会因为个别产品质量的下降影响到其他产品的销售。

2. 差异产品包装策略

即企业的各种产品都有自己独特的包装,在设计上采用不同的风格、色调和材料。这种策略能够避免由于某一商品的推销失败而影响其他商品的声誉,但也相应的会增加包装的设计费用和新产品促销费用。

3. 相关产品策略

即将多种相关的产品配套放在统一包装物内出售。这可以方便顾客购买和使用,有利于新产品的销售。如化妆品系列套装、家用工具箱、服装、瓷器等。

4. 再使用产品包装策略

即原包装的产品用完以后,包装物可移作他用,从而提高包装的利用率,也有利于激发消费者的购买兴趣,促进产品销售。如浙江一家酒厂利用当地久负盛名的青瓷制成酒的包装,犹如仿古花瓶,造型优美,别具一格,酒用毕后,还可以当做很好的装饰品。

5. 等级包装策略

即对于同一种产品,按其价值不同分为若干质量等级,对不同质量等级的产品分别设计和使用不同的包装。对高档商品采用精美包装,对低档产品采用简略包装,可以适应和满足不同层次消费者的购买力和购买心理。

6. 附赠品包装策略

即在商品包装物里附上赠品或者奖券,以此吸引消费者购买和重复购买。如黑牛麦片里赠送杯子、旺旺大礼包里附送贴纸等。这种包装策略对少年儿童和低收入者非常有吸引力。

7. 性别包装策略

即根据性别的不同而设计不同的包装。女性用品包装体现温馨、秀丽、典雅、新颖等风格,男性用品包装追求刚正、质朴、潇洒等风格。这一包装策略的目的在于满足不同性别消费者的需求。

8. 改变包装策略

即商品包装上的改变,正如产品本身的改进一样。当企业的某种产品在同类产品中质量相近而销路不畅时,就应当注意改进这种包装设计。如果一种产品的包装已采用较长时间,也应当考虑推陈出新、变换花样。当然,这种通过改变包装办法来达到扩大销路目的的策略是有条件的,即产品的内在质量必须达到使用要求。如果不具备这个条件,产品的内在质量不好,那么,即使在包装上作了显著的改进也无助于销售的增加。

 个案分析

法拉利还能奢侈多久

一个真正的奢侈品品牌,是需要"梦想和艺术"来浇灌的,过度的"金钱功利"会亵渎一个奢侈品牌固有的高贵和圣洁。塑造一个奢侈品品牌要耐得寂寞,受得诱惑,经受得考验。某种程度而言,追求盈利和奢侈品品牌,两者恰如一个一上一下的跷跷板,要锻造一个真正的奢侈品品牌,就不要以盈利为第一目的,与盈利相比,梦想本身更为重要。

法拉利从奢侈品品牌的神坛坠落,正是源于急功近利的盈利。拥有一辆红色法拉利很奢侈吗?也许曾经是,但现在不是;中国是,但摩德纳不是。摩德纳是一个意大利小城,也是这位为世人所欣美的"红色少女"总部。

春日,一个富豪驾驶着一辆法拉利456在高速路上全速狂飙,惬意地享受着法拉利的红色激情和冲动的快感，车身如红云掠过。不经意间，他忽然发现前面多了一辆法拉利，仔细一看，那是法拉利355。一部售价仅16万美元的跑车，竟然分享着同自己的售价高达28万美元的法拉利456同样的快感，刹那间，他的心里升起了一丝不快：该死的法拉利！这是"红色少女"的尴尬。

有人戏说，自从1988年法拉利创始人恩佐·法拉利逝世后，"红色少女"就似乎失去了原来国色天香的精、气、神，一下子蜕变成了"金玉其外，败絮其中"的"街头浪女"，法拉利原来完美无瑕的"红色少女"形象，也在风尘中慢慢失真。恩佐走后，法拉利业绩陡转直下，一年不如一年，整个"法拉利汽车制造公司"在风雨中漫无目的的飘摇。从1988—1991年，仅仅三年的时间，法拉利便几乎濒临破产的边缘，一个曾经无限美好的"红色少女"，似乎就要永远的消失了。就在这个生死抉择的时刻，"法拉利汽车制造公司"新任CEO——卢卡·迪·蒙特泽莫洛出现了。卢卡将法拉利进行了脱胎换骨的改造，他的最为关键性的举措，便是将法拉利从奢侈品的神坛拉下来，走向普通大众。从转型的那刻起，法拉利昔日"红色少女"的美好便从此不再，她在风尘迷失中倖幸"还俗"，成了一个雍容华丽的"贵妇人"。从那天起，"红色少女"法拉利曾经拥有的万般纯情、天真和少女一样的美好被卢卡彻底地抹掉了。在卢卡大刀阔斧的变革下，法拉利很快扭转颓势，一度在"街头流浪度日"的法拉利，又重新拥有了恩佐时代所积累起来的眩目财富。2002年2月，卢卡领导着法拉利继续奔跑在高速增长线上，销售收入增长6.9％，总值约1.597亿欧元。正如一个迷人的"贵妇人"会让众多的追求仰慕者叹为观止，已不再是清纯"红色少女"的法拉利，虽然拥有着价值过亿的惊人身家，如今却很难再度吸引人为之销魂侧目，有的仅仅是一丝欣赏的惊喜。卢卡时代笼罩下的法拉利，其品牌的溢价能力已大为削弱，她已经不能够再说服追求者们为其争相付出惊人高价了。

卢卡的梦想是打造一个平民化的法拉利，因为销售量上的突破更有利于带动一个濒临亏损的品牌从亏损的泥潭迅速脱身，为了迅速实现盈利，卢卡放弃了创始人恩佐"让法拉利成为少数人的梦想"和"产量永远比市场需求少一辆"的祖训，他将高贵的法拉利从超级奢侈品的溢价延伸到了高端市场和中端市场。于是今天，法拉利家族在原来的两款车型的传统产品结构之外，又新添了上10种"法拉利超级跑车"的新车型。卢卡彻底推翻了恩佐所创立的"迎合贵族特权阶层"的设计理念，力排众议地推出了"面向平民阶层"的低价位、高舒适、普及型的超级跑车——售价仅为16万美元的法拉利355型超级跑车。一切都在卢卡的预料之中，法拉利跑车的大众化如巨石击水，在大众市场掀起了惊天狂澜，法拉利跑车的销售量开始直线飙升，短短时间内，法拉利传承已久的"限产3500辆"的祖训又被打破了，卢卡通过一系列的生产线改造，几乎突破了法拉利手工生产的极限。

上帝是公平的，一个人得到的，永远与他失去的成正比。卢卡得到了他梦寐以求的营利，却让恩佐花费了几十年时间辛苦塑造而成的法拉利品牌跌入了"万劫不复的深渊"。大众化了的法拉利品牌已经没有能力再支撑法拉利跑车在豪华车市场的超级溢价了。它的价格不再坚挺，它也开始随着车市价格动荡起起落落；它不再是人所希求的梦想，不再是"有钱也难买到的奢侈品"，而是一个"有钱就能买到"的豪华车。这与恩佐时代"法拉利就是艺术品"的品牌理念大相径庭。奢侈品品牌是用来显示和突现一个特殊阶层身份的，一旦将品牌延伸到了阶层"特殊"之外，让其他阶层也能共享，结果只会是让特殊阶层的成员们很受伤。

法拉利的品牌延伸,从超高端直泻到了高端和中高端,它伤害了一个特殊阶层的情感,伤害者也必将会背叛它。

2005年后,法拉利品牌得到了它应有的惩罚。它的价格已经碰触到了品牌的天花板,再难闯入奢侈品品牌阵营,与宾利等奢侈品牌一争高下,宾利可以卖到1200万元一辆,法拉利的价格却只能卖到300多万;它向下纵向延伸的触角侵犯到了一些中高端豪华品牌的领地,他们联合起来,对法拉利发起了一场势头猛烈的"阵地保卫战"。法拉利腹背受敌。有一天,法拉利突然心血来潮,想赠送一辆车给红极一时的足球明星贝克汉姆,不想却遭到了小贝的回绝,因为小贝的车房里,已经有了一辆世界顶级的奢侈品——宾利。

也许在恩佐时代,法拉利不会有这样的尴尬,至少也不该被喜爱运动和极速快感的贝克汉姆断然回绝。卢卡是一个出色的商人,却不是一个出色的"商业梦想家",他结束了恩佐时代,也终结了法拉利的奢侈时代。

思考题:(1)法拉利为什么不再奢侈?(2)如果你是法拉利集团的总裁,面对这种状况,你应该如何去做?

1. 什么是产品整体概念?如何理解产品整体概念反映了市场营销的本质特征?
2. 产品生命周期各阶段的主要特征是什么?在产品生命周期的各阶段,可以相应采用哪些主要策略?
3. 品牌的内涵包括哪些内容?企业应当如何运用好品牌策略?
4. 什么是新产品?新产品包含哪些主要类型?

1. 将学员分成5~6个组,每个组将分别代表一家航空公司在市场经营。
2. 市场经营的规则就是:所有航空公司的利润率都维持在9%;如果有3家以下的航空公司采取降价策略,降价的航空公司由于薄利多销,利润率可达12%,而没有采取降价策略的航空公司利润率则为6%;如果有3家和3家以上的航空公司同时降价,则所有航空公司的利润都只有6%。
3. 每个小组派代表到小房间里,老师交代上述游戏规则。并告诉小组代表,你们需要初步达成协商。初步协商之后小组代表回到小组,并将情况向小组汇报。
4. 小组经过讨论5分钟之后,需要作出最终的决策:降价还是不降价?并将决定写在纸条上,同时交给老师。
5. 老师公布结果。

第七章
国际市场营销定价策略

学习目标

◎ 了解企业的国际市场定价依据和定价目标,能够正确分析国际市场价格的构成
◎ 掌握国际市场定价的基本方法
◎ 掌握国际市场定价的定价策略,并能合理运用企业国际市场定价的策略解决实际问题

第一节　国际市场定价影响因素

一、国际市场定价目标

企业应当根据国际市场营销的总体目标来制定定价目标,定价目标以企业营销目标为基础,是企业选择定价方法和制定价格策略的依据。企业的定价目标也有多种,主要有利润最大化、市场占有最大化、应付或者规避竞争、树立或者改善企业形象等。

（一）利润最大化

实现经营利润的最大化是任何企业开展经营活动的基本目标。而利润获得的多少将直接取决于两个因素:价格和销量。所以,企业要想获取期望利润,就必须合理安排和制定产品的销售价格。利润最大化目标又分为短期利润最大化和长期利润最大化两种情况。

追求短期利润最大化的企业一般通过实行高价策略,以便在短期内掠取大量的超额利润。而企业若想单独采用高价策略需具备一定的条件:一是在市场上占有绝对优势地位,如垄断、拥有专利或者核心技术等;二是企业的产品供不应求,如新产品上市;三是产品生命周期短,以使竞争者难以作出正确决策。即使这样,高价所带来的高额利润仍然会吸引大量的竞争者蜂拥而至,同时会抑制消费欲望,导致需求减少。虽然采用高价策略给企业带来了短期的高额回报,但却损害了企业的长期利益。

对于有着长期的发展战略,并打算真正占领国际市场的企业而言,长期的利润最大化才是企业日常经营及营销定价的正确目标。即使要以获取短期较大利润为定价目标,其价格的高低也应是适当的。企业应当在着眼于长期利润目标的基础上,兼顾短期利润目标。有时为了开拓市场、争取顾客,实现长期利润最大化,甚至要放弃短期利益。追求利润的长期最大化,企业就必然要不断地提高技术水平,改善经营管理,以求在竞争中取胜,这对社会和消费者都是有利的,同时也是企业得以长期发展,有效地占领国际市场的正确选择。

（二）市场占有最大化

市场占有率的扩大和产品销量的增加是企业国际市场营销定价的主要目标之一。如在新产品刚进入市场的阶段,只有迅速扩大销售才可能形成规模效应,导致产品成本的下降。所以,企业在自己能够接受的前提下,应当通过制定相对较低的产品价格以迅速打开市场。即使在产品的成熟期乃至衰退期,为了迅速出清存货,进行产品结构的变换,有时也会以能促进销售的价格策略来吸引广大的消费者。

市场占有率的高低是衡量企业经营绩效和市场竞争态势的重要指标。企业只有在市场份额逐渐扩大、销量逐渐增加、竞争力逐渐增强的情况才有可能得以持续发展。因此,企业必须充分考虑市场占有因素以制定出科学合理的价格。市场占有率高的企业,与同类企业或产品比较,其市场地位高,表明在竞争过程中,企业拥有一定的优势,企业生产和销售的规模大,即便在单位利润水平不高的情况下,企业仍具有较强的营利能力;反之,市场占有率很低,则可能意味着企业没有明显优势,甚至可能处于十分危险的地位,即便单位利润水平很高,但在生产经营量有限的情况下,营利能力仍是有限的。目前,我国的产品在国际市场上的占有率普遍较低,因此,我国的企业应当合理制定出口商品的国际市场价格,同时结合产品、渠道和促销等国际市场营销策略,尽快提高我国产品在国际市场上的竞争力,扩大市场占有率,以更好地参与国际竞争。

(三)应付或者规避竞争

应付或者规避竞争的定价目标,即企业依照竞争需要来安排和制定价格。在激烈的国际市场竞争中,企业对竞争者的行为都十分敏感,尤其是对方的价格策略,价格竞争是一种重要的竞争手段。企业为了在竞争中占据主动,不被竞争者挤垮,要经常以应付或者规避竞争为定价目标,以合理地保全自己。

一般情况下,企业可以制定低于、高于竞争者价格或与竞争者制定相同的价格。市场领跑者或者实力较强的企业有扩大市场占有率的欲望时,可以采用低于竞争者价格出售产品的方法,以挤垮弱小的竞争者。而一些市场跟随者或者力量较弱的企业,可以采用与竞争者的价格相同或者略低于竞争者价格出售产品的方法,以便在激烈竞争中占有一席之地。资力雄厚,并拥有特殊技术、产品品质优良或者能为消费者提供较多服务的企业,可以制定高于竞争者的产品价格。而在有些行业或领域,企业之间并没有明显的强弱之分,则企业可以随行就市,制定与竞争者水平相当的产品价格。

(四)塑造和改善企业形象

企业形象是使企业通过生产经营活动,向公众展示自身的特征和本质,并进而给公众留下企业整体和综合的印象与评价,具体表现为产品形象、服务形象、员工形象、物质环境形象等,而产品是企业与外部公众最直接的联系纽带,公众对企业的印象首先是通过产品形成的。因此,产品定价会在很大程度上影响企业的产品形象,并进而影响企业的整体形象。故而可以把制定合理的价格作为塑造和改善企业形象的手段之一。

二、产品成本

产品的售价至少要能弥补相应的成本和费用,企业才能持续经营下去。因此,成本核算在定价决策中可以作为一个基准。产品的制造和销售所处地域不同,其成本构成也就不同。如同样销往香港的产品,在广东生产和在越南生产就会有不同的成本。又如,同样是电视机,即使都在国内生产,出口到越南的产品与在国内销售的产品,其成本也会由于关税、运输等原因不完全一样。国际营销与国内营销在成本上的差别一方面体现在成本的构成要素上,如关税、报关、文件处理等是国际营销所特有的成本项目;另一方面体现在相同的成本项目对于两者的重要性不同,如运费、保险费、包装费等在国际营销成本中占有较大比重。

以下是国际市场营销中重要的成本项目。

(一)关税

关税是当货物跨越国境时所缴纳的费用,是一种特殊形式的税收。关税是国际贸易最普遍的成本之一,它对进出口货物的价格有直接的影响。征收关税可以增加政府的财政收入,而且可以保护本国市场。关税额的高低取决于关税率,可以按从量、从价或者混合方式征收。事实上,产品缴纳的进口签证费、配额管理费等其他管理费用也是一个很大的数额,成为实际上的另一种关税。此外,各国还可能征收消费税、交易税、增值税和零售税等,这些税收也会影响产品的最终售价。不过,这些税收一般并不仅仅是针对进口产品。

（二）中间环节费用

产品从生产地流通到最终消费者手上,要经历相应的中间环节,其间必然要发生相应的费用。中间环节费用主要包括运输费用和支付给中间商的费用。运输费用主要取决于产品生产地和最终用户之间地理距离的远近以及运输难度的大小,中间商费用则取决于目标市场国家的市场分销体系与结构。在一些国家,产品从企业流转到目标市场的渠道比较短,中间商负担的储运、促销等营销职能的成本也比较低。而在另外一些国家,由于历史形成的原因,产品分销渠道较长,或者由于某些国家缺乏有效的分销系统,中间商进行货物分销必须负担较高的成本。另外,对于像家电、日用化工、服装和食品等产品来说,对销售渠道的控制力在很大程度上决定了营销的成败,因此,如果出口企业在东道国市场上必须借助当地的中间商,而这些中间商的实力又很强,那么企业的价格政策就会受到中间商的制约,大量的利润经常会被中间商瓜分。

（三）风险成本

在国际市场营销实践中,风险成本主要包括通货膨胀以及汇率风险。由于货款收付等手续需要比较长的时间,因而增加了通货膨胀以及汇率波动等方面的风险。此外,为了减少买卖双方的风险和交易障碍,经常需要有银行、期货交易所等中介机构的介入,这也会增加费用负担。这些因素在国际市场营销定价中均应当予以考虑。

1. 通货膨胀

在高通货膨胀国家,成本可能比价格上涨得更快,而且政府往往为了抑制通货膨胀还要对价格和外汇交易等进行严格的管制。企业必须做好对成本价格和通货膨胀率的预测,在长期合同中规定价格调整的条款,并且尽量缩短向买方提供信用的期限。

2. 汇率波动

汇率波动是国际贸易中经常面对的问题之一,其风险成本也必须考虑。由于发达国家的货币基本上都是采用浮动汇率制度,因此这些主要货币之间的比价变动使得人们很难准确地预测某种货币未来时期的确切价值。因此,不少企业在订立合同时越来越强调以卖方国家的货币计价,而以保值为目的的外汇期货交易也变得越来越普遍。

三、产品的供求状况

产品的最低价格取决于该产品的成本费用,而最高价格则取决于产品的市场需求状况。各国的文化背景、自然环境和经济条件等因素不同,决定了各国消费者对相同产品的消费偏好不尽相同。在特定市场上,对某一产品感兴趣的消费者的数量和他们的收入水平对确定产品的最终价格有重要意义。即使是低收入消费群体,对某产品的迫切需要也会导致这种产品能够卖出高价。但仅有需求是不够的,价格还取决于消费者的支付能力。所以,要使制定的价格政策能实现企业定价目标,企业需要深入研究目标市场消费者的消费习惯以及收入分布情况。

四、竞争因素

对许多种类的产品来讲,竞争因素是影响产品价格最为重要的因素。企业一方面要调查研究本企业产品和竞争对手产品在成本方面的差异,另一方面还要了解本企业产品和竞争对手产品在功能、质量、品牌和渠道等方面的差异。与国内市场不同,企业在不同的国外市场面对着不同的竞争形势和竞争对手,竞争者的定价策略也千差万别。因此,企业就必须针对不同的竞争状况制定相应的价格策略。竞争对企业自由定价造成了限制,企业不得不适应市场的价格。除非企业的产品独一无二并且受专利保护,否则不可能实行高价策略。

五、政府对价格的调控政策

东道国政府可以从很多方面影响企业的定价政策,如关税、税收、汇率、利息、竞争政策以及行业发展规划等。一些国家为保护民族工业而定立较高的关税或者设定某些非关税壁垒,这样会使进口商品的成本增加很多。作为出口企业,不可避免地要遇到各国政府的有关价格规定的限制,遵守政府对进口商品实行的最低限价和最高限价,约束了企业的定价自由。另外,由于价格争议而引发的反倾销诉讼也很常见,它对出口企业的产品价格也会带来较大的影响,如在欧盟市场上,中国企业生产的彩电和节能灯等产品就由于价格过低而受到反倾销制裁。

即使东道国政府的干预很小,企业仍面临着如何对付国际价格协定的问题。国际价格协定是同行业各企业之间为了避免恶性竞争,尤其是竞相削价而达成的价格协议。这种协议有时是在政府支持下,由同一行业中的企业共同达成的;有时则是由政府直接出面,通过国际会议达成的多国协议。企业必须注意目标市场的价格协议,同时关注各国的公平交易法(或者反不正当竞争法)对价格协定的影响。

本国政府对出口产品实行价格补贴,可以降低出口产品价格,增强产品国际竞争力。如美国政府对农产品实行价格补贴,可以提高其农产品的国际市场竞争力;我国实行出口产品退税制也是为增强出口产品的竞争力。

案例 7-1

美国政府限制日本汽车进口

日本企业在进入国际市场时总是将价格定得比竞争者的价格低。他们乐于在最初几年里受点损失,把这种损失视为对长远市场发展的一种投资。这样做使日本在过去几年中被指责为"产品倾销",此情形在美国的小汽车等产品市场上表现得尤为明显。日本的小汽车以省油、低价等优点大量涌进美国市场;1990 年已占美国小汽车市场约 30%,使美国的汽车工业招架不住。最后,美日双方都以官方身份进入"对抗阶段",对簿公堂,美国作出了对小汽车限量进口的决定。

第二节　国际市场定价方法

企业的定价方法很多,从价格制定的不同依据出发,基本上可以把定价方法分为三大类:一是成本导向定价法;二是需求导向定价法;三是竞争导向定价法。

一、成本导向定价法

成本导向定价法以产品成本作为定价的主要依据,同时考虑企业的经营目标、政府法令、需求状况和竞争格局等因素制定国际市场价格。这种定价方法强调企业定价时必须以产品成本为最低界限,主要有成本加成定价法、边际成本定价法和损益平衡点定价法三种具体形式。

(一)成本加成定价法

成本加成定价法就是在单位产品成本的基础上,加上一定的预期利润作为产品的销售价格。利润是售价与成本间的差额,所以这种定价方法又叫"加额法"。这种定价方法的特点是计算简单,资料容易取得。

成本加成定价法是按照预期利润占单位产品成本的一定比例加成,一般比较容易为生产商所采用。其计算公式为:

$$产品销售价格 = 产品单位成本 \times (1 + 加成率)$$

例如,某微波炉厂商经核算得出产品的单位成本为 100 元,厂商设定的加成率为 20%,那么按成本加成定价法得出的销售价格为:$100 \times (1 + 20\%) = 120$(元)

这一定价方法的主要缺点在于主要考虑成本,而忽视了市场的各种其他因素,特别是对国际市场的需求和竞争可能考虑不到,进而影响企业在国际市场上的长期发展。

(二)边际成本定价法

边际成本定价法又称变动成本定价法,是在定价时只核算变动成本,而不计算固定成本的定价方法。其基本原理是,只要产品价格高于单位变动成本,产品的边际收入就大于零,销量的增加就可以导致总收入的增加。由于边际收入会小于、等于或者大于边际成本,所以企业就会出现营利、保本或者亏损三种情况。

这种定价方法一般在市场竞争激烈时采用。因为这时如果采取成本加成定价法,必然会因为价格较高而影响销售。由于变动成本与边际成本比较接近,且变动成本更容易计算一些,所以定价实务中多用变动成本代替边际成本,则边际成本定价法变为变动成本定价法。这种定价方法在产品必须降价出售时特别重要,因为只要售价不低于变动成本(即 $P \geqslant AVC$),则说明生产可以维持,销售收入不但可以完全补偿变动成本,还可以补偿一部分固定成本,甚至可能为企业提供利润。

(三)损益平衡点定价法

损益平衡点定价法又称盈亏平衡点定价法,是指在预测产品销售量和已知固定成本和变动成本的前提下,通过求解损益平衡点来制定产品价格的定价方法。采用该种定价方法有两个前提：一是企业的总成本可以明确地划分为固定成本和变动成本两个部分；二是假定企业不存在销售困难，销量等于产量。在这种情况下，我们就可以得到企业的损益平衡点分析图（如图 7-1 所示）。

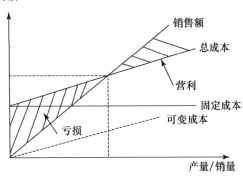

图 7-1　损益平衡点分析

根据图 7-1 就得到损益平衡点保本价格的计算公式为：

损益平衡点保本价格＝单位产品变动成本＋（固定成本/预期产品销量）

但是，企业从事生产经营活动的目的不仅仅是为了保本，而是要获得目标利润。因此，企业制定价格时通常还要加上目标利润。其计算公式为：

单位产品价格＝保本价格＋目标利润

损益平衡定价法是一种侧重保本经营的定价方法。定价比较简单，其价格就是单位产品的平均成本，在该价格下销售产品能保证企业不会出现亏损。

二、需求导向定价法

需求导向定价法又称顾客导向定价法或者市场导向定价法，是以产品或者服务的社会需求状态以及消费者能够支付的价格水平为主要依据，综合考虑企业的营销成本和市场竞争状态，制定或者调整国际市场营销价格的方法。需求导向定价法包括以下三种具体方式。

（一）市场认知价值定价法

市场认知价值定价法也称理解价值定价法。这是企业根据买方对产品或者服务项目价值的感觉而不是根据卖方的成本来制定价格的方法。这种方法认为，某一产品的性能、质量、品牌、服务和包装等在消费者心目中都有一定的认识和评价。消费者往往根据他们自己对产品的认识、感觉对产品的价值或者应有的价格作出评判。

利用这种定价方法，必须正确估计消费者的"认知价值"，估计过高或者过低对企业都是不利的。

案例 7-2

丰田公司的汽车定价方法

丰田公司对某款汽车定价 18 万美元,而竞争对手的相似产品价格仅为 16 万美元。即使这样,丰田该款汽车的销量仍明显高于竞争对手。由顾客对该类产品的价值认知可得:

丰田与竞争对手汽车相同的基价	160 000 美元
更高的耐用性可加价	10 000 美元
更高的可靠性可加价	8 000 美元
更好的服务可加价	9 000 美元
更多的功能可加价	3 000 美元
最终顾客认为该款汽车价值	190 000 美元

由于丰田合理运用了市场认知价值定价的方法,该款汽车的顾客认知价值在 19 万美元左右,而售价只有 18 万美元,市场价格低于顾客认知价值,故而能取得突出的销售业绩。

(二)价格倒推定价法

价格倒推定价法即企业根据消费者的购买能力,确定市场零售价格,以此为基础,推定销售成本和和生产成本,决定出厂价格。这种定价方法不是主要考虑成本,而是重点考虑需求状况。以出口某种商品按这种定价方法为例,企业首先通过认知价值定价,确定一个能为国外消费者所接受的国际市场价格,然后从中减去中间商利润、关税和运费等,从而反推出出厂价格或者 FOB 价(参见表 7-1)。

表 7-1 倒推定价表

国际市场终端价(基本价)	100.00
减去零售商毛利	−40.00
零售商成本	60.00
减去 15% 的经销商毛利	−9.00
进口经销商成本	51.00
减去 10% 关税	−5.10
CIF 价	45.90
减去运费、保险费	−5.00
出口价(FOB 价)	40.90

如果倒推结果定价高于企业产品的国内售价,则出口对企业是有利的;而如果倒推结果定价低于企业产品的国内售价,企业便要综合考虑各种因素,决定是否出口。

(三)需求差别定价法

需求差别定价法,是指企业对同一产品或者服务,根据不同的市场、顾客、时间、地点等因素,制定不同的价格,采取某种或者某几种差别定价形式来实施差别价格策略。这种定价方法是差异性市场营销战略在价格制定中的表现,是一种较为灵活的定价方法,采用这种方法制定价格通常与成本关系不大,着重与顾客的需求相联系。一般来说,需求差别定价法以市场以下五个方面的差异为依据来定价。

1. 顾客差别定价

即企业把同一种商品或者服务按照不同的价格卖给不同的顾客。国外消费者与国内消费者的购买能力、购买目的和购买用途有着明显的不同,可以制定不同的价格。如电力公司将用电分为居民生活用电、商业用电和工业用电,并对不同的用电收取不同的电费。

同样的眼镜不同的定价

冯女士是某眼镜店的店长,有一次她给我讲她卖出两副眼镜。她说:"同样的眼镜,前后两个人分别以不同的价位买走了,并且都很满意"。我问她怎么回事,她解释说:"其中一个人,从其衣着言语间便能猜出是富家子弟,于是便以 450 元卖给他。而后来的另一个人,给人感觉经济条件一般,所以只收了他 150 元"。冯女士接着说:"收入稍高的人原就戴着不错的眼镜,他买的是面子。若让别人知道他戴的眼镜便宜,他反而会不高兴。而收入稍低的人买的就是个实惠,只有较便宜的价格他才可能接受,也才会满意"。像这样冯女士既为店里赚了钱,同时顾客也都买到了各自想要的商品。

2. 产品差异定价

企业按照产品的不同型号、不同款式、不同档次制定不同的价格,但不同型号或者式样的产品其价格之间的差额和成本之间的差额是不成比例的。如民航的头等舱的价格比经济舱的价格高出一大截,可其成本差额远没有这么大。

3. 地点差异定价

同一产品因需求的空间位置不同而对产品和服务制定不同的价格,即使每个地点的产品或者服务的成本是相同的。如体育场、影剧院等不同座位的成本费用都一样,但其票价却可能有很大的差别。又如,我国的传统出口产品茶叶、生丝等产品在国际市场上十分抢手,因此我们对这些产品的国际定价便可以明显高于国内价格。

4. 形象差别定价

有些企业根据为产品设计的不同形象,对同一产品制定不同的价格。企业可以对同一产品采取不同的包装或者商标,塑造不同的形象,以使产品很好地适应相应的顾客群。如可以将白酒装入塑料桶中,赋予其某一品牌和形象,或类同于散酒销售,可能售价只需 10 元;而若用精致的瓶子盒装等量的白酒,并赋予其不同的名称、品牌和形象,完全可能卖到 100 元以上。

5. 时间差异定价

由于季节、时间等的不同,消费者可能对同一产品的需求程度有较大差异,企业采用不同的定价。如航空公司或者旅游公司的服务产品都有淡、旺季的价格差别,在淡季的价格便宜,而旺季一到价格立即上涨,甚至可能就是几天的事。而对于如空调、水果、蔬菜等明显带有季节性的产品,不同季节的价格差距就更加突出。

实行需求差异定价法必须具备以下条件:一是市场能够细分,且各细分市场有不同的需求弹性;二是各个市场之间是相互分离的,不同价格的执行不会导致本企业以外的企业在不同的市场间进行套利;三是顾客在主观上或者心理上确实认为产品存在差异,不致引起顾客的反感;四是无论采用哪种差别定价,企业都可以有效应对竞争者的竞争,而不致仅为了差别定价而导致企业的市场损失。

三、竞争导向定价法

竞争导向定价法,即以同类产品或者服务的市场竞争状态为依据,根据竞争状况确定是否参与竞争的定价方法。企业往往通过研究竞争对手的生产条件、服务状况、价格水平等因素,依据自身的竞争实力,参考成本和供求状况来确定商品价格。竞争导向定价法主要包括随行就市定价法、竞争价格定价法和密封投标定价法。

(一)随行就市定价法

随行就市定价法又称通行价格定价法,是指企业根据行业的平均价格水平或者竞争对手的价格制定本企业价格的方法。

在垄断竞争和完全竞争的市场结构条件下,任何一家企业都无法凭借自己的实力而在市场上取得绝对的优势。每个企业都经营着类似的产品,价格高于别人,就可能失去大量的销售额,从而造成总利润的降低;而企业要制定较低价格,又可能迫使竞争者随之降低价格,从而失去价格优势。因此,在现实的市场营销活动中,为了避免竞争特别是价格竞争带来的损失,大多数企业都采用随行就市定价法,即倾向于与竞争者价格保持一致,利用这样的价格来获得平均报酬。特别是在少数实力雄厚的大企业控制市场的情况下,对于绝大多数中小企业而言,由于其市场竞争能力有限,更不愿与生产经营同类产品的大企业发生碰撞,也只好根据大企业的定价来确定自己产品的价格。

总的来看,企业采用随行就市定价法使本企业商品的价格与竞争者商品的平均价格保持一致,可为企业带来以下好处:一是平均价格水平在人们观念中常被认为是"合理价格",易为消费者接受;二是可以在一定程度上与竞争者和平相处,避免激烈竞争产生的风险;三是基本能为企业带来合理、适度的盈利。这种定价适用于均质的日常用品和低价值商品的价格确定。对寡头或者垄断竞争条件下的一般企业进行定价也适合。因此,随行就市定价法是竞争导向定价方法中较为常用的一种。

(二)竞争价格定价法

与随行就市定价法相反,竞争价格定价法不是追随竞争者的价格,而是根据本企业产品的实际情况以及与竞争对手的产品差异状况来确定价格。该定价法一般为实力雄厚或者独具产品特色的企业采用。当企业进入国际市场时,首先要将市场上竞争产品的价格、质量、性能等与本企业的产品进行比较。接下来要确定本企业产品的特色、优势和市场定位,在此基础上,按照定价所要达到的目标,确定商品价格。同时,企业还应当跟踪竞争产品的价格变化,及时分析原因,相应调整本企业价格。

企业采用竞争价格定价法定价,一般有两种具体安排:一是低于竞争者产品价格定价,多数是实力较强的大企业为了在短期内渗入甚至夺取其他企业的市场,扩大自己的市场占有率而采取的倾销手段,以此战胜对手后,再提高价格来弥补自己的损失;二是高于竞争者产品价格定价,当企业能够制造特种产品或者高质量产品时,可凭借其产品本身的特点,以及提供高质量的服务,与同行展开竞争。售价较高的产品,一般是受专利保护的或者是已在市场上树立起良好形象的企业的产品。

(三)密封投标定价法

密封投标定价法一般用于政府大宗采购,成套设备和建筑工程项目的买卖、承包等。一般由招标方(买方)公开招标,投标方(卖方)竞争投标,密封递价,买方从中选优。密封投标定价法的基本特点是,招标方只有一个,处于相对垄断地位,而投标方有多个,处于相互竞争地位。在国际市场营销活动中,密封投标竞争是一种营销竞争常用的方式,投标竞争的过程往往就是产品、服务的综合实力,特别是价格竞争的过程,竞争的结果产生实际成交的价格。

一般情况下,企业能否中标在很大程度上取决于该企业与竞争者在质量、服务和价格等方面的综合较量。如果投标人供应的产品或者服务、质量是一样的,招标人多会选择其中价格最低的。而如果投标人供应的产品或者服务、质量是不一样的,那么招标人就要在质量与价格之间进行权衡。在仅考虑报价水平因素时,报价高,利润大,但中标机会小;反之,报价低,中标机会就大,但利润低,其机会成本可能大于其他的投资方向。因此该定价法有一个最优价格的确定问题。

企业采用密封投标定价法,最大的困难在于估计中标概率。企业应当尽可能了解竞争对手的产品、服务以及可能报价的水平,并根据竞争者可能的报价制定出既能中标又有利可图的最佳报价方案。

第三节 国际市场营销定价策略

在国际市场营销活动中,消费者能否接受企业产品或者服务的价格,受心理、社会和文化等多种因素的影响。企业要按照不同的定价目标、市场环境和产品状况,采用不同的定价方法,同时运用灵活的定价技巧,制定出科学、合理的价格。在国际市场营销价格的制定过程中,常用的定价策略有新产品价格策略、心理定价策略、折扣与折让定价策略、地区定价策略和产品组合定价策略等。特别要注意的还有国际市场价格调整策略和国际市场定价中的几个特殊问题。

一、新产品定价策略

当企业初入一国市场时,由于对目标市场了解得可能不够全面,同时又没有同类产品的比较,因此要制定出合理的价格往往有一定的难度。为了使新产品有效地占领市场,企业一般可以采用以下两种定价策略。

（一）撇脂定价策略

撇脂定价又称取脂定价，是企业在新产品上市初始所采用的一种高价格策略，以便在较短时间内获得最大利润，尽快收回成本，而后再逐渐降低价格的策略。采用撇脂定价策略，往往能以较高价格提高产品身价，适应顾客求新、求异心理，有助于开拓市场。同时，当产品进入成熟期后，特别是遇到激烈竞争时，价格可以较容易地分阶段逐步下降，有利于吸引新顾客以巩固市场。但是由于采用此法定价大大高于产品价值，新产品又尚未在消费者心目中建立声誉，不利于打开市场，有时甚至无人问津。同时，如果高价投放形成旺销，很容易造成众多竞争者涌入，使实际销量远远低于理论预期。因此，该策略较适用于具有独特的专利技术的产品，同时市场上还应当有相应的有较高收入水平和消费水平的顾客群体。

案例7-4

"柯达"如何走进日本

柯达公司生产的彩色胶片在20世纪70年代初突然宣布降价，立刻吸引了众多的消费者，挤垮了其他国家的同行企业，柯达公司甚至垄断了彩色胶片市场的90%。到了80年代中期，日本胶片市场被"富士"所垄断，"富士"胶片压倒了"柯达"胶片。对此，柯达公司进行了细心的研究，发现日本人对商品普遍存在重质而不重价的倾向，于是制定高价政策打响牌子，保护名誉，进而实施与"富士"竞争的策略。他们在日本发展了贸易合资企业，专门以高出"富士"1/2的价格推销"柯达"胶片。经过5年的努力和竞争，"柯达"终于被日本人接受，走进了日本市场，并成为与"富士"平起平坐的企业，销售额也直线上升。

（二）渗透定价策略

渗透定价策略是企业将其新产品的价格定得相对较低，以尽可能快地打开销路，并获得较大的市场占有率，待产品在市场上站稳脚跟以后，再将产品价格提高的一种定价策略。

这种低价策略，一方面能迅速打开产品销路，快速占领市场，从多销中增加总利润；另一方面能阻止竞争对手介入，有利于控制市场。但是采用这种策略，项目的投资回收期较长，如果产品不能迅速打开市场或者遇到强有力的竞争对手时会给企业造成重大损失。因此，这种定价策略一般适用于能尽快实现大批量生产、没有突出特点、技术简单的新产品。

从国际市场实践看，企业采取渗透定价需要具备的条件包括：(1) 市场需求弹性大，顾客对价格比较敏感；(2) 生产该产品的规模经济效应明显，企业的生产成本和经营费用会随着销售量的增加而下降；(3) 低价不致引起竞争者的报复和倾销的指控。

二、心理定价策略

心理定价策略，是指企业运用消费心理学的原理，利用顾客的心理因素所产生的影响，根据不同消费者在购买产品或服务时的不同心理来制定产品或服务的价格，以引导和刺激消费。在国际市场营销实践中，心理定价策略主要有尾数定价、声望定价和招徕定价等几种形式。

(一) 尾数定价策略

尾数定价策略又称奇数定价,即根据消费者求实、求廉的心理实行尾数价格,使买方产生价格低廉的感觉,还能使买方认为价格是经过精确计算的,从而使买者对定价产生信任感。如顾客可能以为单价9.96美元比10美元价格要精确,而且较便宜。

(二) 声望定价策略

声望定价是企业针对消费者看重名牌或者注重品味的消费心理,对在消费者心目中有信誉或者形象好的产品制定较高价格。价格档次常被消费者当做商品质量最直观的反映,特别是消费者识别名优产品时,这种心理意识尤为强烈。高价显示了商品的优质,同时,这样的商品还能显示购买者的身份和地位,给消费者以极大的精神满足。如宝马汽车、班尼路服装、卡西欧手表等都可以采用这一定价策略。但采用这一策略,要求企业能提供优质的产品、良好的信誉和完善的服务。同时,企业的目标顾客群应当仅为高端人群,避免出现因价格过高而吓跑消费者的情况。

(三) 招徕定价策略

招徕定价一般是指零售商利用消费者求廉的心理,有意把几种商品的价格定得较低,以此吸引顾客上门,借机扩大连带销售,打开销路。如某些商家每天都随机推出几种特价商品,虽然在特价商品上少赚钱或者不赚钱,甚至亏本销售,但从企业总的效益来看是有利的。适用招徕定价的商品必须是消费者生活必需的、购买频率较高的商品,同时,要注意合理安排招徕定价的商品种类、数量以及降价幅度等。

案例 7-5

超市水果蔬菜特价多

某超市为了降低报损率,在晚上闭店前的两三个小时对当天卖剩的部分商品进行特价处理。据超市生鲜区一工作人员介绍,像生菜、芹菜、木耳菜等蔬菜存放到第二天就蔫了,若不处理掉,就被迫提前下架或者销毁处理,因此超市傍晚进行特价处理,有时是半价,甚至更低。与其等第二天变质扔掉,不如当天让顾客得到实惠,还为超市聚拢更多的人气。同时,为吸引中老年人的眼球,超市也会在早上八九点推出一些限时特价商品。超市特价促销时段,生鲜区的客流就会明显增加。这样不仅能促进水果蔬菜的销售,其他商品的销量也明显有所增加。

三、折扣与折让定价策略

折扣与折让是企业为了更好地吸引顾客,鼓励顾客购买或者扩大购买自己的产品,以及尽早付款,而给予顾客一定比例的价格减让。这种定价策略主要包括现金折扣、数量折扣、功能折扣、季节折扣和折让等五种具体形式。

（一）现金折扣

现金折扣是企业对现款交易或者按期付款的顾客给予一定的价格折扣。赊欠时间越长,卖方的相关成本、费用以及风险等均会随之增加。因此,多数企业为了鼓励买方尽早付款,以尽快收回货款,加速资金周转而给予卖方一定的折扣。如一般西方国家在付款条件上都会注明"2/10,3/20,Net/30"这样的条款,意思是买方10天内付款可得2%的价格折扣,20天内付款可得3%的价格折扣,30天内必须付清货款,否则就是违约。

（二）数量折扣

数量折扣,是指企业为了鼓励顾客大量购买或者集中购买自己的产品,根据购买者购买数量的不同给予一定的折扣。顾客购买数量越多,获得的折扣越大。企业可以通过这种方式鼓励顾客大量购买,获得规模效益。数量折扣有累计数量折扣和非累计数量折扣两种具体形式。

1. 累计数量折扣

累计数量折扣即在一定时期内,顾客购买总数超过一定数额时,按照总量给予一定的折扣。如顾客在一年中累计进货超过1 000件,可得5%的折扣,而若累计进货超过2 000件,则可得10%的折扣。采用这种策略利于鼓励顾客多次购买、长期购买,从而使其成为企业的长期客户。

2. 非累计数量折扣

非累计数量折扣即规定顾客一次购买达到一定数量才能得到的价格折扣。如针对一次购买,交易1 000件以上可得5%的折扣,一次购买2 000件以上可得10%的折扣。采用这种定价策略可以刺激顾客的单次大量购买,增加盈利,同时减少交易次数与时间,节省相关费用和成本。

（三）功能折扣

功能折扣也叫业务折扣,是指企业根据中间商在市场营销中为本企业产品的销售所付出的不同努力,给予不同的价格折扣。中间商在销售本企业产品的过程中,不仅需要雇用工作人员,设置营业场所,购买必要设备,同时还要承担相应的经营风险。特别是中间商可能要专门为本企业的产品安排促销活动,此时,企业以功能折扣的方式给中间商的相关成本和费用以补偿。这种定价策略有利于提高中间商销售本企业产品的积极性,对与中间商的长期合作有较大好处。

（四）季节折扣

出于成本和安排生产的考虑,企业的商品生产一般是连续性的,但很多商品的消费却具有明显的季节性。企业为了调节这种季节性的供需矛盾便会采用季节折扣的方式,对于淡季商品的销售给予一定的优惠。如啤酒生产厂家对在冬季进货的中间商可给以大幅让利,羽绒服生产企业则要为夏季购买其产品的客户提供折扣。季节折扣比例的确定应当考虑成本、储存费用和资金利息等因素。季节折扣有利于企业安排连续生产、减少库存、迅速收回资金以充分发挥生产潜力和销售潜力,有利于避免因季节需求变化所带来的市场风险。

（五）折让

折让是折扣的另一种形式,有利于商家积极促销企业的产品,也有利于促进消费者积极购买企业的产品。折让主要有两种形式:第一,以旧换新折让,如一台电视机标价为2 000

元,顾客以旧电视机折价500元购买,只需付1 500元就可以;第二,促销折让,如果中间商同意参与企业的促销活动,则企业会对卖给中间商的产品予以一定的折扣。

 案例 7-6

沃尔玛的"折价销售"

沃尔玛能够迅速发展,除了正确的战略定位以外,也得益于其首创的"折价销售"策略。每家沃尔玛商店都贴有"天天廉价"的大标语。同一种商品在沃尔玛比其他商店要便宜。沃尔玛提倡的是低成本、低费用结构、低价格的经营思想,主张把更多的利益让给消费者,"为顾客节省每一美元"是他们的目标。沃尔玛的利润通常在30%左右,而其他零售商如凯马特的利润率都在45%左右。公司每星期六早上举行经理人员会议,如果有分店报告某商品的价格在其他商店比沃尔玛低,可立即决定降价。低廉的价格、可靠的质量是沃尔玛的一大竞争优势,吸引了一批又一批的顾客。

四、地区定价策略

企业要将产品销往全国各地,特别是在国际市场营销活动中,产品还要通过各种方式运往世界各地,在产品运输过程中,必然要产生各种运输成本和费用。所谓地区定价策略,就是企业对于销往不同地区、国家的产品,是分别制定不同的价格,还是制定统一的价格,作出合理安排。地区性定价的形式有FOB原产地定价、统一交货定价、分区定价、基点定价和运费免收定价。

(一)FOB原产地定价策略

所谓FOB原产地定价,就是顾客按照出厂价购买某种产品,企业只负责将这种产品运到原产地的某种运输工具上(如汽车、火车、船舶、飞机等)。交货后,从产地到目的地的一切风险和费用均由顾客承担。这样,每一个顾客都要各自负担产品从产地到目的地的运费,这是很合理的。同时,这种定价方式简化了企业的定价工作,也节省了相关的成本和费用。但是,这样定价对企业也有不利之处,由于运费等不用企业考虑,所以企业也很难控制产品的最终售价,离原产地较远的顾客也可能不愿意购买这个企业的产品,而购买其附近企业的产品。因此,这种定价策略适用于供不应求、贸易风险大的产品。

(二)统一交货定价策略

这种定价形式和FOB原产地定价正好相反。所谓统一交货定价,就是企业对于卖给不同地区顾客的某种产品都按照相同的出厂价加相同的平均运费定价。也就是说,对不同地区的顾客,不论远近,都实行同一价格。这种定价方法同样是计算简便,且离企业距离远的国家和地区的顾客较愿意购买本企业的产品。但是,由于企业在统一定价中加上了平均运费,实际上是近处的顾客在一定程度上分担了远处顾客的应当承担的运费,近距离的顾客会觉得不合算。因此,统一交货定价策略较适合运费占产品总价比重较小的产品。

(三) 分区定价策略

所谓分区定价，就是企业把不同国家和地区分为若干价格区，对于卖给不同价格区的顾客的相应产品，分别制定不同的地区价格。距离企业所在地或者所在国近的价格区，价格定得较低；距离企业所在地或者所在国较远的价格区，价格定得较高。在不同的价格区范围内实行统一价格，而不同的价格区间则进行差别定价。企业实行分区定价还存在以下问题：一是在同一价格区内，还是有的顾客距离企业所在地较近，有的顾客距离企业所在地较远，前者就不合算；二是处在两个相邻价格区界两边的顾客，他们与企业所在地间的距离差不多，却要按照高低不同的价格购买同一种产品。

(四) 基点定价策略

基点定价，是指企业选定某些地区或者某些城市作为定价基点，然后按一定的厂价加上从基点到顾客所在地的运费来定价。基点定价又分为单基点定价和多基点定价。单基点定价，是指企业在目标市场区域的中心设定基点，所有的顾客都要按这一基点支付产品价格。多基点定价，是指企业在目标市场区域设定多个基点，不同顾客可以灵活选择计价基点。在基点定价情况下，顾客可以选择最近的基点，以减少运费支出，降低价格。这种定价策略适合产品体积笨重、运费成本比率高、产品市场范围大的产品。汽车、钢铁和水泥等行业多适用基点定价。

(五) 运费免收定价策略

运费免收定价，是指企业因急于开拓或者扩大市场，而负担全部或者部分实际运费的定价方式。采用这一定价策略，自然可以增加销售，扩大市场占有率，其平均成本就会降低，而足以抵偿这些费用开支。这是一种加快市场渗透的定价策略，多被急于扩大市场和增加销量的企业采用，适用于那些固定成本较高而变动成本较低的产品。

五、产品组合定价策略

产品组合，是指一个企业所生产或者经营的全部产品线和产品项目的组合。由于各种产品之间存在需求上和成本上的联系，有时还存在替代、竞争关系，所以，对于生产经营多种产品的企业来说，定价不能仅考虑单个产品，而且必须着眼于整个产品组合的利润最大化。常用的产品组合策略有产品线定价、互补品定价、替代品定价和分部定价。

(一) 产品线定价

通常企业不是生产单一产品，而是生产产品线内的多种产品。当企业生产的系列产品存在需求和成本的内在关联性时，为了充分发挥这种内在关联性的积极效应，需要采用产品线定价策略。如某服装企业将其生产的男士西装分为三档，其价格分别定为260元、450元和760元。首先，企业要确定某种产品的最低成本，然后再根据款式、型号和质量等的不同分别制定不同档次产品的价格。具体定价时，企业还应当考虑产品线内各产品之间的需求和成本上的内在关联性，以及竞争对手的同类产品的价格。

(二) 互补品定价

互补品，是指两种或者两种以上功能互相依赖、需要配合使用的商品。互补品定价就是将相互依赖的产品进行综合定价。互补品定价的具体做法是把价值高而购买频率低的主件价格定得低些,而对与其互补使用的价值低且购买频率高的易耗品的价格适当定高些,以使企业在互补产品总体上获得利润最大化。如将照相机的价格定得适当低一点,胶卷的价格提高些;打印机的价格定得低一些,而将墨盒的价格适当提高。

(三) 替代品定价

替代品,是指基本用途相同的产品。替代品定价策略,是指企业在营销中有意识地安排本企业有替代关系的产品间的价格比例,以有效实现企业的营销目标。具有替代关系的产品,降低一种产品的价格,既可以使该产品的销售量增加,又可以使替代品的销售量降低。如一个企业生产不同型号的汽车、不同型号的冰箱或者不同型号的电视机就属这种情况。企业可以合理利用产品的替代效应来调整产品结构。如企业可以提高那些准备淘汰的产品的价格,以把需求转移到替代品上去,或者用相对价格诱导需求。同时,企业也可以利用替代效应,通过提高某一型号产品的价格,以突出它的优质、高档和声望。总之,是要通过替代产品价格的合理搭配来实现企业的利润最大化。

(四) 分部定价

有些服务性企业经常是先收取一定的固定费用,然后再加上可变的使用费,这种定价策略即所谓的分部定价策略。如电话用户每月都要支付相应的固定使用费用,同时,还要按实际使用的次数和具体时间再交费。又如,一些游乐园和旅游景区一般都是先有一个总的门票,而后再按实际参与的游乐活动或者具体项目再支付费用。服务性企业面临着与互补产品定价同样的问题,即如何安排固定费用和可变费用,以有效地推动顾客购买服务,扩大企业的总收入。

六、价格调整策略

在国际市场营销的过程中,企业即使在进入国际市场时科学制定了价格,还是要根据市场竞争环境的变化经常对价格进行调整,以适应国际市场竞争的需要,提高企业的国际市场竞争力。企业的价格调整有两种情况:一是由于市场供求发生了变化,企业主动调整价格以与其适应;二是竞争者的价格策略有所调整,企业随之作出相应的反应。

(一) 主动调价策略

企业国际市场价格竞争的内容很多,除制定正确的定价方法和价格策略外,还有一个重要工作就是进行价格的调整。在实际的国际市场营销活动中,在环境的不断变化中,企业要随时根据环境条件的变化对既定价格进行调整。企业对原定价格进行调整可分为两种方式:一是提高价格;二是降低价格。

1. 提价策略

在国际市场上,企业提高现有价格往往是为了应对以下一种或者几种情形出现:一是生产经营成本上升,企业产品出口过程中的关税和相关费用等增加,为了保证创汇水平和利润水平,企业将会提价;二是预计目标市场国将发生进一步通货膨胀或者两国间货币汇率将明显变化,企业需要调整价格;三是产品在市场上供不应求,可以通过提价来减轻企业的供给压力,这样既可以为企业获得较高的利润,又可以为企业以后的发展创造一定的条件。

企业在国际市场上进行价格调整,首先要善于把握提价的时机。一般情况下,提价总要引起国内外中间商、国外分销商甚至是销售人员的不满。同时,竞争者也会有所反应。因此,企业在提价的同时应当尽量同时提高产品质量,并辅之以恰当的促销手段,这样才能取得提价的成功。

2. 降价策略

企业主动降低价格会影响整个市场的原有结构,甚至可能引起价格战。因此,企业在调低价格时要特别注意合理安排降价幅度和竞争对手可能作出的反应,避免可能出现的两败俱伤的结果。但在有些情况下,企业将不得不主动采取降价策略:一是调低价格以扩大市场占有率,在其他情况不变的前提下,企业调低价格可以有效地刺激需求,进而扩大销量;二是根据产品寿命周期阶段的变化进行价格调整,特别是采用撇脂策略进入市场时,企业可以通过下调价格吸引更多的消费者,为企业获取更多的市场份额奠定基础;三是生产经营成本下降,在企业全面提高经营管理水平的情况下,企业的生产成本和费用有所下降,企业就具备了降价的条件。

(二)被动调价策略

在国际市场营销活动中,当竞争者作出价格价格调整时,企业便应当作出反应,以有效应对竞争者调价给本企业产品销售带来的冲击。当竞争者提价时,企业既可以随之提价以扩大利润,也可以维持原价,抓住时机扩大市场占有率。而如果竞争对手降价,则企业可以采取以下应变措施:一是维持原价,以避免各企业争相降价,给企业造成较大的利润损失;二是降价,当产品的需求弹性很大时,企业可随竞争者降价而降价,以求夺回甚至扩大销售量;三是提高感受价值,通过改进质量和加强公关等手段,提高用户对产品的感受价值;四是同时提高产品质量和价格,通过推出优质高价产品,同时加强广告宣传,从两个方面来夹击竞争者。

第四节　国际市场营销定价应当注意的问题

在国际市场营销活动中,企业除了要采用以上营销定价策略外,在价格策略制定方面,还应特别注意以下四个问题。

一、价格升级

价格升级通常是因为产品从一个国家出口到另一个国家的过程中附加了许多成本,导致出口国与进口国之间价格不成比例的差异。产品进入国际市场的过程中额外增加的各种成本、税收、通货膨胀、汇率波动等因素都可以导致价格升级,这是跨国公司营销商面临的主要定价障碍。

(一)导致价格升级的因素

1. 出口成本

相对于国内市场的产品的成本,国际市场的产品由于装运费、保险费、包装费、较长的分销渠道、较高的中间商毛利等都会作为出口成本导致最终价格的上涨。这些成本中的绝大部分是由进出口引起的，它们的共同作用是把最终价格提升到比国内市场高得多的水平上。

2. 税收、关税和行政管理费

关税是一种特殊形式的税收，和其他形式的税收一样，征收关税的目的是保护市场或者增加政府的收入。关税是当货物从一个国家进入另一个国家时所缴纳的费用。关税水平一般是用关税率来表示的，也可以采用从量、从价或者复合方式征收。从量税是按进口商品的实物数量征收的，如一蒲式耳黑麦 15 美分。从价税则按进口商品价值的一定百分比计征，如进口手表的关税是其价值的 20%。复合税既包括从量税也包括从价税，如照相机按每架 1 美元再加上其价值的 10% 来征收关税。关税和其他形式的进口税都是为了限制外国商品。由于东道国对进口商品征收关税，必然导致价格的升级。

除了关税，许多国家征收适用于各类商品的进货税或者行为税，针对商品分销渠道的增值税或者流转税以及零售营业税。虽然这些税费一般来说并不仅仅针对外国商品，但毕竟提高了商品的最终价格。在国外竞争中，税是一种必须考虑的主要因素。

除了税收和关税，大量行政管理费与货物的进出口直接有关。申请进出口许可证及其他单证和把货物从进口港运到买主手里都意味着额外的费用。虽然这些费用相对较小，但都加到了出口的总成本中。

3. 通货膨胀与通货紧缩

在通货膨胀率高或者汇率波动大的国家，当签订长期合同或者当付款有可能推迟好几个月时，就必须把通货膨胀因素考虑到价格之中。如果产品以寄售方式卖给零售商，即产品售出后再付钱，当面对非常高的通货膨胀率时，即使是延期一周付款也会大大降低利润。

由于一国的通货膨胀和价格管制对企业来说是不可控因素，因此出口商会运用各种技巧提高销售价格以抵消通货膨胀和价格管制的压力。如对额外的服务索取报酬，提高内部转移价格，把产品分解成多个部件，每个部件独立定价。要注意的是，通货膨胀引起产品价格的上涨，从而使消费者面对更高的价位，这样一部分消费者就会被挤出市场。

不过通货紧缩对消费者有积极影响，因为价格变低了。无论是通货紧缩还是通货膨胀，都会增加供应链的每个环节降低成本的压力。日本已在通货紧缩的漩涡中挣扎了好多年了。在一个因甜瓜曾被卖 10 美元、牛排被卖 100 美元而著名的国家里，麦当劳销售汉堡包的价格从原来的 1.09 美元降到现在的 52 美分，原来要卖 25 美元的羊毛夹克，现在只卖 8 美元。价格已降到消费者只有在国外旅行时候才可以看到的价位。在日本，以前产品的高价让销售渠道的每个环节都可以获得高额的利润。随着近几年价格不断下跌，那些没有能力调整成本来适应通货紧缩的企业纷纷破产。全新的零销种类——100 日元折扣店、销售低价从中国进口的服饰商店、仓储式商店成为了主流。

在通货紧缩的市场中，保持低价和增加顾客对品牌的忠诚度是非常重要的。无论是通货膨胀还是通货紧缩，出口商都必须重点控制价格升级。

4. 汇率波动与币值变动

过去一段时期，国际贸易合同很容易拟订，因为可以采用一种相对稳定的货币进行支付。美元曾作为一种标准货币，各种交易都可以按美元计价。现在，所有主要货币相互间都是自由浮动的，没有人能准确预测某种货币将来的确切价值。企业在拟订贸易合同时越来越强调以卖方国家的货币计价，进行套期保值变得更为普遍。如果是在长期合同中，则必须考虑汇率逐日浮动所增加的成本,特别是在从签约到发货的间隔期间内更需如此。

除了汇率波动,一国货币相对于另一国货币的币值变动也会引起风险。以 2001 年中期到 2003 年中期德国商人购买美国产品为例。在这一时期,相对于德国马克,美元经历了 2001 年中期的坚挺(1 美元兑换 1.8315 马克)到 2003 年中期的相对疲软(1 美元只能兑换 0.8499 马克)的过程。美元坚挺使价格上扬,因为需要更多的本国货币才能卖到 1 美元。反之,当美元疲软时,由于可以用较少的本国货币就可卖到 1 美元,所以对美国产品的需求增加。2003 年中期,美元要比世界上大多数坚挺的货币疲软,使得出口大幅度上升。后来,美元开始走强,美国的出口有所下降。当美元比买主的货币疲软时(就是说 1 美元可以兑现较少的国外货币),美国企业通常采用成本加成定价法。当美元坚挺时(1 美元可以兑现较多的国外货币),为了保持价格优势,企业必须设法抵消由于币值引起的价格上扬。

许多全球公司认为货币汇率的摇摆不定是产品定价面临的主要问题。美元相对疲软带来的好处是短暂的,所以企业应当提前做好多方面的准备。对于一个旨在国外市场寻求持续经营,同时又想保持价格优势的企业来说,价格策略需要反映币值的变动。

5. 中间商和运输成本

国与国之间分销渠道的长短和营销方式的差异很大,但与美国相比,大多数国家的分销渠道要更长一些,中间商的毛利也更多一些。由于进入市场可以采用多种多样的分销渠道,而且缺乏统一的中间商加成标准,所以许多的制造商无法知道产品在市场上的最终售价。

除了销售渠道多样以外,由于许多国家的营销渠道和分销渠道的基础设施比较薄弱,故而也给海外经营的企业带来了各种各样难以预料的成本问题。此外,仓储和小批发货也会给经营者造成额外的开支。如果跟资金不足的中间商打交道,经营者还必须承担因此而增加的财务费用。因为对于中间商成本缺乏现成的数据来源,国际市场营销人员必须依靠经验和市场调研来了解中间商的费用。

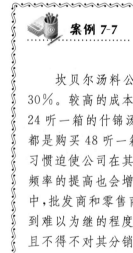

案例 7-7

坎贝尔汤料公司的问题

坎贝尔汤料公司发现其在英国的中间商费用和实际分销成本要比美国高出 30%。较高的成本是由于汤料的小份额销售引起的——英国的食品杂货商大多只买 24 听一箱的什锦汤料(每箱都要经手工包装才能装运)。而在美国,食品杂货商一般都是购买 48 听一箱的单一汤料,而且成十成百箱,甚至整车整车地买。欧洲的购买习惯迫使公司在其分销渠道中增加了额外的批发工作量以方便小批量的订货。进货频率的提高也会增加处理订单和记账开票的业务费用。在坎贝尔汤料公司这个例子中,批发商和零售商的进货次数通常是美国的 2～3 倍。上门推销的成本实际上已高到难以为继的程度。这些费用加上其他种种分销成本不仅迫使公司调整其价格,而且不得不对其分销系统进行彻底的改组。

出口还使运输成本增加。如果是海运,还要有保险、包装和装卸等额外费用,而当地产品一般不存在这些费用。不仅如此,由于许多国家的关税是按包括运输、保险和装船费用在内的到岸价计征的,上述费用还带来了进一步的负担。所有这些费用都抬高了最终价格。

(二) 降低价格升级的途径

有四个途径可以压缩成本,进而降低价格升级,它们分别是降低制造成本、降低关税、降低分销成本和利用自由贸易区。

1. 降低制造成本

国际市场营销人员可以主动地通过降低制造成本降低价格升级。

一个非常有用的降低制造成本的途径是在第三国组织生产。如墨西哥一个熟练工人的每小时工资不足 2 美元,而在美国则超过 10 美元,可见,在第三国生产效果将很明显。在比较美韩微波炉制造成本时,通用公司发现它们之间有很大的差异。一台普通的微波炉,通用公司的制造成本是 218 美元,而三星公司是 155 美元。成本分解后显示,每台微波炉的装配劳务费用,通用公司是 8 美元,三星公司只有 63 美分;间接劳务费用,通用公司每台 30 美元,三星公司只有 73 美分,差异最大的是直营和总部管理费,通用公司是每台 20 美元,三星公司只有 2 美分。也许最令人不安的发现是,韩国工人以较低的成本生产了更多的产品,通用公司每人生产 4 个单位的话,三星公司每人生产 9 个单位。

另一个降低产品价格升级的途径是取消产品的某些成本昂贵的功能特性,甚至包括降低产品的总体质量。那些发达地区市场所要求的产品质量和附加特性不一定是发展中地区的顾客所要求的。如宝洁公司与金百利在巴西婴儿尿布市场的价格战中,为了降低价格而降低了质量。而超市中购物的老太太最终也的确是选择了价格最低、质量也最差的婴儿尿布。同样,为美国市场生产的洗衣机的功能,如自动漂白、肥皂水容器、提供 4 种不同温度的温度调节器、改变水量的控制器、定时鸣叫等,对许多的国外市场来说可能是不必要的。取消这些功能可以降低制造成本,进而降低价格升级。

降低制造成本常常带来双重好处,对买主来说价格低,关税也低,因为多数关税是从价计征的。

2. 降低关税

关税在价格升级中常常起着很大的作用,因而企业纷纷寻求降低关税的途径。

首先可以通过将产品重新归类,列入关税较低的类别。如美国一家企业的数据通信设备想进入澳大利亚要征 25% 的关税,加上关税后就会影响其产品在价格上的竞争力。这家美国企业说服澳大利亚政府把产品类别从计算机设备(25% 的关税)改为通信设备(3% 的关税)。与许多其他产品一样,这家企业的产品可以合法地归入两种类别中的任何一种。俄罗斯海关坚持把强生公司的二合一浴液归入化妆品,而不是把它看做是香皂的替代品,前者的关税是 20%,后者是 15%。鉴于产品归类因国而异,仔细了解规则和分类标准就有可能降低关税。

其次,除了把产品归入关税低的类别外,也可以通过简单修改产品从而适应税率较低的关税类别。在制鞋业,鞋后加帮的运动鞋和不加帮的运动鞋的关税差异很大。各国为了保护本国的制鞋业,使其免受远东廉价的胶底帆布鞋的冲击,税则规定,任何鞋后加帮(从鞋底一直到鞋面上,鞋面上的部分超过 0.635 厘米)的帆布鞋和维尼龙鞋以较高关税计征。结果,制造商在设计时,鞋底与鞋面重叠部分不超过 0.635 厘米,如果重叠部分超过 0.635 厘米,就视为鞋后加帮。鞋后加帮的鞋子的关税率是 48%,而不加帮的鞋子关税率仅为 6%。

另外一个降低关税的途径是利用自由贸易区或者将成品转换为需要在当地装配或者加工的散件、半成品,因为需要附加地产零部件或者能增加产品价值的其他活动的进口货物的关税,与成品的关税通常是不同的。如一台装配好的机器的关税是20%,而进口散件的关税只有12%,如果在进口国装配且附加了当地的某种东西,则关税可能更低。

最后,重新包装也有助于降低关税。如进入美国的龙舌兰酒,如果是≤4.54升的小包装,则关税为每4.54升2.27美元,超过4.54升的包装,关税仅为每4.54升1.25美元;如果重新装瓶的成本低于每4.54升1.02美元,那么就可以节省数目可观的支出。

3. 降低分销成本

缩短分销渠道有助于价格控制。由于减少了中间商的成本加成,从而降低了分销成本。除了可以减少加成外,较少的中间商意味着更少的税费。一些国家征收增值税,货物每转手一次就征一次税。增值税可以是累积的,也可以是非累积的。累积增值税按总销售价格计征,货物每转一次手都要征收一次,显然,在征收累积增值税的国家,仅仅为了少纳税,人们也乐于缩短分销渠道。

4. 借助自由贸易区降低价格升级

随着自由贸易政策在非洲、拉美、东欧和其他发展中地区的推行,自由贸易区也迅速增加。货物进入自由港或者自由贸易区不用交关税,只有当离开自由贸易区进入国家时才交关税。自由贸易区实际上是一个免税区,从进口管制角度看,自由贸易区是一个独立于国家的特殊部分。当货物离开自由贸易区,由自由贸易区所在国正式进口时再征关税。

自由贸易区的优越性在于可以避免、减少或者延缓税收、关税、附加费、运费等这些费用的发生,使得最终价格更具竞争力。其中,特别重要的一个优越性是自由贸易区中发生的劳务成本和间接费用可以免交关税。把散件运到进口国的自由贸易区中再加工,国际市场营销人员从多个方面降低成本:

(1) 由于散件的关税率比装配好的成品的关税率要低,故可降低关税;
(2) 如果进口国的劳动力成本低,最终产品成本可大大降低;
(3) 海运运价取决于重量和体积,散件可以因体积小而节省运费;
(4) 如果在装配过程中加上当地的某些东西,如包装或者零部件,则有可能进一步降低关税。

二、倾销与反倾销

近年来,随着国际市场竞争的不断激烈,国际上倾销与反倾销问题已经成为企业国际市场营销的热点之一。所谓倾销,是指在正常的贸易过程中,企业用低于正常价值的价格向国际市场销售产品的行为。因为倾销行为已经或者有可能给进口国生产相同产品的企业或者行业造成损害,因而受到产品进口国的反对。为了应对国外企业在本国市场上的倾销行为,各国都会采取反倾销措施来保护本国的企业或者市场。所谓反倾销,是指进口国政府为了维护本国正常的市场秩序,对外国商品在本国市场上的倾销所采取的抵制措施。一般对倾销的外国商品除征收一般进口税外,再增收附加税,此种附加税称为"反倾销税"。

按照世界贸易组织的《反倾销协定》规定,成员国要实施反倾销措施,认定倾销必须具备三个条件:一是确定存在倾销的事实,即产品出口价格低于正常价值;二是确实对国内产业造成了实质损害或者实质损害的威胁,或者对建立国内相关产业造成实质阻碍;三是确定倾销和损害之间存在因果关系。

企业在国际市场营销活动中应当做到以下五点:一是了解WTO规则和贸易救济调查的相关知识;二是在遭遇贸易摩擦案件时要积极应诉;三是企业要建立健全内部管理机制;四是企业要加强行业自律,维护良好的国际经营秩序,遵守商业道德和市场规则,主动抵制恶意价格手段等扰乱出口经营秩序的行为;五是企业要逐步增强适应国际市场的能力,努力提高产品和企业的国际市场竞争力。特别是在国际市场营销价格的制定上,一定充分考虑促进销售和避免反倾销调查等因素,以避免因国外政府或者机构对我国企业和产品的反倾销、反补贴调查,更有效地开拓和占领国外市场。

案例 7-8

我国成遭受反倾销反补贴调查最多的国家

近年来,我国的对外贸易摩擦也不断升级。2007年,全球共有19个国家(地区)对我国发起反倾销、反补贴、保障措施等贸易救济调查近80起。此外,同期我国还遭遇美国知识产权调查17起。我国在连续多年成为全球遭受反倾销调查最多的国家后,2007年又骤然成为全球遭受反补贴调查最多的国家。反补贴已成为当前贸易摩擦的新热点,反补贴应对已成为目前我们应对贸易摩擦的重中之重。美国自2006年11月以来连续对我国发起8起反倾销反补贴合并调查。加拿大2004年以来对我国发起5起反倾销反补贴合并调查和4起再调查。我国遭受反补贴数量之多、频率之快、涉及产品范围之广、影响之深,在全球贸易救济史上是罕见的。

三、计价货币的选择

由于在国际市场营销中要涉及汇率和货币价值等问题,因此,在选择计价货币时应当注意以下四个方面的问题:一是进出口双方是否签有贸易支付协定,规定双方交易应当使用某种计价货币;二是进出口双方是否协商确定计价货币,则一般选用可兑换货币;三是对外提供产品或者服务时,要尽可能争取以硬币、有升值倾向或者币值稳定的货币计价;四是如果由于各种条件限制,只能以软币计价时,则应当合理考虑该货币可能缩水的幅度适当加价。总之,企业在国际市场营销定价中应当充分考虑计价货币的不同可能给企业收益带来的影响,尽可能选择对自己有利的货币进行计价。

四、国际转移定价

国际转移定价,是指跨国公司的母公司与各国的子公司之间,或者各国的子公司之间转移产品和服务时采用的国际定价方法。许多的跨国公司都把国际转移价格作为国际市场营销定价的重要策略,实际上都是把国际转移价格定得偏高或者偏低,以获取企业整体的长期利润最大化。国际转移定价的常用方法有以下两种:一是转移定价高于一般市场价格,这样可以尽可能避免东道国较高的企业所得税,应对东道国对子公司将利润汇回总公司的限制以及应付东道国恶性的通货膨胀;二是转移定价低于一般市场价格,这样可以提高子公司在东道国的市场竞争力,减少高关税对企业总体营利的影响或者是有效利用东道国企业所得税税率较低的特点。

个案分析

日本天价大米缘何我国畅销[①]

2007年7月,日本越光大米由中粮集团引进开始在国内销售,首批进口24吨。中国作为世界第一大米消费国家,24吨大米可以说是微乎其微的数量。但是,这批大米却牵动了千万国人的神经,不是因为24吨,而是因为其每公斤高达100元人民币的零售价。这相当于中国大米10~30倍的价格。

是日本越光大米的质量的确好吗?是日本大米的营养含量高或者有特殊功能吗?中国大米就真的比日本大米差吗?这么高的零售价是怎么算出来的?有太多的疑问和不解在国人头脑里难以化解,再加上国人对日货的天生敏感,天价的日本大米成了当时的热门话题。更让人难以理解的是,日本大米上市首日就销售了800袋(每袋2公斤)。这样看来,100元每公斤的定价并没有吓走中国的消费者。是谁在买100元1公斤的大米?是谁在吃100元1公斤的大米?价格再高是不是还会有人买?

还记得冯小刚一部电影里的一句台词:只买最贵的,不买最好的。虽然有点可笑,但我们不能否认,这的确存在于现实的市场消费观念中。据说,日本越光大米早年曾被引进培育,但因为品质逊色于国产大米而被放弃引进。这次被引进是日本外交农产等相关部门通过外交途径争取的出口权利。日本越光大米的质量其实只相当于国产3元左右的大米质量。但是为什么很多人愿意花200元的价钱买相当于6元的大米呢?是傻子吗?显然不是,能买这些大米的人最起码收入水平和社会阶层是处于中上水平的。既然不是傻子,那我们可以确信,他们买的不仅仅是大米。

中粮集团对于这24吨大米的营销工作可见也是下了工夫的。如果只是把这批大米作为普通大米销售,那么想尝鲜又有购买能力的人就多得多了,很可能出现供不应求的局面。如果那样的话,恐怕进口24吨是远远不够的了。如果大量进口,势必伤了我国米农的心。与其让广大米农无所适从,不如就让买的人少一些,可又不能让大家都买不起,那岂不是要做亏本买卖。因此,中粮集团在大米定价时一定考虑了大米定价要在某个价格区间内做到顶点,能够让此价格承受范围内的消费者消费得起,但又要设定价格壁垒防止有同类产品趁势跟进,不能在价格上给同类产品可乘之机。如果不定99元,如果再来个美国大米、瑞士大米、法国大米,就会失去产品的价格优势。能消费100元的消费者,不见得能消费200元,况且这种产品的定价已经达到极致。

中粮集团把握住了这种求新、求异和炫耀的消费心态,事实证明这也是成功的定价策略。但是新鲜与炫耀必将随着时间的推移和进口大米数量的变化而变化,日本越光大米究竟能不能守得住这100元每公斤的顶天定价呢?

---

① 资料来源:中国营销传播网。

可以肯定的是,随着时间的推移,日本越光大米在消费者消费视野的新鲜感必将失去。如果还延续这种脱离产品物质属性的定价策略,势必将被市场淘汰。任何一个消费者都不可能每天花100元吃和别人5元购买的几乎没有差别的大米,那就真成了傻子。可见,降价是这种产品的必然趋势。但是这种产品因为进口成本等的限制,产品价格还将维持在一个较高水平。

思考题:(1)你认为日本越光大米为什么能取得成功?(2)若由你来安排日本越光大米在我国市场长期销售,你将如何处理?

思考问题

1. 影响国际市场价格的主要因素有哪些?
2. 企业的国际市场定价目标有哪些?
3. 国际市场定价方法有哪些?什么是认知价值定价法?该定价法如何具体操作?
4. 国际市场定价策略有哪些?
5. 企业在国际市场定价中应当特别注意哪几个问题?

技能训练

全班同学分为若干小组,自行选择相应的产品,并为其在同学们中间进行销售制定价格。要制订出完整的价格决策方案,包括定价依据、定价方法和具体的定价策略各个方面。然后将方案公布,由全班同学打分、投票决出较出色的方案。并依据打分、投票结果记入学生平时成绩。

第八章
国际市场营销分销渠道策略

学习目标
◎ 掌握国际市场的渠道类型、策略
◎ 了解国际市场营销中间商的类型
◎ 了解国际市场营销分销渠道的管理

第一节 国际市场营销分销渠道

一、分销渠道的概念、作用和类型

（一）分销渠道的概念

分销渠道,是指使商品从生产者手中,经过所有权的转移,流转到另一生产者或者消费者手中这一过程中的一切商业组织和个人。即产品从生产者那里转移到消费者手里所经的通道。在分销渠道中,一般具有三个基本因素,即制造商、中间商和最终消费者。制造者和中间商分别居于分销系统的起点和终点。

（二）分销渠道的作用

对生产者来说,分销渠道可以实现、保证、促进销售,将产品在目标市场上有效铺开,使顾客能方便地得到,可以使企业的产品打入广阔的市场,节省资金的占用,提高营销效率和投资收益率,同时也能够沟通产需,通过调节、控制使产需适应、平衡,构建营销关系网,形成战略伙伴关系,保证企业长期可持续发展。

对消费者来说,分销渠道是沟通生产和消费的媒介,通过分销机构,消费者可以了解和认识更多的商业信息,便于购买,为顾客创造持有效用,满足消费。

二、国际分销渠道的模式

当采取不同的战略进入国际市场时,企业会面临不同的分销决策。当企业采取不同的分销策略进入国际市场时,产品或者服务从生产者向消费者的转移就会经过不同的营销中介机构,从而形成不同类型的国际分销结构。

（一）国际市场分销渠道的基本模式

当企业以出口方式进入国际市场时,产品不仅要经过国内的分销渠道,而且要经过进口国的分销渠道,才能最终到达目标市场国家的消费者和用户手中。一般情况下,出口管理企业一次分销的完成必须经过三个环节:第一个环节是本国国内的分销渠道;第二个环节是由本国进入进口国的分销渠道;第三个环节是进口国的分销渠道。基本的分销渠道模式如图8-1所示。

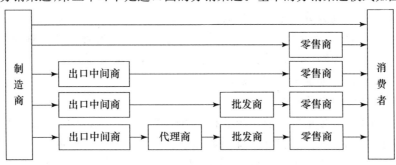

图 8-1 基本的分销渠道模式

由此可见,从事国际市场营销的企业有多种分销渠道模式可供选择,这依赖于企业已确定的国际市场进入战略。不仅如此,企业在选择具体的国际分销策略和设计国际分销渠道结构时还必须充分地考虑企业自身的资源以及其所在行业的特点、竞争者的渠道策略、目标市场特征、目标市场国家的法律环境、消费者的生活方式和购买习惯等。此外,不论采取何种选择,国际市场营销企业都必须考虑渠道的效率和对渠道的控制。

(二)欧美、日本及进口导向国家的分销渠道模式

由于各国的销售渠道是在企业的长期发展并随着经济发展逐步形成的,因此不同国家和地区的分销渠道模式不同。

1. 西欧国家的分销渠道模式

西欧国家进口商的业务通常限定一定的产品类别,代理商的规模通常也比较小,但西欧国家的零售商主体(如百货公司、连锁商店、超级市场)的规模都很大,而且经常从国外直接进口,大型零售商的销售网络遍布全国。企业若要把产品销往西欧各国,可以将产品直接卖给这些大型零售商,从而可以节省很多的中间费用,并能充分利用它们的销售网络扩大市场占有率。

2. 美国的分销渠道模式

美国是市场经济高度发达的国家,基本上形成了有序的市场。进入美国的产品,一般要经过本国进口商,再转卖给批发商;有时还要经过代理商,由批发商转卖给零售商,零售商再将产品卖给最终消费者。

3. 日本的分销渠道模式

日本是高度发达的市场经济国家,但它的分销渠道结构却完全不同于欧美各国。日本的分销系统一直被看做是阻止外国商品进入日本市场的最有效的非关税壁垒,任何想进入日本市场的企业都必须要仔细研究其市场分销渠道。日本市场的分销渠道具有以下四个显著特点。

(1)中间商密度很高。

日本中间商的密度远远高于西方发达国家。因为日本的消费者习惯到附近的小商店购物,量小但是购买频率高,零售商店密度高,但是存货量不大,因此导致同样密度的批发商支持着高密度的存货不多的小商店,商品往往要经过3个或者4个中间商(一级、二级、区域性的、当地的批发商)后才能到达消费者手中。

(2)制造商控制渠道。

制造商依赖批发商为分销渠道上的其他成员提供多种服务。批发商给渠道的其他成员提供融资、仓储、库存、货物运输、促销和收款等服务。批发商通常起着代理商的作用,通过分销渠道把制造商的控制一直延伸到零售层。日本商人通常采用解决存货资金、累计折扣、退货和促销支持等方式来加强对中间商的控制。

(3)独特文化形成的经营哲学。

贸易习惯和较长的分销渠道使生产者和中间商之间产生了紧密的经济联系和相互依赖性,从而形成了日本独特的经营哲学,即强调忠诚、和谐和友谊。这种价值体系维系着销售商和供应商之间长期的合作关系,只要双方觉得有利可图,这种关系就难以改变。

（4）法律保护。

日本制定了《大规模零售商店法》。根据该法的规定，如果营业面积超过5 382平方米，必须得到县级政府批准才能建造、扩大、延长开门时间或者改变歇业日期，而且所有建立大商场的计划必须首先经过国际贸易工业省的审批，如果得不到县级政府批准和当地小零售商的全体同意，计划就要被发回重改，要到几年甚至10年以后才能报批。该法旨在与大商场竞争中，保护小的零售商。该法不仅被用来限制国内企业，而且也同样限制国外企业。虽然日本于2000年制定的《大规模零售商店位置法》对小商店附近开设大商场的限制规定有所松动，但是如果地方政府认为新项目会加剧污染、交通堵塞或者噪声的话，一样有权禁止建设。

4．进口导向国家的分销机构

进口导向国家一般为发展中国家，因此这种类型的国家一般是进口商控制固定的货源，其营销系统的发展思路是向少数富有顾客高价销售数量有限的商品。在这样形成的卖方市场中，由于供不应求，而且在大多数情况下，顾客向为数不多的中间商寻求货源，市场渗透和大众分销就没有必要。这种结构会影响中间商及其作用的发展。在范围上，分销系统仅限于当地而不是遍及全国。另外，在进口导向市场，进口商同时也是批发商，它履行了大多数的营销职能，那些在已发展成熟的营销基础设施中提供广告、市场调研、仓储、运输、筹措资金和其他服务的独立代理商要么根本不存在，要么发育不良。

三、国际分销渠道的类型和策略选择

（一）国际分销渠道的长度

国际分销渠道的长度，是指产品或者服务从生产者到最终用户或者消费者所经过的渠道层次数。从国际分销渠道长度来看，企业选择的渠道结构有直接分销渠道与间接分销渠道或者长分销渠道与短分销渠道之分。

1．国际市场直接分销渠道与间接分销渠道

国际市场直接分销渠道，是指产品在从生产者流向国外最终消费者或者用户的过程中，不经过任何中间商，而由生产者将其产品直接销售给国内出口商、国外消费者或者用户。直接分销渠道是两个层次的分销渠道，也是最短的分销渠道。

直接分销是工业品分销的主要方式，因为工业品的技术性较强，有的是按用户的特殊要求生产的，售后服务非常重要。另外，这类产品的用户较少，购买批量较大，购买频率低，直接分销方便，有利于节省费用，保证企业信誉，更可以获得较高的利润。

国际市场间接分销渠道，是指产品经由国外中间商销售给国际市场最终用户或者消费者的一种分销形式。如以出口方式进入国际市场时，较典型的间接分销渠道是制造商→出口中间商→进口中间商→经销商→最终消费者。间接分销渠道有3个或者3个以上的商品流转层次。

2．国际市场长分销渠道与短分销渠道

产品从生产企业流向国际市场消费者或者用户的过程中，所经过的渠道层次越多，分销渠道越长；层次越少，分销渠道越短。

对分销层次的确定，生产企业应当综合考虑进出口条件、国际市场容量（特别是目标市场容量）、中间商销售能力、产品特点、生产企业本身的状况和要求、消费者购买要求以及其他的国际市场环境。如生产企业有较强的国际市场销售能力(组织机构、营销经验、推销员等)，运输、仓储条件好，财力能够承担，而经济效益又合理时，可以减少中间层次；在出口商或者进口商能力强、信誉高的条件下，生产企业也可以使用较少的中间层次，甚至在国外某一区域内只设一个特约经销商或者独家代理商。但有时根据国家法律、政策和国际惯例，生产企业又必须采取某一特定的分销渠道。

(二) 国际分销渠道的宽度

分销渠道的宽度，是指渠道的各个层次中所使用的中间商数目。根据渠道的宽度不同，国际分销策略可以被分为宽渠道策略与窄渠道策略。国际市场营销企业在渠道宽度上可以有以下三种选择。

1. 广泛分销策略

广泛分销又称密集性分销，即在某一市场上使用尽可能多的中间商从事产品的分销。在国际市场上，对价格低廉、购买频率高、一次性购买数量较少的产品(如日用品、食品等)以及高度标准化的产品(如小五金、润滑油等)多采用这种策略。这种策略的优点是市场覆盖面广泛，潜在买主有较多的机会接触到产品，其缺点是中间商的经营积极性较低，责任心差。

2. 独家分销策略

独家分销，是指在一定地区、一定时间内只选择一家中间商经销或者代理，授予对方独家经营权。这是最窄的一种分销渠道形式。生产和经营名牌、高档消费品和技术性强、价格较高的工业品的企业多采用这一分销形式。这种策略的优点是中间商经营积极性高，责任心强。其缺点是市场覆盖面相对较窄且风险较高，如果该中间商的经营能力差或者出现意外情况，将会影响企业开拓该国市场的整个计划。

3. 选择分销策略

选择分销，是指在市场上选择部分中间商经营本企业产品。这是介于广泛分销和独家分销两个极端之间的一种中间形式，消费品中的选购品、特殊品以及工业品中专业性较强、用户较固定的设备和零配件等较适合采用这种分销策略。这一策略的适用面较广，如果中间商选择得当，可以兼得以上两种策略的优点。当然，如果中间商选择不当，同样难以避免以上两种策略的缺点。

企业在选择国外市场上渠道宽度策略时应当注意以下两个问题。第一，企业初涉某一市场时，对该市场的需求特点、竞争情况、渠道结构等因素都不甚了解，在这种情况下，不宜急于采用独家分销的做法，这样做容易束缚自己的手脚，同时风险也较大。第二，要注意各国顾客购买行为的差异性。同样一种产品，在人均收入水平较高的国家中只是一种日用品，而在人均收入水平较低的国家中可能是一种选购品，甚至是一种特殊品。反之亦然，低收入国家中的特殊品，在高收入国家可能只是选购品。

(三) 国际分销渠道的组织策略

国际分销渠道的组织，是指生产者和中间商之间的关系。根据生产者与中间商之间关系的松散程度，国际分销渠道可以分为独营渠道和联营渠道。

独营渠道是传统的渠道组织形式，生产者与中间商彼此独立，各自经营，松散合作，关系主要是磋商交易条件,生产者可以利用中间商的仓储条件,得到中间商的资金支持,但是难以有效地控制中间商。

联营渠道是现代发展起来的工商联营、联销的渠道组织形式,可以对分销全过程负责,进行事实上的系统控制,这种组织策略使得生产商和中间商的关系比较稳定。

四、影响企业选择国际分销渠道类型和策略的因素

营销人员在选择国际分销渠道时一般要考虑成本(Cost)、资金(Capital)、控制(Control)、覆盖(Coverage)、特征(Character)和连续性(Continuity)六个因素。这六个因素被称为渠道决策的六个"C"。

(一) 成本

成本主要考虑开发渠道的成本(投资成本)和保持渠道畅通的维持成本两个方面。后一种成本可能以两种形式出现:维持企业的销售力量的直接开支;或者买卖商品的形形色色的中间商的利润、报酬或者佣金。营销成本(其中相当大的一部分是渠道成本)被看做是商品出厂价与顾客最终为该产品所付价格之间的全部差价。中间商的成本包括商品的运输、储存、拆零、提供信用、当地广告活动、销售展示以及洽谈的成本。在很多情况下,仍然可以通过创新营销策略来节省渠道成本。如通过取消效率不高的中间商可以缩短渠道,进而降低成本。较高的渠道成本常常是企业开拓国际市场的重要障碍。评价渠道成本的基本原则是能否用最少的成本达到预期的销售目标,或者能否用一定的费用最大限度地扩展其他五个"C"的利益。

(二) 资金

在企业建立自己的内部渠道,即企业自己的销售力量时,需要的投资通常最大。使用分销商或者经销商可以减少投资,但是制造商常常必须提供寄售所需的启动货物、贷款、楼层布置或者其他的安排。如可口可乐最初在中国投资时,大多数合作伙伴都具有足够的资本。然而可口可乐很快认识到在竞争激烈、人人为市场份额所驱使的碳酸饮料市场,不能完全依赖当地的合作伙伴来销售其产品。为了加强对分销过程的控制,可口可乐不得不进行管理控制,这也意味着更大的投入。

(三) 控制

渠道设计会直接影响企业对国际市场营销的控制程度。企业自己投资建立国际分销渠道时将有利于渠道的控制,却会增加分销渠道成本。如果使用中间商,企业对渠道的控制将会相对减弱,而且会受各中间商愿意接受控制的程度的影响。渠道长度越长,宽度越宽,企业对价格、促销和顾客服务等的控制就越弱。渠道控制与产品性质有一定的关系。对于工业品来说,由于使用它的客户相对比较少,分销渠道较短,中间商较依赖制造商对产品的服务,所以制造商对分销渠道进行控制的能力较强;而就消费品来说,由于消费者人数多,市场分散,分销渠道也较长、较宽,制造商对分销渠道的控制能力较弱。

(四) 覆盖面

覆盖面,是指渠道的市场覆盖面,即企业通过一定的分销渠道所能达到或者影响的市

场。营销人员在考虑市场覆盖时应当注意三点：一是渠道所覆盖的每一个市场能否获取最大可能的销售额；二是这一市场覆盖能否确保合理的市场占有率；三是这一市场覆盖能否取得满意的市场渗透率。对于企业来说，市场覆盖面并非越广越好，主要看其是否合理、有效，最终能否给企业带来较好的经济效益。国外不少企业在选择分销渠道时并不是以尽可能地拓展市场的地理区域为目标，而是集中力量在核心市场中进行尽可能的渗透。

（五）特征

营销人员在进行分销渠道设计时必须考虑自身的企业特性、产品特征，进口国的市场特征、环境特征，销售的复杂性、所需要的销售服务以及产品的价值等因素。渠道管理者必须意识到渠道模式不是一成不变的，不能以为一旦形成了既符合企业特点又符合市场特点的渠道就万事大吉了。

1. 企业特性

企业选择的分销渠道体系必须与自身及其从事经营的市场的特点相符。

2. 产品特性

产品特性对渠道设计有重要影响。一些显而易见的产品要求包括产品是否容易变质、产品的体积等方面。对于鲜活易腐烂产品，渠道越短越好；对于价值低、标准化的产品，渠道要相应得长一些；对于技术要求高，需要提供较多客户服务的产品（如汽车、机电产品），则适宜采用短的分销渠道；原材料、初级产品一般宜于直接销售给进口国的制造商。

3. 进口国的市场特征

市场特征，是指目标市场的集中度。如果市场集中，企业可以采用短渠道或者直销渠道。反之，企业则采用长渠道或者间接渠道。

4. 环境特征

就法律环境来说，东道国的法律为了减少竞争或者避免造成垄断往往都会限制某些渠道。经济环境则对渠道长度产生影响，当经济衰退时，为了降低成本和产品价格，往往会采用短的渠道。

（六）连续性

一个企业国际市场分销渠道的建立往往需要付出巨大的成本和营销努力。因此，维持渠道的连续性对于企业营销人员来说是一项重要的任务和挑战。分销渠道的连续性会受到三个方面力量的冲击：一是中间商的终止；二是激烈的市场竞争；三是随着现代技术尤其是信息技术的不断变革以及营销上的不断创新，一些新的分销渠道模式可能会出现，而传统的模式可能会因此而失去其竞争力。因此，企业要维持分销渠道的连续性。第一，要慎重地选择中间商，并采取有效的措施提供支持和服务，同时在用户或者消费者中树立品牌信誉，培养中间商的忠诚。第二，对已加入本企业分销系统的中间商，只要他们愿意继续经营本企业的产品，而且也符合本企业的条件和要求，则不宜轻易更换，应努力与之建立良好的长期关系。第三，对那些可能不再经营本企业产品的中间商，企业应当预先作出估计，预先安排好潜在的接替者，以保持分销渠道的连续性。第四，企业应当时刻关注竞争者渠道策略、现代技术以及消费者购买习惯和模式的变化，以保证渠道的不断优化。

案例 8-1

柯达和富士公司在中国市场的主要分销策略

柯达公司和富士公司是世界上两大感光材料生产厂商。这两大巨头在进入中国感光材料市场时展开了"拼杀"。富士公司在中国民用胶卷市场上占据了40%以上的份额,柯达公司则低于40%;但在专业影像产品和医疗产品市场上,柯达公司占据绝对优势。

1. 柯达公司的主要分销策略

在销售渠道策略上,柯达公司对多数产品都采用了垂直型营销系统,其突出特点是较短的营销渠道:中国设厂—区域分销—零售商。柯达公司于1997年先后兼并了汕头公元胶卷厂和福建福达胶卷厂,实现了在中国直接生产胶卷。在经销商的选择上注重其专业性,不同类型的产品由不同的专业公司代理。民用产品胶卷主要集中于柯达专卖店和百货大楼的摄影器材部。柯达公司在中国各大城市直接设立办事处,办事处市场部按不同产品设立不同的产品部,负责所在地区产品的相关工作。

2. 富士公司的主要分销策略

富士公司在多数产品中也采用垂直型营销系统,但在销售渠道的长度上,与柯达公司有所不同。其采用的是较长的销售系统:日本厂家—中港澳地区总代理—主要城市代理—零售商。富士公司在中国销售的产品绝大多数都是在日本本地生产的。在经销商的选择上,负责在中国内地、香港、澳门的独家经销。而在中国内地地区的分销上,除医疗等少数专业性很强的产品由专业医疗公司代理外,其他统一由某一家公司独家经销。民用产品则集中在自己的专卖店和百货大楼的摄影器材部。在中国的销售工作都由中港澳地区总代理负责,自己不直接参与,公司在内地设北京、广州、上海和成都四个办事处,直属于香港富士摄影器材有限公司,分别负责华北、华南、华东和西南地区的相关工作。

第二节 国际市场营销中间商的选择

国际市场营销中间商根据开拓和进入国外市场的过程,其中间环节包括两个部分,即国内中间商和进口中间商(如图8-2所示)。

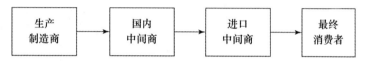

图8-2 国际中间商环节

一、国内中间商

国内中间商与国际市场营销企业处在同一国家的国境之内,由于社会文化背景相同,因此彼此容易沟通,可以很方便地合作。但由于它们远离目标市场国家,与目标顾客的接触少,因此在提供目标市场信息方面存在一定的不足。国内中间商一般是在生产企业由于资源不足或者缺乏国际市场营销经验,或者认为没有必要直接进入某个或者某些国际市场时被使用。国内中间商根据其是否拥有出口商品的所有权可以分为两大类,即出口商和出口代理商。凡对出口商品拥有所有权的,称为出口商;凡接受委托,以委托人的名义买卖货物,收取佣金,不拥有商品所有权的,称为出口代理商。

(一)出口商

出口商的基本职能与批发商的基本职能相同,不同的只是出口商的客户是国外买主。出口商一般都具有制造商所不具有的某方面的优势。他们或是与国外中间商有着长期的合作关系,或是国际市场信息灵通,驾驭国际市场的能力强。由于出口商拥有商品所有权,故他们具有营销自主权,对制造商的忠实程度较低。因此,制造商对其难以实行控制。

出口商经营出口业务有两种形式,一种是"先买后卖",另一种是"先卖后买"。

1. 出口行

有的国家称出口行为国际贸易公司,日本和韩国称出口行为综合商社,我国一般称出口行为对外贸易公司或者进出口公司。出口行的主要业务是出口,有时也兼营进口业务,其实质是在国外市场上从事经营活动的国内批发商,其收入来自于出口商品的买卖差价。出口行熟悉国际市场,精通国际商务,因此,初次进入国际市场的企业采用此形式较理想。

2. 出口直运批发商

出口直运批发商也叫采购/订货行。出口直运批发商的经营方式和出口公司有所不同,他们根据从国外接受到的订单所指定的产品向国内企业进行订货或者向国外买主确定的生产企业进行采购。由于出口直运批发商是在国外买主确定的情况下进行采购,在采购数量达到订单要求时,直接运给国外买主,因此与出口公司相比,出口直运批发商的风险较小,成本也较低。

(二)出口代理商

出口代理商并不拥有货物所有权,不以自己的名义向国外买主出口商品,而是接受国内卖主的委托,按照委托协议向国外客商销售商品、收取佣金,风险由委托人承担。在国际市场上,出口代理商常见的类型如下。

1. 综合出口经理商

综合出口经理商为产品需要出口的生产企业提供全面的管理服务,以生产企业的名义向国外买主出售产品,实际上相当于生产企业的出口部。它们一般负责资金融通和单证的处理,有时还要承担信用风险。其获得报酬的形式一般是收取销售佣金,此外每年还收取少量的服务费用。

2. 生产商出口代理商

这是一种专业化程度较高的出口代理商,又称生产商出口代表。它们与综合出口经理商的作用非常相似,不同之处是,生产商出口代理商提供的服务相对要狭窄一些,经营的产品品种也要少一些,一般是经营非竞争的互补的产品。在国际市场营销中,许多的中小企业都使用生产商出口代理商,此外,有些企业在开拓海外新市场、推销新产品或者市场潜力不大时,也常使用生产商出口代理商。

3. 出口经营公司

出口经营公司行使类似制造商出口部的功能,它提供服务的范围很广,包括寻找客户、促销、市场调研、货物运输等。它还可以为制造商讨债和寻求担保业务。不过,出口经营公司最主要的职能是和国外的客户保持接触,并进行信贷磋商。选择出口经营公司渠道的优点是厂商可以以最小的投资将产品投放到国际市场,并可借此检验产品在国外市场的可接受程度,而制造商本身却无须介入。出口经营公司的缺点是这种分销渠道极不稳固。

4. 出口经纪人

出口经纪人只负责给买卖双方牵线搭桥,既不拥有商品所有权,也不实际持有商品和代办货物运输工作,在双方达成交易后收取佣金,佣金率一般不超过2%。出口经纪人与买卖双方一般没有长期、固定的关系,一般专营一种或者几种产品,多数出口经纪人经营的对象是笨重货物或者季节性产品,如机械、矿山和大宗农产品等。

二、进口中间商

与出口中间商类似,根据进口中间商是否拥有商品的所有权也可以将其区分为两大类,即进口经销商和进口代理商。凡拥有商品所有权的,称为"进口经销商";凡接受委托、不拥有商品的所有权,以佣金形式获取报酬的,称为"进口代理商"。

(一) 进口经销商

进口经销商以自己的名义从国外进口货物后再向进口国国内市场销售,并从中获取利润。进口经销商拥有对货物的所有权,因此也要承担经营风险。即凡从国外进口商品向国内市场销售的商贸企业,都可以称为进口经销商,其主要类型有进口商、经销商、批发商和零售商。

1. 进口商

进口商又称进口行。凡从国外进口商品,然后再转售给国内批发商、零售商和消费者的,都可以称为进口商。进口商熟悉所经营的产品和目标国市场,并掌握专门的商品挑选、分级、包装等技术和销售技巧。进口商一般没有商品独家经营权。

2. 经销商

经销商是一种与出口国的供应商建立长期合作关系,并享有一定价格优惠和货源保证的从事进口业务的企业。它们从国外购买商品,再转售给批发商、零售商等中间商,或直接出售给最终消费者。经销商是在特定的地区或者市场上,在购买及转售产品方面获得独家权或者优先权的进口商。通过经销合同与出口国生产企业、出口商建立经常性的合作关系,并拥有独家销售特权。出口企业可以同经销商建立密切的伙伴关系,对价格、促销、存货和服务等进行适当的控制。

3. 批发商

批发商是从事批发活动的中间商,他们在帮助进口产品向最终市场扩散的过程中起着重要的作用。进口商的批发商主要从本国进口商或者进口代理商那里买进产品,再进行转售,也有一些大的批发商直接从国外购进产品,再批发给小的批发商、零售商和生产企业等机构。国际市场上批发商提供的服务各不相同,有全面服务型和有限服务型,前者能提供运输、仓储、分类、融资、提供市场信息和承担风险等服务,而后者则在转售过程中提供很少的服务。另外,国际市场上批发商的经营范围也不尽相同,有综合批发商和专业批发商,综合批发商的经营规模大,产品品种多,并且提供的服务也多;而专业批发商则专门经营某一类产品中的某种产品,专业化程度高。

4. 零售商

零售商是将产品或者服务销售给最终消费者或者工业用户的中间商。零售商可以从进口商、进口代理商和批发商等处购买产品进行销售。国外零售商按其经营方式可区分为多种业态:百货商店;超级市场;专卖店;方便店;折扣商店;购物中心;仓储商店等。这些零售业态大多可以通过连锁经营,实现规模经济。不同的产品在国际市场营销中可能需要选择不同的业态。

(二) 进口代理商

进口代理商是接受出口国卖主的委托,代办进口,按规定条件提供服务并收取佣金的贸易企业。它们不承担信用、汇兑和市场的风险,不拥有进口商品的所有权。其职能主要有:一是代国内买主办理进口;二是代国外出口商销售寄售的商品;三是以代表身份代理国外出口商或者生产商销售产品。进口代理商主要有以下四种类型。

1. 国外生产企业商代理商

国外生产企业商代理商,是指受出口国生产者的委托,并与其签订代理合同,为生产企业推销产品并收取佣金的进口代理商。它们通常按地区划分,作为一个城市或者一个地区的市场代表,或者一个国家甚至几个国家的销售代理。国外生产企业代理商与国内的生产企业代理商相类似,常常也不能同时代理互有竞争的委托人的产品。由于国外生产企业代理商熟悉本地市场行情,所以能够有效地利用市场机会进行销售,同时能向生产企业提供当地的市场信息,并提供一些调整产品价格、改进产品包装等方面的有益建议,从而能使产品适应进口国市场的需要。

2. 进口佣金商

进口佣金商又称进口代办行,其主要任务是代理国内买主进行采、并购收取佣金。进口佣金商可以同时接受多个委托人的委托,有时也代理国外卖主销售产品,但其主要职责是代理国内买主的委托业务。另外,进口商有时也兼营进口佣金商的业务,因此双方是一种竞争关系。

3. 国际经纪人

进口国的国际经纪人的职能与出口国的国际经纪人相同,大多数经纪人从事大宗货物的经纪代理业务。国际经纪人对国内市场比较熟悉,又能与客户保持良好而持久的关系,所以国际经纪人也是出口企业进行国际市场营销时比较理想的选择。多数国家的国际经纪人的数量不是很多,并且多数为初级产品市场上重要的中间商。

4. 融资经纪商

由于在国际市场营销过程中,买卖双方各属于不同的国家,存在着信用风险,因此出现了融资经纪商。融资经纪商除具有一般经纪商的全部职能外,还可以为销售商、制造商生产的各个阶段提供融资,为买主或者卖主分担风险。

 案例 8-2

肯德基"不从零开始"特许经营

肯德基以"特许经营"作为一种有效的方式在全世界拓展业务,在中国其特许经营只采取"不从零开始"一种形式。"特许经营"是肯德基第一品牌策略成功的代表性策略,具有"中国特色"。

1. 不从零开始

所谓"不从零开始",是指肯德基将一家成熟的、正在营利的餐厅转手给加盟者。加盟者不需进行自己选址、开店、招募与培训员工等大量繁重的前期准备工作,这些都是现成的,即降低加盟者的经营风险。

目前,肯德基在中国的1 000家店中,95%的餐厅是直营店,5%是加盟店。

2. "不从零开始"特许经营内容

第一,在一个特许经营店开始时须支付3.76万美元的特许经营初始费,这费用是一次性的。

第二,根据面积和营业情况缴纳转让费,转让费在800万元人民币以上。加盟商支付这笔费用后,即可接手一家正在营运的肯德基餐厅,包括餐厅内所有的装饰装潢、设备设施以及经过培训的餐厅工作人员,且包括未来在营运过程中产生的现金流量和利润。但不包括房产租赁费用。

第三,培训。培训是加入肯德基时必备的内容,成功的候选人在经营餐厅前将被要求参加一个内容广泛的为期12周的培训项目,12周的餐厅培训使加盟者有效掌握了经营一家成功餐厅需要了解的值班管理、领导餐厅等课程,还包括如汉堡工作站、薯条工作站等各个工作站的学习。加盟商接手餐厅后,还要安排为期5~6个月的餐厅管理实习。在培训过程中,未来的特许经营商将承担自己的费用(交通费用、生活费用)。

3. 双赢是最终结果

作为一种先进的商业模式,特许经营的确有其优越性。对被特许人来说,可以立即获得一个成熟的营利模式,从而大大减少投资风险。被特许人除了可以使用特许人的商标、商号外,还可以利用已被总部验证的成功的分店管理模式和方法,得到总部全方位的指导和支持。因此,有人把特许经营看做创业者最便捷的投资方式,是"站在巨人肩膀上摘桃子",可以迅速实现做老板的梦想。

作为特许权所有者,吸收投资者加盟也会获取利益:被特许人加盟时一次性向特许人交纳的加盟金;按一定比例或者定额从特许店营业额中提取的特许权使用费;向被特许人销售自己的产品(设备)的利润;对特许店进行配送、培训时收取的费用。还有一个很重要的好处:可以不用自己的投资即实现品牌和市场的扩张,从而打压竞争对手。

对于肯德基来说,每转让一个店面,将获得特许经营初始费3.76万美元,并且一次性转让费800万元人民币,每年还有占销售额6%的特许经营权使用费和占销售额5%的广告分摊费用,而所有转让的店中多为C类城市,这类城市有相对大的发展潜力,竞争压力较小,有利于投资人取得良好的回报,同时这也有利于肯德基减少管理成本和经营风险。通过转让所得资金,可以继续开店,对于肯德基来说,这是一条无风险高速扩张之路。

这种崭新的特许经营方式被肯德基称为"中国特色",在中国数以百计的特许经营品牌中,肯德基的"不从零开始"的特许经营大概是最稳健也是整体效果最好的。这种方式保证了肯德基一直追求的双赢——投资者几乎没有风险地赚了钱,肯德基没有风险地扩张了品牌的市场占有率。

三、选择国际中间商应当考虑的因素

生产商只有选择了理想的国际中间商,才能为将来的渠道建设工作和市场开拓打下良好的基础。生产商在进行国际销售渠道的设计时,应当着眼于长远的规划,不能简单地考虑中间商的知名度和经营实力等常用的静态的指标,还应当综合考虑其他方面的因素。选择国际中间商时一般考虑的因素包括目标市场的状况、地理位置、经营条件、业务能力、信誉以及合作态度等。

(一)目标市场的状况

企业选择国际中间商的目的就是要把自己的产品打入国外目标市场,因此企业在选择国外中间商时应当注意所选择的国际中间商是否在目标市场拥有自己的销售通道,是否在目标市场上拥有销售场所,即便自己没有,它的二级分销商也要拥有。另外,国际中间商应当有自己固定的服务对象,而且与目标顾客建立了长期的、良好的关系,这样企业才能利用中间商的优势,建立起属于自己的高效的营销服务网络。

(二)地理位置

国际中间商要有地理区位优势,其所处的地理位置应该与生产商的产品或者服务覆盖地区一致。对于批发商,就要求其地理位置应该交通便利,利于产品的仓储、运输;对于零售商,则应当拥有较大的客流量,其所在区域的消费者比较集中,道路交通网络完备,交通工具快捷。

(三)经营条件

国际中间商应当具有良好的经营条件,包括营业场所和营业设备等,这些营业场所和营业设备应当能很好地支持其开展业务。

（四）业务能力

国际中间商的业务能力是决定销售成功与否的关键因素。而国际中间商的业务能力就取决于其经营历史、员工素质和经营业绩。经营历史越长，国际中间商在顾客中的印象就相对明显；员工素质高，就能将其具备的丰富的产品知识充分地运用到各种促销方式和促销手段中，随时解答顾客的疑问，为顾客提供良好的服务，从而直接促进产品的销售；经营业绩好，国际中间商就会提高回款速度和利润水平，并能建立完善的规章制度，取得良好的效果。

（五）信誉

国际中间商如果具有较高的声望和信誉，目标消费者或者二级分销商就会愿意光顾，甚至愿意出较高的价格购买国际中间商的商品，这样不但国际中间商在消费者心目中具有较好的形象，也能够帮助生产商树立企业的形象。

（六）合作态度

分销渠道作为一个整体，每个成员的利益来源于成员之间的彼此合作和共同的利益创造活动，只有所有的成员（包括中间商）拥有共同愿望、共同抱负，具有合作精神，才能建立起一个有效运转的销售渠道。因此，生产商一定要选择愿意与生产商合作，共同担负一些营销职能的国际中间商，因为生产商与国际中间商良好的合作关系，不仅对生产厂家和消费者有利，而且对国际中间商也有利。

案例 8-3

我国某烟厂在日本选择具有合作精神的中间商

某烟厂是我国一家大烟厂。近年来，它一直试图扩大其在日本的销售市场，但遇到很大的困难。日本烟业市场由日本的一家烟业公司所控制，它掌握和控制着外国同行在日本市场上的竞争。凡是外国新品牌的香烟要进入日本市场，都要经过该公司的安排，先在日本60个试销市场上进行试销，每年试销一次，试销期10天，每次的试销量都要超过一定的标准，才能获准在日本市场上进行正式销售。

该日本烟业公司还控制着整个日本烟品的分销渠道，规定对外国烟品必须提前几个星期预订和付款，而且每月只运输一次，而日本公司自己的烟品则每周发给批发商或者零售商一次，因此，造成我国某烟厂在日本市场上最畅销的一个牌号的香烟经常脱销。该日本公司还经常通过调整我国香烟的价格来打击经营该产品的零售商。虽然我国的烟厂与该日本公司进行过多次交涉，但仍未能扩大在日本的销售量。该烟厂认为销量上不去的原因不在产品，不在价格，而主要在于日本这家公司的阻挠。我国烟厂决定改变营销策略，变主动进攻为迂回深入。于是我国的烟厂经过多方了解后，同日本的另一家公司取得了联系。经过多次友好的协商，双方决定进行合资生产，并在合同中规定合资厂50%的产品由日方负责销往日本市场。这样一来，该烟厂轻而易举地绕过阻碍，扩大了日本市场。合资3年来，中日双方都感到很满意，日方认为可以利用中方的原材料、劳动力以及该厂产品在日本市场已有的声誉，而中方亦可利用日方资金更新设备，利用日方的分销渠道，扩大合资产品在日本市场的销售。

第三节 国际市场营销分销渠道的管理

一、国际分销渠道管理的含义

国际分销渠道管理,从广义上讲包括制定渠道目标和选择渠道策略,选择、激励、评价、控制渠道成员以及渠道改进等。其中,渠道管理的核心是对中间商的管理。当国际分销不经过目标市场国家的国际中间商而将产品或者服务直接销售给国外的最终用户或者消费者时,制造商将不需要考虑国外中间商的管理问题,这时的国际分销相对来说比较简单。但当国际分销需要利用国外中间商来履行部分营销职能时,则营销人员必须关注从制造商到最终用户或者消费者的整个分销过程,考虑对国外中间商的控制和管理问题。在这种情况下,产品在从生产者向最终用户或者消费者转移过程中的每一个环节的效率都会影响整个分销渠道的效率,因此其管理是富有挑战性的,也是应当引起企业充分重视的。

二、国际分销渠道管理的内容

(一)制定国际分销目标

国际分销渠道管理的首要任务是确定国际分销的目标。国际分销目标可以是多种多样的,既有长期目标,又有短期目标,既有总目标,又有若干中间目标。一般来说,企业进行国际分销管理的总目标是取得较高的利润率或者一定的市场渗透率。然后根据这些总目标,又可以分为预期达到的顾客服务水平目标、与国际中间商进一步建立良好关系目标、在一定的渠道(如超级市场)内取得大量的分销目标、以尽可能少的投资在新的国际市场上实现产品分销数量的增长目标、保持对渠道的控制力目标、获取国际市场营销信息和经验目标等。各个层次的目标要有系统性,在目标发生冲突时要以企业的总体发展战略和总体分销目标相一致。

在制定国际分销目标时,除了必须考虑前面所述的六个"C"以外,更重要的是必须考虑目标市场顾客对分销服务的需要。顾客的分销服务可以分为批量规模、市场分散程度、等待时间、产品多样性和服务支持等,通过考虑顾客对一次购买数量(批量规模)、购买地点的分散度要求、产品交付速度要求、产品品种可选择性要求以及售后服务要求来决定每一层次的分销目标。

另外要注意的是,企业的国际分销目标不是一成不变的,要随着企业营销过程和企业规模的扩大适时调整。在企业刚刚进入国际市场时,往往对国际市场不是很了解,此时对国际市场渠道控制力目标就不能要求很高,而随着企业在该市场的销售规模不断扩大,企业就要注重树立自己的品牌形象和企业形象,此时对国际分销渠道的控制目标就会要求越来越高。

(二)选择国内外中间商

如果企业决定使用国外中间商进入和开拓目标国家市场,那么在国际分销渠道设计和管理中,就需要对具体的中间商作出选择,以保证所选择的中间商具有高效率,能有效地履行其所期望的分销职能,从而确保企业国际市场营销目标的完成。国外中间商的选择会直接关系到国际市场营销的效果甚至成败,因为中间商的质量和效率将影响产品在国际市场上的销路、信誉、效益和发展潜力。但是,从事国际市场营销的企业对国外中间商的吸引力是不同的。一般来说,那些知名度高、享有盛誉、产品销路好的企业,可以轻而易举地选择到合格的中间商;那些知名度低、产品利润率不高的企业,则需要投入大量的精力、时间和费用才能寻找到足够数量的、合格的中间商。但不管是哪一种类型的企业,在选择中间商时都要有一个筛选的过程,充分评价每一个候选的中间商是否满足一些基本的条件。另外,企业在选择中间商时,由于国内中间商在文化背景和相互情况掌握上都比较了解,所以,中间商的选择难题将集中体现在国外中间商的选择上。企业在选择国外中间商时一般应当遵循以下八个步骤。

(1) 收集有关国外中间商的信息,列出可供选择的国外中间商名单。

寻找国外中间商的最佳选择在于采取主动方式。企业寻找国外中间商的途径有很多,如外国政府机构、国外领事馆、常驻国外的商务团体、中间人团体及银行、顾客、杂志、期刊等。制造商也可以通过更为直接的方式来吸引分销商,如在专业期刊或者杂志上刊登广告,这种方式的范围很广;也可以通过参加展览会或者展销会的方式去寻找潜在的分销商;或者是通过代理机构或者咨询服务公司提供服务来获取分销商的信息。如美国专门设立了两种寻找国外代理人的服务方式:代理商/分销商(A/DS)是用来寻找对美国企业递交的出口协议感兴趣的外国企业;世界交易商数据报告(WTDR)是一种有价值的服务项目,它提供了具体的国外企业的贸易概览以及由商务部官员拟订的对可靠的外国企业进行调查后的一般描述性报告。

(2) 依据企业开展国际市场营销的需要确定选择标准。

企业应当根据分销目标和自身条件制定选择中间商的标准。这些标准中有一些是容易量化的,有一些则只能进行定性的分析。一般企业可以采用的选择中间商的标准如下。

① 经济实力和绩效。中间商的经济实力将决定中间商是否能按时结算,甚至包括必要时预付货款。如果中间商的经济实力和绩效不佳,流动资金短缺,就很难履约。了解中间商的经济实力和绩效的方式之一是审查其财务报表,通过财务报表来判断它的资金实力、支付能力。另外,还要借助于其他的资料,如历年的销售情况汇总,从中可以找到中间商过去和将来的绩效的一些评价。

② 市场覆盖率。市场覆盖率包括中间商的销售覆盖区域的大小、服务市场的质量、销售人员的特点、销售代理人的数目等各项指标。

③ 目前正在经营的业务。国际市场的经营者一定要对中间商经营的业务了如指掌,因为在同一个市场中的中间商可能也在同时经营竞争者的产品,因此一方面难以争取到与对方合作,另一方面即便合作了效果也不会很理想。这时生产者可以采取绕道竞争者同一个中间商的竞争压力,选择销售与自己的产品为互补品的中间商,这样对双方将都有利可图。

④ 信誉和合作态度。要对中间商的信誉和合作态度引起重视。中间商的信誉良好,才能充分利用它已有的渠道和网络实现企业的销售目标;如果中间商的信誉不好,则很可能会引起不必要的损失。合作态度好的中间商往往会对本企业的产品销售引起重视,而合作态度不好的中间商则不会给予充分重视。

(3) 向每位候选的中间商发出一封用其本国文字书写的信件,内容包括产品介绍和对中间商的要求等。

(4) 从复信中挑选一批比较合适的候选人,企业再去信提出更为具体的询问,如经营商品种类、销售覆盖区域、企业规模、销售人员数量及其他有关情况。

(5) 向候选人的客户调查其信誉、经营和财务状况等情况。通过调查来确认中间商是否符合企业选择分销商的标准。

(6) 如果条件允许,派人访问所优选的中间商,进行更深入的了解。

(7) 按照挑选标准,结合其他有关情况,确定中间商入选者名单。

(8) 双方签订合同,正式确定分销过程中一些具体问题的条款。找到合适的中间商后,双方签订销售协议书,将双方的权利与义务、合同期限、合作方式、合同中止和引起争议时如何仲裁等条款确定下来。

(三) 控制国外分销渠道

企业选择了中间商以后,还要加强对分销渠道的管理和控制。对国际分销渠道的控制主要包括专门管理、健全档案、适当鼓励、定期评估、有效监督和及时调整等五项工作。

1. 专门管理

出口企业,尤其是经常开展国际市场营销活动的大型企业,一般应当设立管理国际市场分销渠道的专门机构,至少要有专人负责这项工作,以加强对分销渠道的专业化、系统化管理。

2. 健全档案

与国内外企业、银行、咨询机构和政府等保持经常性的联系,不断收集、分析、整理有关中间商(重点是本企业客户)的资信材料。

3. 适当鼓励

中间商需要激励以尽其职。如何调动渠道成员的积极性、加强其责任心,这是渠道成员管理的一个重要问题。在这方面,常见的措施如下。

(1) 开展促销活动。生产者利用广告宣传推广产品,一般很受中间商的欢迎。广告宣传费用可由生产者负担,亦可要求中间商合理分担。生产者还应当经常派人前往一些主要的中间商那里,协助安排商品陈列,举办产品展览和操作表演,训练推销人员,或者根据中间商推销业绩给予相应奖励。

(2) 资金支助。中间商一般期望生产企业给予他们资金支助,这可以促使他们放手进货,积极推销产品,一般可以采取售后付款或者先付部分货款待产品出售后再全部付清的方式,以解决中间商资金不足的困难。

(3) 协助中间商搞好经营管理,提高营销效果。

(4) 提供情报。市场情报是开展市场营销活动的重要依据。企业应当将所获得的市场信息及时传递给中间商,使他们心中有数。为此,企业有必要定期或者不定期邀请中间商座谈,共同研究市场动向,制定扩大销售的措施或者为中间商合理安排销售提供依据。

(5) 授予中间商以独家经营权,即指定某一中间商为独家经销商或者独家代理商。这种做法能调动中间商的经营积极性。

对中间商给予适当鼓励,目的是促使双方友好合作、互利互惠、融洽感情。企业在采用这些方法之前,必须进行调查研究,了解中间商的经营能力和经营现状,预测市场潜量,并将采取这些做法的成本与可能带来的收益进行权衡比较,看看是否值得这样做。另外,不同国家的中间商、同一国家中不同的中间商以及同一中间商在不同时期都可能有不同的困难和需求,企业应当因人、因地、因时制宜,选择最能解决中间商困难、最能满足中间商需求的方法来调动其积极性,这样才能使激励措施达到预期的效果。

4. 定期评估

定期评估要做两方面的工作。一是对分销渠道模式和分销渠道结构进行评估,这种评估的标准主要是经济效益。企业可以通过对消费者或者用户需要的分销渠道服务水平、产品在国际市场的覆盖面、促销效果、分销系统费用等方面进行评估,判断分销渠道是否符合市场需要,企业是否达到预期销售目标,经济效果如何。二是对中间商进行评估,这种评估主要是对中间商的履约率、资信状况、销售能力、合作态度和经营效率等作出鉴定,以便企业发现分销过程存在的问题,有利于及时掌握中间商的情况,对中间商进行有效的控制,提高分销渠道的效率。要注意的是,对于中间商的管理和控制,生产企业应当与中间商事前对评估内容和评估标准达成一致共识,并最好以协议的形式固定下来,以利于生产企业的评估和中间商的工作开展。

5. 及时调整

通过对中间商的定期评估,然后对功绩不佳的中间商进行分析诊断,并采取相应的激励或者赏罚措施。如果渠道控制失灵,而且企业未能实现其理想的利润而危及自身最高利益时,企业就应当考虑更换中间商或者对分销渠道进行调整。但应当注意的是,在一些国家里,企业要与中间商中止关系是要付出较大代价的,所以,企业此时应当持较为审慎的态度。

企业进行流通渠道的调整,常运用以下三种方法。

(1) 调整整个渠道。

这是最困难的一种。如一个软饮料跨国公司,可能考虑把使用地方特许装瓶商改为企业集中装瓶、直接出售。一个汽车跨国公司,可能考虑把使用独立零售商改为自办零售公司等。这种对整个渠道的调整,不仅要改变渠道,而且要调整企业已经习惯的销售因素组合和政策,因此应该由企业最高管理层作出决定。

(2) 增减中间商。

采用此种方法,需考虑增加或者减少这个中间商对企业营利有何影响?如一家电器制造跨国公司,如果决定在一个城市增加一家特许经营店,就不仅要考虑这家新添特许店能做多少生意,还要考虑其他特许店营业的增减。因此,这项增减渠道对象的调整会引起渠道中其他成员的反应,使情况变得十分复杂。

(3) 增减某一分销渠道。

在某些情况下,企业需要考虑如何增减其中一个渠道。如美国一家收割机跨国公司,本来通过一家特许经营店出售轻型卡车和娱乐型汽车,结果,后一种汽车未受特许店的重视,销路不畅。为了促进该种汽车的推销,这家公司不得不决定另外增加一个新的流通渠道,即增加娱乐型汽车特许代营店。

由此可见,企业在确定流通渠道以后,不能听之任之,不加管理,而应当经常予以检查、控制,在必要时还要进行调整,从而增强企业的渠道竞争力,取得预期收益。

个案分析

丰田公司在美国汽车市场的分销渠道策略

日本丰田公司为了有效地进入美国汽车市场,在对竞争对手详尽分析的基础上,选择了一整套进攻的分销策略,以保证其产品畅通无阻地进入目标市场,完成产品从生产领域到消费领域的惊险跳跃。一是提供良好的维修和售后服务。在发动每次销售攻势前,先建立广泛的服务网点,提供充足的零配件,为销售成功筑起了牢固的支撑点。1965年丰田公司投放皇冠车于美国市场前,就已有384家代理商和价值200万美元的零配件储备。二是选择重点销售市场,集中全部销售力量对目标市场进行重点进攻,在对重点市场基本攻克之后,再进攻下一个目标市场。丰田汽车打入美国市场主要选择了西海岸的四个城市,即洛杉矶、旧金山、波特兰和西雅图。当建立起滩头阵地后,便开始对美国市场发起全线进攻。实践证明,这一策略对观察整个市场态势,及时发现和纠正错误,积累国际市场营销经验是十分有益的。三是严格筛选代理商,一流商品必须由一流代理商经销,选择的代理商应当是资金雄厚、声誉高、具有丰富营销经验的中间商或者零售商。在进入国际市场初期,聘用当地商人或者由国外代理商经销商品,不仅可以减少营销风险、增加销量,而且还为自己的销售公司提供示范和培养人才。1969年,丰田公司尽管只有一种车型,但汽车代理商中的44%为丰田公司服务,为丰田汽车顺利进入美国市场铺平了道路。四是用丰厚的利润扶植和激励经销商。丰田公司进入美国市场时以每辆181美元的代销费用让利于经销商,这一数额大体与经销一辆大型轿车的利润相当。这在有些人看来简直不可思议。然而只经过短短的几年时间,丰田公司便成为世界汽车销量最大的公司之一,令视其为"傻瓜"的人目瞪口呆。

思考题:(1) 丰田公司的分销渠道策略的特点?(2) 丰田公司采取了什么样的进攻策略?

 思考问题

1. 试分析在发达国家和欠发达国家所遇到的渠道模式的可能差异。
2. 说明影响企业分销渠道决策的关键因素。

 技能训练

企业概况:某企业因经销商不得力造成销售业绩不理想,企业的营销经理想要更换经销商。该营销经理的想法刚刚想尝试实施时,遇到了以下三项困难。

(1) 来自企业内部的障碍。一是企业元老对原有经销商的长期感情培养造成的人情障碍。二是企业相关业务人员担心长期与经销商达成的利益分配协议被触动,造成利益损失。

(2) 来自被更换经销商的障碍。由于面临企业的遗弃,经销商的心理极不平衡,他们会在所能触及的范围内,处处给企业设置障碍,最典型的有两种:一是囤积货品,扰乱市场秩序,毁坏品牌形象;二是以大宗欠款来对企业施加压力。

(3) 来自整个渠道的障碍:经销商进行大面积的负面宣传,动摇原有渠道的军心,同时向本地区同行和终端客户散步谣言,为企业重新寻找经销商设置障碍。

如果你是企业的营销经理,请为该企业制订实现经销商更换的可行方案。

第九章
国际市场营销促销策略

学习目标
◎ 理解国际市场促销的概念、意义及其基本手段
◎ 了解国际人员推销的形式和方法
◎ 了解国际促销的广告策略
◎ 了解国际营业推广的形式和方法
◎ 了解国际公共关系的概念以及在国际市场营销中的应用
◎ 能结合实际案例分析国际促销策略

第一节 国际市场营销促销组合策略

一、国际市场促销的定义

国际市场促销(Promotion),是指营销人员将有关企业和产品(品牌)的信息通过各种方式传递给消费者和用户,帮助顾客认识商品或者服务所能带给他的利益,促进其了解、信赖并购买本企业的产品,以达到扩大销售的目的。

国际市场促销的实质就是营销人员与购买者或者潜在购买者之间的信息沟通。具体可以通过人员促销和非人员促销的方式,传递商品或者服务的存在及其性能、特征等信息,从而达到引起顾客注意、唤起需求、采取购买行为的目的。

二、国际市场促销的作用

在国际市场中,企业要使其产品或者服务顺利进入市场,必须将有关企业的行为、宗旨、品牌形象、产品以及服务的信息及时有效地传递给消费者,广泛开展各种宣传活动,提高产品的认知度和购买兴趣。

营销基本理论认为,企业促销活动的开展是整个市场营销活动中的关键一步,其主要作用体现在以下四个方面。

传递信息——促销能及时传递产品信息,排除消费者不感兴趣或者其他信息的干扰,保证信息沟通的渠道畅通。

唤起需求——促销可以激发潜在需求,促进消费动机向消费行为的转换。

突出特点——促销可以强化产品特点,突出产品的优势所在。

强化销售——促销可以是对竞争对手发起的冲锋,也可以是对竞争对手的反击与防御。

三、国际市场促销的方式

国际市场上的促销方式可以分为两类,一是通过销售人员面对面地与目标顾客直接沟通,二是通过一定的载体与目标顾客进行间接性的但更为广泛的沟通。通过人员传送商品信息,引导顾客实现购买行为的营销活动称为人员推销;通过一定的载体传送商品信息,促进销售的活动称为非人员促销。非人员促销主要有三种形式,即广告促销、公共关系和营业推广。

这四种方式各有不同的特点和优势,其各自特点如下(参见表9-1)。

表9-1 四种促销方式优点和缺点的比较

促销方式	优 点	缺 点
人员促销	信息双向沟通,能及时反馈;信息传递的针对性较强;尤其适用于某些贵重品和特殊产品	成本高,受推销人员素质的制约,接触面太窄
广告促销	传播面广,速度快;形象生动,信息艺术化,吸引力强;可选择多种媒体;可重复多次使用	单向的,缺少及时的信息反馈,说服力较小,购买行为滞后

续表

促销方式	优　　点	缺　　点
营业推广	刺激快,吸引力大;在改变消费行为方面非常有效;与其他的促销工具有很好的协同作用	只能短期刺激;可能使顾客有顾虑和怀疑;可能损坏品牌形象;竞争对手容易模仿
公共关系	可以提高企业的知名度、美誉度和信赖度;可信度高;绝对成本低;相关报道和新闻宣传,传达力强	见效较慢;难以取得媒体的合作;效果难以控制

四、国际市场促销组合策略

四种促销手段各有优势,在实际的市场操作中企业应当结合自身的促销目标、产品性质、产品所处的生命周期阶段、市场性质和促销预算等方面合理搭配、结合使用,这就是营销学中常说到的国际市场营销促销组合(Promotion Mix)。

促销策略从总的指导思想上可分为推式策略和拉式策略两类,两种策略的特点如图 9-1 所示。

推式策略,是指国际市场营销企业主要运用人员推销的方式,把本企业的产品推向国际市场,即从生产企业推向各类中间商,再由中间商推销给国内外消费者,故也称为国际人员推销策略。推式策略一般适合的产品包括:单位价值较高的产品;性能复杂、需要做示范的产品;根据用户需求设计的产品;流通环节较少、流通渠道较短的产品;市场比较集中的产品等。

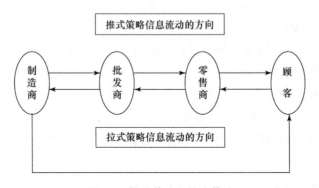

图 9-1　推式策略和拉式策略

拉式策略也称非人员推销策略,是指国际市场营销企业运用非人员推销的方式,提高产品的知名度和消费者的认知度,把顾客拉过来,尤其是激发潜在顾客的购买欲望,使其对本企业的产品产生需求,从而吸引中间商来订货,以此扩大销售。一般来说,对单位价值较低的日常用品、流通环节较多和流通渠道较长的产品以及市场范围较广、市场需求较大的产品适宜采用拉式策略。

对国际市场营销企业来讲,将两种策略搭配使用往往可以有意想不到的效果。如上所述,两种策略各有不同,具体适用场合参见表 9-2。

表 9-2　两种策略的适用场合

推式策略	拉式策略
企业规模小,无足够促销预算	产品市场很大,市场范围较广,多属便利品
流通环节少,流通渠道短,市场集中,销售力强	产品的信息必须以最快的速度传递给消费者
产品单位价值高,如特殊品、选购品	市场对产品的需求日渐升高
企业与中间商、消费者关系亟待改善	产品采用差异化的策略,富有特色
产品性能及使用方法复杂,需人员示范	产品能激起感情性购买动机
消费者对产品维修等售后服务要求比较高	企业拥有充分的资金,有力量支持大规模广告

第二节　国际市场人员推销策略

一、人员推销的定义及特点

人员推销又称派员推销和直接推销,是一种古老的但很重要的促销形式。它是指企业派出或者委托推销人员、销售服务人员或者售货员,亲自向国际市场顾客(包括中间商和用户)介绍、宣传、推销产品。

在人员推销活动中,推销人员、目标顾客和推销产品是三个基本要素。其中前两者是推销活动的主体,后者是推销活动的客体。通过推销人员与目标顾客之间的接触、洽谈,将产品和服务推销给目标顾客,从而达成交易。

相比较于非人员推销,国际市场人员推销既有优点又有缺点。在国际市场上采用人员推销方式,主要有以下优点。

(一) 人员推销形式最直接,也最灵活

推销人员可以当场对产品进行示范性使用,消除国际市场顾客由于对商品规格、性能、用途和语言文字等不了解,或者由于社会文化、价值观念、审美观和风俗习惯的差异而产生的各种怀疑。

(二) 人员推销具有选择性

人员推销可以选择那些具有较大可能购买的顾客进行,并可以事先对潜在顾客作一番研究,拟订具体的推销方案,因而推销的成功率较高,无效劳动较少。

(三) 人员推销有助于增进友谊,建立长期的业务关系

人员推销可以促进买卖双方的良好关系,进而建立深厚的友谊,通过友谊又可以争取更多的买主。

(四) 双向沟通,信息反馈快

作为一种信息传递形式,人员推销具有双向性。一方面,推销人员亲临市场,向顾客宣传介绍产品的有关信息,如产品的性能、质量、安装、价格、维修、技术服务以及同类竞争品的有关情况,以此招徕顾客,促进销售。另一方面,推销人员可以及时了解顾客的反应和竞争

者的情况,迅速反馈信息,提出有价值的意见,为企业研究市场、开发新产品创造良好的条件。

当然,在国际市场上开展人员推销也有不足之处。首先,推销人员不可能遍布国际市场,每个推销人员直接接触的顾客有限,推销范围也不可能太大,往往只能作选择性和试点性的推销,有的效果不如非人员推销方式好。其次,人员推销的费用一般比较高,增加了销售成本,导致价格上升,显然不利于企业在国际市场上开展竞争。最后,国际市场推销人员的素质要求很高,而高素质的推销人员又很难得到,不易培养。

二、国际市场推销人员应当具备的基本素质

推销人员是企业开拓市场的先锋,是企业形象的重要代表。人员推销的效果直接取决于推销人员素质的高低,国际市场推销人员必须具备一定的基本条件。

（一）强烈的敬业精神和果断的决策能力

在国际市场的推销过程中有许多的困难和挫折,这就要求推销人员具有强烈的敬业精神和高度的责任感,把自己当做是"贩卖幸福"的人,要不断接受挑战,面对风险和机会等问题能作出迅速准确的决策。

案例 9-1

苏格拉底与其学生①

古希腊有个大哲学家苏格拉底,有一天,一个年轻人想向他学习哲学。苏格拉底带着他走到一条河边,突然用力把他推到了河里。年轻人起先以为苏格拉底在跟他开玩笑,并不在意。结果苏格拉底也跳到水里,并且拼命地把他往水底按。这下子,年轻人真的慌了,求生的本能令他拼尽全力将苏格拉底掀开,爬到岸上。年轻人不解地问苏格拉底为什么要这样做,苏格拉底回答道:"我只想告诉你,做什么事业都必须有绝处求生的决心,才能获得真正的收获。"

一个销售人员若拥有像被苏格拉底按在河里的年轻人那样强烈求生欲的成功欲望的时候,就会想方设法去达到其目的,变阻力为帮助力,将勇往而不胜,而且成功的欲望愈大则发展愈快。所以说企图心将决定销售人员职业生涯发展的高度。

（二）良好的市场调研能力和文化适应能力

推销人员面对国际市场错综复杂的环境必须懂得如何寻求建议,如何收集市场信息,如何挖掘营销机会;同时还要能够理解并适应异国文化环境,掌握不同民族的要求特点和心理特征,最好能精通目标市场国家的语言。

（三）旺盛的求知欲和宽广的知识面

推销人员经常与各种各样的顾客打交道,需要有宽广的知识面,它直接决定了推销人员

---

① 资料来源:经销商论坛。

的推销能力,所以推销人员应当有旺盛的求知欲,善于学习和掌握多方面的知识,这样在推销过程中才能游刃有余。

(四) 良好的个性、娴熟的技巧;热忱、坚定、勤劳、无畏的精神

推销人员不仅是企业的代表,也是消费者的顾问,故应当真正树立"顾客第一"、"顾客是上帝"的思想,积极为顾客服务,这样才能较快地赢得顾客的信任。

 案例9-2

最要紧的是推销自己

35岁以前,乔·吉拉德百事不顺,干什么都以失败告终。他换过40种工作,仍一事无成,甚至当过小偷,开过赌场。他从事的建筑生意也惨遭失败,身负巨额债务,几乎走投无路。然而,谁能想象得到,这样一个谁都不看好的倒霉鬼,竟然在短短三年内大走鸿运,他爬上了世界第一:售出1.3万多辆汽车,创造了商品销售最高纪录,因而被载入吉尼斯大全。

乔·吉拉德49岁便急流勇退——退休了。如今他满世界跑,向众多的企业精英传授他最重要的推销经验:推销员并非在推销产品,而是在推销自己。

"我打赌,如果你从我手中买车,到死也忘不了我,因为你是我的!"他把所有客户的档案都建立系统的储存。他每月要发出1万张卡片,无论买车与否,只要有过接触,他都会让人们知道乔·吉拉德记得他们。他认为这些卡片与垃圾邮件不同,它们充满爱。而他自己每天都在发出爱的信息。他创造的这套客户服务系统被世界500强中许多公司采用。而许多客户宁可排长队也要见到他,买他推销的车。

乔·吉拉德有一句名言:"我相信推销活动真正的开始在成交之后,而不是之前。"他实行一种"猎犬计划":借顾客之力,寻找新的顾客。在生意成交之后,他总是把一叠名片和"猎犬计划"的说明书交给顾客,并告诉顾客,如果他介绍别人来买车,每卖一辆他会得到25美元的酬劳。

乔·吉拉德的诀窍还在于推销产品的"味道"。每一种产品都有自己的味道,他在和顾客接触时总是想方设法让顾客先"闻一闻"新车的味道。他让顾客坐进驾驶室,握住方向盘,自己触摸操作一番。如果顾客住在附近,他还会建议顾客把车开回家,让他在家人和邻居面前炫耀一番。一般来说,顾客会很快被新车的"味道"陶醉,凡是试过车的,几乎没有不买的。即使当时不买,不久后也会来买。乔·吉拉德认为,如果你能吸引住顾客的感官,那么你就能掌握住他们的感情了。

三、国际市场人员推销结构

国际市场人员推销结构,是指推销人员在国际市场的分布和内部构成。它一般包括以下四种组织模式。

（一）地区结构型

地区结构型是企业根据地区选配推销人员。每个推销人员负责一两个地区内本企业各种产品的推销业务。这种结构比较常用，也比较简单，因为划定国际市场销售地区，使推销人员的责任明确，便于详细地了解该地区的顾客、市场方面的状况，容易考核推销人员的工作成绩，发挥推销人员的综合能力，也有利于企业节约推销费用。但是，当产品或者市场差异性较大时，推销人员不易了解众多的产品和顾客，这样会直接影响推销效果。在国际市场上的一般做法是企业把产品交给一个代理商，由代理商来负责这个国家的销售。

（二）产品结构型

产品结构型是根据企业的外销产品选配推销人员。每个推销人员专门推销一种或者少数几种产品，而不受国家和地区的限制。如果企业的出口产品种类多，分布范围广，差异性大，技术性能和技术结构复杂，则采用这种形式的效果较好，因为对产品的技术特征具有深刻了解的推销人员，有利于集中推销某种产品，专门服务于有关产品的顾客。但这种结构的最大缺点是，不同产品的推销人员可能同时到一个地区（甚至一个单位）推销，这既不利于节约推销费用，也不利于制定统一的国际市场促销策略。

（三）顾客结构型

顾客结构型是将企业的顾客进行分类，每一个推销人员面向某一类顾客进行推销活动。划分顾客的标准可以是职业、产业特征、规模大小、职能状况等。如按照服务的产业区分，可以对机电系统、纺织系统和手工业系统等派出不同的推销人员；按照服务的地域区分，可以让一部分推销人员负责对某地域推销的任务，而让另一部分推销人员负责对其他地域销售产品；按照销售渠道区分，批发商、零售商、代理商等可以分别由不同的推销人员包干；按照客户的经营规模及其与企业的关系区分，可以对大客户和小客户、主要客户和次要客户、现有客户和潜在客户等分配不同比例的推销人员。

采用这种形式的突出优点是，推销人员可以对其负责的顾客群的消费心理和消费习惯有十分深刻的了解，以便有针对性地开展推销活动；企业与顾客之间的关系密切而又牢固，因而有着良好的公共关系。但是这种模式有时会由于分类标准的不够清楚严格而造成推销对象的重叠或者模糊，而且对象分布地区较分散或者销售路线过长时也会增加推销费用。

（四）混合结构型

混合结构型是综合地采用上述三种结构模式来组织国际市场推销人员。在企业规模大、产品多、市场范围广和顾客分散的条件下，仅凭上述三种方式中任何一种都无法有效地提高推销效率，则可以采取混合结构型，在不同的地区向很多不同类型的顾客出售多种产品。

四、国际市场人员推销的形式与策略

（一）国际市场人员推销的基本形式

1. 企业经常性派出的外销人员或者跨国公司的销售人员

他们在国外专门从事推销和贸易谈判业务，或者定期到国际市场进行调研、考察和访问时代为推销。这是国际市场人员推销的一般形式。

2. 企业临时派出的有特殊任务的推销人员和销售服务人员

这种形式一般有三种情况：当国际目标市场出现特殊困难和问题时，其他的办法不能解决，必须由企业组织专业推销人员或者其他人员前往解决；企业突然发现了一个庞大的值得进入的市场，有必要派出一个专业推销小组，集中推销；企业建立一个后备推销小组和维修服务组织，待命而行。任务一到，出国推销兼做维修工作，或在国际市场维修时，开展推销工作。西方国家的许多企业还特别组织一个专家小组，在国际市场巡回考察、调研、推销，解决与本企业有关的经济问题、贸易问题和技术问题。

3. 企业在国外的分支机构（或者附属机构）的推销人员

国外许多的大企业特别是贸易公司，都在国外有分支机构（或者附属机构），这些机构一般都有自己的推销人员，专门负责本企业的产品在有关地区的推销工作。这些推销人员不仅有本国人，往往还大量雇用当地人员或者熟悉当地市场的第三国人员（如请第三国某公司在本地分公司的推销人员代为推销）。

4. 利用国际市场的代理商和经销商进行推销

在许多情况下，企业不是自己派员推销，而是请国外中间商代为推销。但是，请国外代理推销人员必须有适当的监督和控制，而不能单方面听取代理推销人员的意见和策略，或者完全交给代理推销人员去做。在必要的时候，企业应该直接了解目标市场顾客的有关情况，或派出专业人员陪同代理推销人员去推销，或企业派自己的推销人员，对这些做法企业须慎重选择。此外，企业还可以在主要市场派出常驻贸易代表，协助代理推销人员在该市场上开展推销工作。

（二）人员推销的基本策略

1. 试探性策略

试探性策略亦称刺激-反应策略，就是在不了解客户需要的情况下，推销人员运用刺激性手段引发顾客产生购买行为的策略。推销人员事先准备好要说的话，对客户进行试探。同时密切注意对方的反应，然后根据反应进行说明或者宣传。

2. 针对性策略

针对性策略亦称配方-成交策略。这种策略的特点是推销人员事先基本了解客户的某些方面的需要，然后有针对性地进行"说服"，当讲到"点子"上引起客户共鸣时，就有可能促成交易。因推销人员常常在事前已根据顾客的有关情况设计好推销语言，这与医生对患者诊断后开处方类似，故又称为"配合-成交"策略。

3. 诱导性策略

诱导性策略亦称诱发-满足策略。这是一种创造性推销，即推销人员首先设法引起客户需要，再说明自己所推销的这种服务或者产品能较好地满足这种需要。这种策略要求推销人员有较高的推销技术，能够因势利导、诱导消费者产生购买需求，在"不知不觉"中成交。

第三节　国际市场广告策略

一、国际广告促销的定义及特征

广告，是指由特定的广告主，有偿使用一定的媒介，传播商品和服务信息给目标顾客的促销行为。广告是企业促销活动的重要内容,是企业把产品推向国际市场的一种重要促销手段。在促进产品销售、提高企业经营效益等方面发挥着极其重要的作用。广告效应得好与坏直接影响企业产品的销售,也影响企业经营活动的成败。在国际市场营销中,企业应当明确广告设计的一般内容,进行广告环境分析,以便进行更有效的广告管理。广告具有以下四个特征。

(一)广告促销体现有偿性

广告应当有特定的广告主,出于一定的功利目的,支付一定的经济代价,这实质上是一种经济行为。做商品广告是为了更好地促进产品的销售,获得更大的利润,这是经济上的一种投入与产出关系。所以,做广告应当支付对价,体现有偿性。

(二)广告内容具有公开性

所谓广告,顾名思义是一种公开的声明,广而告之的意思。在消费者看来,大家从广告中收到的是相同的信息,表明了企业的产品是合乎标准的、合法的,购买该产品能够得到众人的理解和认可,也便于收集产品信息与其他的产品进行比较。

(三)广告传播具有非个体性

广告促销通过媒介传播的形式传递产品信息具有其他手段无可比拟的优势,根据广告所使用的媒介,广告可以分为听觉的(如广播)、视觉的(如报纸杂志)、试听的(如电视)。广告形式多样、接触面广,影响力大,其传递对象是企业产品的所有消费者,具有概括性,而不是针对单个用户或者消费者。

(四)广告具有较强的表现力

广告的载体多种多样,表现手法更是丰富多彩,通过色彩、图像、声音和字体等因素的巧妙结合,以戏剧性的手法表达清晰生动的内涵。其直观生动的表达更容易被消费者所理解,过目不忘,耳熟能详。

案例 9-3

可口可乐公司的广告攻势

2006年《商业周刊》公布的全球100个最具价值品牌名单中,可口可乐高居榜首。可口可乐的前任老板伍德拉夫有一句名言:"可口可乐99.61%是碳酸、糖浆和水。如果不进行广告宣传,那还有谁会喝它呢?"1886年可口可乐的营业额仅为50美元,广告费却为46美元;1901年营业额为12万美元,广告费为10万美元,如今可口可乐每年的广告费竟超过6亿美元。

如果算一笔账,1886年可口可乐投入的广告费为92%,1901年为83.3%,可正是这个92%和83.3%的惊人之举使可口可乐这样一种99.61%都是碳酸、糖浆和水的饮料卖了个世界第一。广告,无疑是使一个产品成功并扩大市场占有率的法宝,一个99.61%都是碳酸、糖浆和水的产品居然能远销全世界,靠的就是大规模广告宣传。

二、国际广告促销策略

国际广告促销需要制定合理适宜的广告策略。广告策略,是指企业在分析环境因素、广告目标、目标市场、产品特性、媒体可获得性、政府控制和成本收益关系等的基础上,对广告活动的开展方式、媒体选择和宣传劝告重点的总体原则作出的决策。

(一)国际广告环境分析

企业在制定国际广告策略时,需要对目标市场国的环境进行系统全面的分析,以便在广告的标准化和差异化之间作出正确的选择。

1. 目标市场国的经济状况

一般而言,不同的经济发展水平对广告媒体的选用、广告促销的效果、广告费用的要求等设置了不同的条件,正确分析市场经济的运行情况更有利于企业的广告促销。

2. 社会阶层和社会结构的组成

不同的社会环境下的人们对广告事物的接受程度差异较大,在现代化发展较发达国家的消费者,喜欢追求新鲜事物,对生活质量要求较高,喜欢刺激张扬的生活,对广告中的新事物关注较多,也更容易尝试和接受新产品。而在相对比较传统的社会中,人们喜欢平静的生活,对广告持排斥态度,这就使广告手段的使用大打折扣。

3. 文化习俗与生活习惯

一些国家和地区对某类广告抱有排斥态度,而往往会接受另一类的广告,这与有些国家的文化习惯和民族背景息息相关,也可能与民族的宗教信仰有关,选择恰当的广告策略就直接影响广告促销的效果。

4. 不同国家广告法规的限制

世界各国在广告管理上都有一些法规,对产品的种类、广告方式、广告媒介和广告时间等均有不同的限制。如我国禁止在主要媒介中刊载、播放烟草、烈性酒类等的广告;在科威特,每天只允许播出32分钟的电视广告,而且必须在晚上;加拿大要求作对比性广告,否则视为欺骗。企业在进行跨国性广告活动时必须对此高度重视,并研究适应性对策。

(二)国际广告的形式策略

国际广告要实现其目标,必须使广告能够适应目标市场所在国的各类环境因素,在此基础上选择广告的方式和广告的媒体。特别是当跨国公司的业务范围涉及多个国家或者地区,国际广告主题策略选择是一个值得研究的问题。

在国际市场上常采用的广告形式策略如下。

1. 标准化广告策略和差异化广告策略

从事国际化经营的企业都面临着国际广告标准化和差异化选择。标准化广告即在各国市场上做广告时使用相同的主题、相同的广告形象。如可口可乐公司在世界各地的广告都选用同一主题和红色的主色调。企业是采用国际广告的标准化广告策略还是差异化广告策略取决于消费者购买产品的动机,当不同市场对相同的广告作出相同程度的反应时,即对同类产品的购买动机相似时,或企业采取全球营销战略时就可以采用标准化广告策略。当然标准化广告策略并不排斥就地区差异做一定程度修改。当消费者对企业产品的购买动机差异很大时,或企业实行差异性市场营销战略时,应当采用差异化广告策略。采用国际广告标准化策略可以节约成本,充分发挥成功广告的效益;一致的广告有助于建立标准化的产品形象。但也有其不尽如人意之处,最主要的是没有考虑国际市场的特殊性,特别是在特殊性成为矛盾的主要方面时,标准化广告策略显得力不从心,所以很多的企业采取差异化广告策略。

由于不同国家或者地区存在不同的政治、经济、文化和法律环境,消费者对产品需求动机差异很大。因此根据不同的市场特点,设计不同的广告主题,传递不同的信息,以迎合不同的消费者需求,即实施差异性市场营销战略。差异性市场营销战略的缺点是企业对各国市场的广告宣传控制较差,甚至出现相互矛盾,影响企业形象。如西方某航空公司采用国际广告差异化策略后,在一国的广告中,宣传该公司服务的高级和机内设施的豪华,而在另一国的广告中则宣传该公司机票的实惠,结果损害了公司的整体形象。

总之,无论是选择标准化广告策略还是差异化广告策略,其目的都在于将有关信息传递给消费者,使消费者理解并接受这些信息,促进企业产品的销售。

2. 形象广告策略和产品广告策略

国际市场营销企业在采用广告策略时,不同阶段的目的是不同的。广告促销的一个主要目标是为了塑造企业及其产品、商标的形象,并巩固和发展这一形象,使消费者对企业及其产品产生信赖和感情,而不是单纯地为了销售产品,这就是企业的形象广告。形象广告的目的就是为了获得长远和稳定的利润,而不是追求在商品利润上立竿见影的效果。这种广告应当内容真实、诚恳动人,能给消费者留下深刻的印象,追求企业的长远利益和长期效果。

采用产品广告策略,产品广告目标在于推销产品,其核心是要采用各种方式介绍、宣传产品的特点和优点,利用各种劝说内容和形式,鼓励和诱导人们购买。与形象广告策略相比,产品广告策略更注重利润的实现,追求短期效果。

形象广告与产品广告并不是截然分开的。形象广告的最终目的也是为了推销企业的产品,获得更大的利润,而产品广告也必须考虑产品形象,企业形象的树立决不能与产品、企业的形象背道而驰,两者是相辅相成、密不可分的,只是在企业产品发展的不同阶段,根据企业不同的战略开展侧重点有所不同而已。

三、国际广告媒介选择策略

广告效果的选择在很大程度上取决于广告媒介的选择适当与否。随着信息技术的快速发展,国际广告媒体领域也在飞速地发生着变化。每种媒介都各有特点,企业必须选最合适、性价比最高的组合手段。

（一）各种媒介的特点

1. 报纸

作为广告媒体中的主要工具,报纸在许多国家都是首选的广告媒介。报纸广告传播面广,具有较强的普及性;制作简单、价格低廉;没有阅读时间的限制,保存性好;但也存在可视性较差、不够吸引人等缺点。

2. 杂志

杂志广告深入精美,容易集中目标,保存时间长,尤其是专业杂志给人以信任感,杂志读者有可能仔细阅读。但对于结构简单、具有全民性消费习惯或者适应面广的商品,广告效果欠佳,且周期较长、时效性差。

3. 广播

广播媒体传播速度快,听众遍布各地各阶层,方式灵活多样,动听悦耳,给人以想象力,吸引力强,且费用相对低廉。在文盲率较高的国家或者在电视机、网络等尚未普及的国家或者地区,广播是不可替代的广告媒介。当然在发达地区,广播也拥有众多的听众。广播广告的不足之处在于缺少形象画面感,听众收听完后很容易遗忘广告内容。

4. 电视

电视广告声画结合,传播迅速,传播范围广,表现手法灵活多样,在各种广告媒介中促销效果最好,这也是电视广告备受厂商青睐的原因。但制作成本昂贵,这使得一些企业望而却步;电视广告时间较短,易受其他节目的干扰;尤其是在国际市场上,许多国家对电视商业广告在播出时间、内容及目标对象方面或多或少有所限制。

5. 直接邮寄

在越来越多的国家,直接邮寄是一种可行的媒体,当其他的媒体难以利用时,它尤其重要。在国际市场营销中,甚至像这样基本的媒体也往往受一些稀奇古怪的做法的影响。如在智利,因为发信者只付一部分邮资,收件人必须为每一件物品支付其余的邮资,所以直接邮寄广告几乎不可能作为一种有效的媒介。而《读者文摘》协会曾经在墨西哥利用直接邮寄广告成功地销售其杂志。在东南亚市场上,印刷媒体较为短缺,所以尽管准确的邮寄对象名录在亚洲和世界其他地方都是一个问题,但是直接邮寄广告仍然被看成是抵达工业品采购员的最有效的途径之一。

6. 互联网

互联网已经成为当今全球最大的传播媒介。互联网几乎给各类广告提供了取之不尽、用之不竭的"版面"。世界上超过200个国家、数亿人口得以透过互联网彼此紧密地联系在一起。网络具有其他媒介所不具备的优势:速度快;时效性强;资源丰富;企业与顾客互动性强;选择多样化;集报纸、广播和电视三家之长;受众全球化。

7. 新社交媒体

互联网的威力改变了口头宣传的速度和影响范围。社交媒体(如社交网络、博客、拟真世界、视频分享、微博等)可以成为强有力的营销工具,不过经营者才开始放手让消费者发表对品牌的看法。来自消费者的信息往往会对品牌产生影响(包括正面的影响和反面的影响)。新媒体不仅成为所有产品经营者考虑的问题,而且这些经营者不限于那些针对年轻人的经营者。不管品牌经营者喜不喜欢,消费者总会对品牌有自己的看法。因此,经营者必须跟踪并参与消费者的那些在线交流。

互联网交流不受国界的限制,来自不同国度的消费者可以利用广泛的社交网站进行在线互动交流,如 Facebook、Twitter 等。

(二)影响企业媒介选择的因素

1. 媒体的性质与传播效果

媒体的性质,是指要研究考察对象(媒体)是属于哪种类型的媒体。不同的媒体有不同特点,它们在传播范围、传播对象、传播人数、社会声望、生命周期和传播速度等方面都有一定的差异;不同的媒体在各类信息的传播效果上也存在差别。

2. 广告商品的性能和使用范围

选择广告媒体,应当根据企业所推销的产品或者服务的性质与特征而定。商品的性能即商品的性质和作用,包括商品自身的特点、使用价值、所处生命周期及质量、价格、产品包装等;商品的使用范围主要指商品销售的地域范围和使用者的阶层范围。不同的商品有不同的性质和使用范围,媒体选择者必须将这些情况搞清楚,对不同的商品选择不同的媒体。如工业品与消费品,技术性能较高的复杂产品与较普通的产品,应当采用不同的媒体进行广告宣传。

3. 目标市场的媒体习惯

目标市场消费者的生活习惯、职业、年龄、文化程度、收入水平和宗教信仰等都存在一定的差异,其习惯不同、文化程度不同,接触媒体的习惯也不一样,不同的观众通常会接触特定的媒体。有针对性地选择为广告对象所易于接收的媒体是增强广告促销效果的有效方法。

4. 广告的制作和成本费用

不同的媒体,广告的制作程序和复杂程度不同,发布速度不同,费用也不同。用哪种媒体做广告宣传,也取决广告者的广告预算和支付能力。一般来说,全国性报纸、电视、广播、杂志的宣传覆盖面大、影响大,但广告费用要比地区性报刊、电视、广播的费用高得多。但若从一定宣传面的广告费用平均值计算,覆盖面越大的媒介,广告费用越便宜。

广告费用与广告活动的规模和刊播时间的长短也是密切相关的。如果广告活动的规模较大,播出的时间较长,占有的版面较多,其广告费用就多;否则,广告费用就少。究竟用多大的宣传规模宣传商品或者树立企业形象,企业要根据自己的实际情况来决定。

5. 注意各种媒体的搭配使用

各种广告媒体的功能、费用不一样,这恰好给广告宣传提供了互相配合的可能。所以,选择广告媒体必须采用同时选择策略,确定主力媒体和辅助媒体,以便构成一个宣传效果更佳的广告媒体组合。企业那种一味选用四大广告媒体——报纸、广播、电视和杂志进行广告宣传,而忽视其他媒体(诸如广告牌、交通广告、POP广告、信函广告、赠奖广告等)的做法将会失去相当多的客户。

四、国际广告面临的挑战

(一)国际沟通的准确性

国际沟通过程由七个部分组成(如图9-2所示),任何一个部分最终都会影响沟通过程的准确性。

(1)信息源,有产品信息需要沟通的国际营销经理。

(2)编码,来自信息源的信息转换成可以发送给接收者的有效符号。

(3)信息渠道,把编码信息传递给接收者的销售人员或者广告媒体。

(4)解码,接收者对来自信息源的符号的解释。

(5)接受,接收信息的人及接收所传递思想达到的目标及采取的行为。

(6)反馈,有关传递效果的信息,从接收者流回到信息源,用来评估沟通过程的有效性。

(7)噪声,诸如竞争活动、混乱等无法控制、不可预料的影响因素,它们干扰沟通过程、影响任一或者所有其他六个步骤。

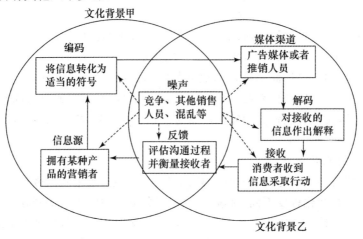

图 9-2　国际沟通过程

国际沟通过程并不简单地只是通过媒体向接收者发送一个信息,就能指望所发送的信息和接收者所收到的一样。在图 9-2 中,国际沟通过程被置于文化背景甲和文化背景乙之中,即当信息在一种文化中编码而在另一种文化中解码时,使得国际沟通过程变得纷繁复杂的种种影响。如果考虑不周,不同的文化背景会增加误解。在这一领域,即使最有经验的企业也会犯错误。

国际沟通过程的任何一个步骤、文化因素或者营销人员的自我参照标准都可能影响沟通的最后效果。在拟定广告信息时,国际营销人员可以有效地利用这一模式作为指导,确保所有潜在的限制和问题都已考虑周详,最后接收到的信息和采取的行动与信息源的意图相吻合。国际竞争日趋激烈,再加上跨国营销的复杂性,要求国际广告人员一定要极富创造力。法律、语言、文化、媒体、生产和成本的限制制约了创造性的发挥,使国际广告任务更加艰巨。

（二）法律因素

世界各国对比较广告都会在法律上有所控制,另外对特定产品的广告有各种各样的限制。许多国家对药品广告有限制,对玩具、烟草、酒广告有限制的国家不计其数,还有一些国家对电视广告的播放时间和播放内容都进行严格的管制。还有一些国家征收广告特别税,这都可能会限制媒体的选择自由。

（三）语言限制

语言是利用广告进行有效沟通所遇到的主要障碍之一。这个问题涉及不同国家的不同语言,同一国家内的不同语言或者方言,以及语感、表达习惯、俗语、语音等更加微妙的问题。

语言会产生无数的障碍,影响有效、地道的翻译,因而妨碍沟通。抽象、简洁、惜墨如金,这些对广告人员来说最有效的工具却给翻译者带来了困难。一个国家内部文化遗产和教育的巨大差异使得人们对一个句子和简单的概念产生不同的解释,因而妨碍沟通。如有些企业雇用生活在美国的外国人做翻译,试图解决翻译问题。这常常也不能令人满意,因为语言和翻译人员都在变化,几年之后,生活在美国的外国人就接触不到鲜活的语言。除了翻译困难以外,很多国家的高文盲率也严重妨碍沟通,这就要求广告更富创造力,多使用口语媒体。

一个国家或者广告地区的人们使用多种语言,这给广告主带来另一个问题。像瑞士这样的小国也有四种不同的语言,以色列人口的熔炉特性决定了他们使用近50种语言。

(四) 文化多样性

与来自不同文化的人进行交流会遇到很多的困难,创造性地克服困难是广告业务中最富挑战性的任务之一。一位广告总裁直截了当地说:"国际广告工作几乎毫无例外地是困难的,主要原因在于不理解语言和文化。"文化因素决定着如何解释各种现象,所以交流更加困难。如果认知的结构不同,同一信息的理解也就不同。基于传统习惯的现有感性认识常常成为使广告活动失效或者不成功的原因。

(五) 媒体限制

媒体对创造性策略的限制将会减小广告在促销活动中的作用,也许还会迫使营销人员更多地依靠促销组合中的其他因素。如果像意大利那样,电视广告一年只准播放10次,任何两次播放之间的间隔不少于10天,那么,营销人员的创造性毫无疑问要受到挑战。在一些国家,富有创造性的广告主甚至建立了自己的媒体,以此克服媒体的限制。如在非洲的一些国家,广告人员泛舟于河上,一边行进,一边向着灌木丛中的人们播放流行音乐和广告。

(六) 生产和成本限制

当广告预算小或者制作条件有限(如印刷质量差和缺少高质量的纸张)时,创造性就显得特别重要。如在东欧,由于流通量大的杂志和其他高质量出版物的纸张和印刷质量差,高露洁公司不得不放弃西方传统的大量使用印刷媒体的做法而改用其他媒体。

第四节 国际市场营业推广策略

国际市场营业推广又称销售促进,是一种适宜于短期推销的促销方法,是企业为了鼓励消费者和中间商购买、销售、代理商品和劳务而采取的除广告、公关关系和人员推销之外的所有企业市场营销活动的总称。国际广告对消费者购买行为的影响往往是间接的,营业推广则刺激消费者立即作出购买决策。

一、国际市场营业推广的方式

国际市场营业推广的方式很多,主要分为三大类:一是以消费者或者用户为对象的推广方式;二是以中间商为对象的推广方式;三是以推销人员为对象的推广方式。企业需要根据各种方式的特点、促销目标和市场环境等因素选择适合本企业的推广方式。

(一) 企业使用于消费者的销售促进工具

企业以消费者或者用户为对象的推广方式,常用的有以下八种。

1. 赠送促销

即向消费者赠送样品或者试用品。赠送样品是介绍新产品最有效的方法,缺点是费用高。样品可以选择在商店或者闹市区散发,或在其他产品中附送,也可以公开广告赠送或者入户派送。

2. 折价券

即给持有人一个凭证,他在购买某种商品时可凭此券免付一定金额的钱。折价券可以邮寄,或附在其他商品中,或在广告中附送。这是一种刺激成熟品牌产品销售的有效工具,也可以鼓励买主早期试用新品牌。

3. 组合包装促销

即以较优惠的价格提供组合包装和搭配包装的产品。

4. 抽奖促销

即在顾客购买一定的产品之后可获得抽奖券,凭券进行抽奖获得奖品或者奖金,抽奖可以有各种形式。

5. 现场演示

即企业派促销员在销售现场演示本企业的产品,向消费者介绍产品的特点、用途和使用方法等。

6. 联合推广

即企业与零售商联合促销,将一些能显示企业优势和特征的产品在商场集中陈列,边展销边销售。

7. 参与促销

即消费者通过参与各种促销活动,如技能竞赛、知识比赛等活动,能获取企业的奖励,从而促进销售。

8. 会议促销

即在各类展销会、博览会、业务洽谈会期间的各种现场产品介绍、推广和销售。会议在一定地点定期举办,邀请各国商人、客户参加交易,寻找更多的商业机会。

案例 9-4

营业推广的针对性

某儿童玩具厂家为了在暑期加大一种智力玩具的销量,煞费苦心地在产品上捆绑了一种时下在小学生中非常流行的飞镖玩具,以期博得他们的青睐。但结果令他们非常失望:销售额还不如上一个月。后来他们通过调查才发现原来有许多的家长认为这种飞镖玩具的安全性有问题。该企业促销失败的原因是忽略了消费决策者的作用。买玩具的是儿童,但掏钱的毕竟还是家长。而且,它的赠品本身也是有问题的。

(二)企业使用于中间商的销售促进工具

1. 折让回扣

即企业为了争取批发商或者零售商多购进自己的产品,在某一时期内给经销本企业产品的批发商或者零售商加大回扣比例。如可以规定购货者在规定期限内购买某种商品时,每买一次就可以享受一定的小额购货折让,以鼓励购货者大量购买商品,尤其是那些通常不愿进货的新品种。

2. 推广津贴

即企业为了促使中间商购进企业产品并帮助企业推销产品,可以支付给中间商一定的推广津贴。

3. 销售竞赛

即根据各个中间商销售本企业产品的成绩,分别给优胜者以不同的奖励,如现金奖、实物奖、免费旅游、度假奖等,还可以给予中间商推销金,或免费赠送附有企业名字的特别广告赠品,如钢笔、日历、笔记本、烟灰缸、领带等,以起到激励的作用。

4. 支持零售商

生产商对零售商专柜的装潢予以资助,提供POP广告,以强化零售网络,促使销售额增加,也可以派遣厂方信息员或者代培销售人员对中间商进行人员培训,生产商这样做可以提高中间商推销产品的积极性和销售能力。

(三)企业使用于推销人员的销售促进工具

推销人员是企业商品推广的关键,经常要将许多不同品牌的商品推荐给消费者使用,因此,企业常运用销售竞赛、销售红利、奖品等销售促进工具直接刺激推销人员。对销售业绩优秀的推销人员也可以给予晋升、加薪等激励手段。

二、国际市场营业推广的控制

国际市场营业推广活动不像广告、人员推销和公共关系那样具有常规性,通常是为了解决具体促销问题或者为了临时的促销目的而进行的。在国际市场采用营业推广手段时,应当特别注意不同国家或者地区对营业推广活动的限制规定、当地市场的竞争情况等因素,加强营业推广的控制。

(一)深入考察目标市场状况,确定国际市场营业推广目标

营业推广目标的确定,就是要明确推广的对象是谁,要达到的目的是什么。只有知道推广的对象是谁,才能有针对性地制订具体的推广方案,如是为达到培育忠诚度的目的,还是以鼓励大批量购买为目的?

(二)了解和分析各国对营业推广的限制和管理规定

国际上许多国家对营业推广的应用加以限制。如有的国家规定营业推广的开展事先须征得政府有关部门的同意,有的国家限制营业推广的范围、规模。新西兰规定,折价券只能兑换现金,英国对营业推广作出专门的解释。国际市场营销企业必须熟悉这些规定,避免陷入误区。

(三)选择合适的推广工具

营业推广的方式方法很多,但如果使用不当,则适得其反。因此,选择合适的推广工具是取得营业推广效果的关键因素。企业一般要根据目标对象的接受习惯和产品特点、目标市场状况等来综合分析选择推广工具。

(四)营业推广手段与其他促销手段的配合安排

营业推广要与营销沟通的其他方式(如广告、人员销售等)整合起来,相互配合,共同使

用,从而形成营销推广期间的更大声势,取得单项推广活动达不到的效果。

（五）合理选择营业推广的时机

营业推广的时间包括起始时间和活动持续时间。营业推广的市场开始时机选择很重要,如季节性产品、节日、礼仪产品,必须在季节前做营业推广,否则就会错过时机。除了产品销售季节外,影响促销活动的时间因素还有很多,如竞争对手的产品促销情况、产品处于什么样的生命周期、促销主题与大环境是否合拍等。另外,营业推广活动持续时间的长短要恰当,过长,则消费者的新鲜感丧失,产生不信任感;过短,则一些消费者来不及接受营业推广的实惠。

案例选择 9-5

营业推广时间的选择

六月下旬,某杀虫水公司为了处理一批改换包装的老产品,设计了一个与新包装捆绑在一起的买一赠一活动(定价已考虑了老包装产品的成本)。第一批货上架后就发现不对,几个星期下来销量竟没怎么提高。公司紧急研究对策,发现原来消费者担心这两大瓶(买一赠一)杀虫水一年用不完,所以宁可选择单瓶装的产品。于是公司马上下令回收了买一赠一的包装。从上面的例子我们可以看出时间对促销计划的重要性。如果该公司是在一个月前的5月份甚至4月份开始这个促销应该是会很成功的。

第五节　国际公共关系策略

一、国际公共关系营销的概念

公共关系,是指企业为了搞好与社会各方面的关系,树立和改善企业形象,增进社会公众对企业了解的一切活动的总称。与广告、人员推销、销售推广等促销方式相比,公共关系是一种间接的促销手段,它也许不会产生立竿见影的效果,但对树立企业良好的形象、促进企业未来的发展起着十分重要的作用。

国际公共营销关系是企业搞好与国外社会公众的关系,树立企业在国外良好形象的手段。复杂和激烈的国际市场竞争使国际市场营销人员面临着比国内更加困难的公共关系。企业必须针对东道国的社会文化、生活习俗和宗教信仰的特点,开展公共关系,与东道国市场各方面建立融洽的关系,这样才有利于企业的长远发展。

二、国际公共关系营销的作用

公关的作用就是确立企业与客户之间的牢固关系,有时候是直接通过与消费者之间的互动(活动),有时候是通过媒体(传播),有时候是通过政府部门(政府公关),也有的时候公关的作用在于消除公关对于企业的误解(危机公关)。

(一)提高企业或者产品的知名度和美誉度

企业借助新闻媒介的宣传,在坚持真实性的前提下,举办具有新闻价值的活动,吸引新闻界和社会公众的注意,造成一种有利于企业的舆论环境。通过吸引新闻媒体和社会公众的注意,宣传企业的产品,传递企业的理念,扩大企业的社会影响,提高企业和产品的知名度。

(二)帮助新产品打开销路,协助原有产品重新定位

通过公共关系专题活动,淡化推销的色彩,使社会公众从感情上接受一种新产品和新服务,营造有利的营销气氛,从而为进一步的销售活动开拓道路。

企业通过市场调研发现原有产品的新用途和新市场,也可以利用公关活动重新树立产品的市场形象。如美国万宝路香烟原来是女用香烟,销路一直不好,后利用英俊粗犷的西部牛仔形象重新定位,营造了一个全新的"万宝路世界",从而成为世界第一香烟品牌。

案例 9-6

健力宝打入美国市场的公关营销

在健力宝的历史上,美国第一夫人和第二夫人联袂为其做宣传是一个不得不提及的"殊荣"。而从其操作手法上看,健力宝继承了其惯用手段——公关。

1992年下半年,美国两党的总统大选进行得如火如荼,两党的总统候选人都把纽约作为助选的重要阵地。因为纽约历来是美国经济、文化、宣传媒介的中心。纽约市府的朋友向我们透露,克林顿的夫人希拉里和副总统候选人戈尔的夫人蒂珀将来纽约为自己的丈夫助选。

克林顿的助选大会是于1992年10月1日晚上在纽约港湾的一条豪华游艇上举行的。我们在大会开始前两个小时就赶到码头,然后利用开会前的一段时间和摄影师一起了解了希拉里要经过的路线和可能停下来的位置。当然,我们也给船上的服务人员作了大量的思想工作,使他们乐意支持我们的工作。

晚上六点半,希拉里和蒂珀来到船上,照例,她们要先在客厅会见当地社会名流和有关客人。我们和市府代表排在一起,当我们走到希拉里的跟前,准备握手之时,公司的一位小姐立即捧出一盘健力宝饮料。市府的朋友介绍这是中国的一种健康饮品。我们当然不失时机地向两位夫人各敬上一杯健力宝,就在她们举杯饮用健力宝之时,早已站好位置的摄影师已"啪"的一声按下了照相机快门。这一幅很有宣传价值的照片抢拍下来了。

喝上我们饮料的不仅是希拉里和蒂珀。到会的全体嘉宾差不多都喝上了健力宝。为此,我们专门雇了两位华裔小姐,她们身穿色泽鲜艳的中国旗袍,斜披健力宝小姐的彩带,捧着健力宝猕猴桃饮料,不断地向大家敬赠饮料。

此后,健力宝的国际化扩张不断加速。除美国之外,健力宝在新加坡、新西南、巴西、智利、瑞士和中国香港等十多个国家和地区建立了分公司,产品远销 30 多个国家和地区,1993 年,健力宝的出口量达到 50 多万箱,计 3.5 万吨。

（三）有利于建立良好的社区关系,增强好感,联络感情

利用社会传统的重大节日或者企业自身富有意义的纪念日,举办公关专题活动,可以表达企业对社会公众的善意,改变企业的社会舆论和关系环境,改善企业内部的人际关系。通过策划和举办各种公关活动,与社会各界广泛联络交往,为企业广结善缘。

（四）有利于挽回突发事件的不利影响

在国际市场营销活动中发生企业与环境或者公众之间的摩擦和冲突,势必会影响企业和产品的形象,企业需要运用多种公关手段解释问题,妥善处理问题,使社会和公众感受到企业的诚意,消除不利影响。

案例 9-7

雀巢"碘超标"：强词夺理终成空

2005 年 5 月 25 日,浙江省工商局公布了近期该省市场儿童食品质量抽检报告,其中黑龙江双城雀巢有限公司生产的"雀巢"牌金牌成长 3+奶粉赫然被列入碘超标食品目录。

26 日,雀巢中国公司迅速反应,给媒体发布声明称,雀巢碘检测结果符合《国际幼儿奶粉食品标准》,并称碘超标是由于牛奶原料天然含有的碘含量存在波动而引起的,并且该成分的含量甚微,雀巢金牌成长 3+奶粉是安全的。

27 日,雀巢称中国营养学会公布的《中国居民膳食营养素参考摄入量》,儿童碘摄入量的安全上限为每日 800 微克。因此,上述检测中所提及的碘含量不会带来任何安全和健康问题。但是业内有关专家指出,中国营养学会公布的《中国居民膳食营养素参考摄入量》只是公布了儿童碘每日摄入量的安全上限,这个衡量标准与雀巢奶产品本身应遵守的国家标准没有直接联系。继全国各大超市将"雀巢"金牌成长 3+奶粉全面撤柜后,部分超市开始无条件退货,但雀巢中国公司表示对"问题奶粉"目前尚不实行召回。

城门失火,殃及池鱼。雀巢金牌成长 3+奶粉出事,连带雀巢几乎所有的产品都受影响。28 日,各大网站调查中,八成网民表示:暂不买或者今后再也不用"雀巢"。

28 日,雀巢中国公司才正式对外公布,出现碘超标质量问题的奶粉批次为:2004-09-21。雀巢中国公司虽然声称清楚这批奶粉的生产数量及销往哪些市场,但拒绝向公众透露具体信息。

29 日,中央电视台经济半小时播出《雀巢早知奶粉有问题》。

30日,越来越多知情的消费者到超市要求退货,然而大部分消费者的退货要求却遭到了拒绝。雀巢方面依然没有就问题奶粉事件给出关于召回或者退货的进一步答复,导致大部分消费者退货无门。

6月1日,雀巢营养谷物早餐部门联合"心系好儿童组委会",启动了"儿童营养配餐知识"教育第二阶段活动,向家庭进行均衡营养教育和强调钙质在儿童生长发育中的重要性。但雀巢方面否认了这次形象公关与碘危机有关联,称是早先约定行事。

6月5日,雀巢中国公司大中华区总裁就雀巢金牌成长3+奶粉碘超标一事向消费者道歉。雀巢中国公司大中华区总裁穆立称:"首先就这次碘含量不幸偏离国家标准一事我们向广大消费者道歉。尽管我们一贯承诺全面遵守国家标准,但还是发生了这次偏离。"

虽然雀巢中国公司多方游说有关管理部门,6月8日,国家标准委对"婴儿配方乳粉中碘含量"问题公开表态:"碘不符合标准要求的婴儿配方奶粉应禁止生产和销售。"

6月15日,雀巢宣布:上海市场上的雀巢金牌成长3+奶粉已全部收回。

但是自此事件之后,雀巢奶粉的市场份额急剧下降。

三、国际公共关系的活动模式

在国际市场营销中,企业面临着变幻莫测的全球性市场,应当根据目标市场环境的变化特征,目标市场不同的政治信仰、经济水平和文化习俗,分别采用不同的公共关系活动模式。

(一)建设型公共关系活动模式

建设型公共关系活动模式,是指在企业初创时期或者新产品、新服务首次推出时为打开局面而采用的公关工作模式,是打基础的模式。其主要功能是在企业初创时完善自我、精彩亮相、提高知名度,形成良好的"第一社会印象"。

(二)维系型公共关系活动模式

维系型公共关系活动模式多用于企业处于发展比较顺利、内外部环境较好的时期。在此关系状态下,国际公关工作的重点在于如何长期地维持这种良好关系。企业公关人员可以根据公众的特点和需要,以及公共关系目标的要求,选择采用硬维系、软维系和强化维系的做法。

硬维系用于已经建立了合作关系的企业和个人,通过提供各种优惠服务吸引目标消费者的再合作。软维系的目的是让公众不淡忘企业。其具体做法灵活多样,以低姿态宣传为主,如定期广告、向企业寄送新产品样本等,使公众在不知不觉中了解企业及产品的情况。强化维系,是指在企业已有了一定的形象或者相当好的公关形象时,为进一步巩固和发展既有形象、消除潜在危机而开展的公关活动。通过进一步强化企业的良好形象来维系企业和公众的关系,主要采用高姿态的宣传手段,如可以资助文体事业、捐助失学儿童、赞助疾病基金等,树立关注社会、回报社会的负责任的企业形象。

(三) 进攻型公共关系活动模式

进攻型公共关系活动模式是一种主动进取、争取公众、创造良好环境时采用的公关模式。这种模式要求组织运用一切可以利用的手段,抓住一切有利的时机和条件,以积极主动的姿态调整自身行为,改变环境,摆脱被动局面,创造有利于组织发展的新局面。国际市场营销企业常采用的方法主要有以下三种。

1. 注重创新

不断开拓新的领域,发现新的细分市场,改变企业对旧环境的依赖关系,把握时机,利用机会主动出击。

2. 加强与各方面的合作

企业要学会主动地交朋友、加入同业协会和参加各种交流会议,减少与竞争者的冲突、摩擦,不断获取竞争者和市场的最新消息。

3. 转移战略

企业对环境中的消极因素的影响采取迂回转移策略。如企业可以通过主动、定向开展专项系列的公关活动以回避其他部门过多的赞助要求。

(四) 宣传型公共关系活动模式

所谓宣传型公共关系活动模式,就是利用各种宣传途径、各种传播媒介直接向公众传递有关企业及其产品的信息,促进企业与社会的沟通,提高本组织的知名度,从而形成有利的社会舆论的公关活动模式。宣传型公共关系活动的主导性强、传播面广,最能体现本企业的个性和特色。

企业采用这种策略,其公共关系部门必须主动向媒介提供各种宣传材料,如运用公关广告形式,在报纸、杂志、广播和电视等新闻媒介上宣传自己、树立形象,争取有关公众的好感;策划专题活动"制造新闻",吸引新闻界报道。这是一种不支付费用的宣传方式,在效果上比公关广告更有说服力和吸引力,更有利于提高本企业的知名度;利用举办各种纪念会、庆祝典礼,或利用名人、明星等特殊人物的声望,达到提高组织知名度的效果。

(五) 交际型公共关系活动模式

交际型公共关系活动模式,就是通过人与人的直接接触交往,进行感情上的联络,为企业广交朋友,建立广泛的社会关系网络,形成有利于企业发展的人际环境。在国际市场营销活动中,这实际上是一种直接的情感投资。良好的人际沟通是公共关系传播的重要途径,个人之间的沟通是面对面进行、具体生动的,它针对性强,有直接迅速的反馈,在一定程度上比利用大众传播媒介的效果好。

(六) 服务型公共关系活动模式

服务型公共关系活动模式不张扬,是一种以提供优质服务为主要手段的公关活动模式,要求企业以提供实惠的、看得见和优质的服务等实际行动来获取社会公众的了解和好评,建立自己良好的形象。有人称这种由消费者亲身体验而自觉传播的良好声誉为"口传广告",说服力强。在国际市场营销活动中,任何企业都要树立服务消费者的观念。

（七）征询型公共关系活动模式

征询型公共关系活动模式是以提供信息服务为主的公关活动模式，目的是通过广泛采集社会信息、舆论调查、民意测验等工作，以求全面了解社会需求和及时适应市场变化，为企业的经营管理决策提供参谋，使企业行为尽可能地与国家的总体利益、市场的发展趋势以及民情、民意一致起来。征询型公共关系活动是一项长期、复杂、艰巨的活动，需要企业营销人员持之以恒、日积月累。

（八）矫正型公共关系活动模式

矫正型公共关系活动模式也称危机公关，是多用于企业的发展遇到风险，公共关系严重失调，从而企业形象发生严重损害时所采用的一种公共关系模式。

企业形象受损一般有两种情况：一是由于外在的原因，如某些误解、谣言，甚至人为的破坏，致使组织的形象受到损害，这时公关人员应当及时、准确地查明原因，迅速制定对策，采取行动，纠正或者消除损害企业形象的行为和因素；另一种情况是由于企业的内在原因，如产品质量、服务态度、环境保护、管理政策、经营方针等方面发生了问题而导致公共关系的严重失调。

这种模式最大的特点是要"及时"：及时发现问题；及时纠正错误；及时改善不良形象。对于与公众的冲突，企业应当给予足够的重视，否则就会酿成危机，使企业陷入困境。

四、国际公共关系的活动方式

（一）新闻宣传

即把具有新闻价值的企业活动信息和产品信息通过新闻媒介予以宣传报道，以引起顾客对企业和企业产品的注意。企业采用这种方式，其公共关系部门必须主动向媒介提供各种宣传材料，通过各种方式宣传企业的目标、实力和对社会的责任感。

（二）建立广泛的联系

企业应当与各界建立广泛的联系，这是为了增进企业与社会各界相互了解，协调好企业与社会各界关系的联络与活动。企业在策划公共关系活动时，往往借助社会名流的知名度扩大企业的公共关系网络。扩大企业的公众影响力，丰满企业的社会形象。在公关活动中，企业借助社会名流的知识和专长为企业的经营管理提供有益的意见咨询；借助社会名流的关系网络为企业广结善缘；借助社会名流的社会声望提高企业的知名度。

（三）赞助和支持公益活动

这是以改善形象为目的的公共关系活动。作为社会的一员，企业有义务在正常的范围内支持各种公益活动，如福利捐献、运动会等。这些活动万目瞩目，新闻媒体会广泛报道，企业从中得到特殊利益，建立一心为大众服务的形象，以赢得各界的信任，从而提高企业知名度和美誉度。当然，企业在活动中应当结合自身实力以及活动的互惠性。

（四）提供特种服务

国际市场营销企业的营销目的是在满足顾客需求的基础上获得利润。为此，企业应当提供特种服务，满足顾客的特殊需求。如为残疾人提供专门制作的产品或者服务。采用这种手段要求国际市场营销企业深入了解目标顾客的特殊需要,专门开发有针对性的产品和服务;同时也要注意开发费用,分销成本的耗费。

个案分析

屈臣氏的成功促销[①]

屈臣氏以"健康、美态、欢乐"为经营理念,锁定18—45岁的时尚都市白领为目标消费群体,销售商品包括化妆品、护肤品、时尚饰物、保健品、休闲食品和礼品等类别,提倡以"让顾客可以获得更美丽、更健康和更欢乐的消费体验"为己任。屈臣氏不仅是现阶段亚洲地区最具规模的个人护理用品连锁店,也是目前全球最大的保健及美容产品零售商和香水及化妆品零售商之一。

1. 屈臣氏促销活动的突出表现

(1) 持之以恒。很多消费者对屈臣氏的促销活动都非常熟悉,这归功于屈臣氏多年来的坚持。屈臣氏的常规促销活动每年都会定期举行,如"全线八折"、"免费加量"、"买一送一"、"任意搭配"等会在每年中定期举办。

(2) 丰富多彩。屈臣氏一年24期常规促销活动,形式非常独特,与其他零售店的方式完全不一样,"自有品牌商品免费加量33％不加价"、"60秒疯狂抢购"、"买就送"更是丰富多彩,促销商品品种繁多,如滋润精选、如丝秀发、沐浴新体验、皓齿梦工场、营养街、健康情报站、美丽港等非常多的趣味主题,介绍众多的个人护理用品,引导着消费。

(3) 权威专业。屈臣氏的促销活动都会贯穿一个权威专业的主导线,每时每刻都在向消费者传递着自己在专业领域里的权威,让消费者有更大的信任感。屈臣氏的"健康知己",为顾客提供日常健康知识咨询,还邀请行业界知名人物,与读者共同分享健康美容心得。屈臣氏的《促销商品快讯》也是一本健康美容百科全书,除了众多的商品推介外,还有介绍实用日常护理小知识。

(4) 优惠实效。根据国人的消费习惯,实惠才是硬道理,屈臣氏促销讲究的就是"为消费者提供物超所值"的购物体验,降价幅度非常大。

(5) 全员重视。在屈臣氏举办一次促销活动需要非常大的工作量,所有的宣传册、商品、促销主题宣传画和价格指示牌都得更换一新,店铺的员工更是要熟悉每次的促销规则,把所有的促销商品陈列到位,更换所有的商品价格,按要求将宣传挂画摆放。每次更换促销活动主题,员工需要在停止营业后一直工作到凌晨才可以把卖场布置好。各分店的经理要参观样板店,区域经理要到各个分店巡视促销活动执行情况,随时监督各部分的工作部署。

(6) 注重研究。屈臣氏研究认为,"小资情调"是白领一族的固有心态,甚至有些"虚荣"的心理,仅仅是廉价是无法满足他们的需求,大奖也不是引起他们光顾的根本,新奇刺激的活动对他们更具有吸引力,提供一种方便、健康、美丽的服务才更能提升顾客忠诚度,如"60秒疯狂抢购",抽奖获得者可以在卖场对指定的货架商品进行"扫荡",60秒内拿到的商品都属于获奖者,这样的刺激对消费者终生津津乐道。屈臣氏在促销商品陈列方面有非常标准的原则,对收银台附近的商品陈列技巧,"推动走廊"的陈列方式,超值换购、震撼低价商品的

[①] 资料来源:全球品牌网。

陈列,促销架的陈列、促销商品摆设的凌乱美,HOT SPOT(热卖焦点)的陈列原则,这些都是在从顾客购物心理、视觉角度、走动习惯等多方面研究得出的结论。

(7) 优秀的IT系统支持。屈臣氏的IT系统能配合其灵活多变的促销活动,特别是在打折、买就送、赠品管理、商品订单、价格标牌等方面可以发挥得淋漓尽致。

2. 屈臣氏层出不穷的促销招数

招数1:超值换购。在每一期的促销活动中,屈臣氏都会推出3个以上的超值商品,在顾客一次性购物满50元,可以多加10元即可任意选其中一件商品,这些超值商品通常会选择屈臣氏的自有品牌,所以能在实现低价位的同时又可以保证利润。

招数2:独家优惠。这是屈臣氏经常使用的一种促销手段,他们在寻找促销商品时,经常避开其他的商家,别开花样,给顾客更多的新鲜感,也可以提高顾客忠诚度。

招数3:买就送。买一送一、买二送一、买四送二、买大送小,送商品、送赠品、送礼品、送购物券、送抽奖券,促销方式非常灵活多变。

招数4:加量不加价。这一招主要是针对屈臣氏的自有品牌产品,经常会推出加量不加价的包装,用鲜明的标签标示,以加量33%或者加量50%为主,面膜、橄榄油、护手霜、洗发水、润发素、化妆棉等是经常使用的,对消费者非常有吸引力。

招数5:优惠券。屈臣氏经常会在促销宣传手册或者报纸海报上出现剪角优惠券,在购买指定产品时,可以给予一定金额的购买优惠,省5元到几十元都有。

招数6:套装优惠。屈臣氏经常会向生产厂家定制专供的套装商品,以较优惠的价格向顾客销售,如资生堂、曼秀雷敦、旁氏、玉兰油等都会常做一些带赠品的套装,屈臣氏自有品牌也经常会推出套装优惠。如买屈臣氏骨胶原修护精华液一盒69.90元送49.90元的眼部保湿啫喱一支,促销力度很大。

招数7:震撼低价。屈臣氏经常推出系列震撼低价商品,这些商品以非常优惠的价格销售,并且规定每个店铺必须陈列在店铺最前面、最显眼的位置,以吸引顾客。

招数8:剪角优惠券。在指定促销期内,一次性购物满60元(或者100元),剪下促销宣传海报的剪角,可以抵6元(或者10元)使用,相当于额外再获得九折优惠。

招数9:购买某个系列产品满88元送赠品。如购买护肤产品满88元或者购买屈臣氏品牌产品满88元,或者购买食品满88元,送屈臣氏手拎袋或者纸手帕等活动。

招数10:购物2件,额外9折优惠。购指定的同一商品2件,额外享受9折优惠,如买营养水一支要60元,买2支的话就一共收108元。

招数11:赠送礼品。屈臣氏经常也会举行一些赠送礼品的促销活动,一种是供应商本身提供的礼品促销活动,另外一种是屈臣氏自己举行的促销活动,如赠送自有品牌试用装或者购买某系列产品送礼品装,或者是当天前30名顾客赠送礼品一份。

招数12:VIP会员卡。屈臣氏在2006年9月开始推出自己的会员卡,顾客只需到屈臣氏门店填写申请表格,就可以立即办理屈臣氏贵宾卡。屈臣氏会每两周推出数十件贵宾独享折扣商品,低至额外8折,每次消费有积分。

招数13:感谢日。最近,屈臣氏举行为期3天的感谢日小型主题促销活动,推出系列重磅特价商品,单价商品低价幅度在10元以上。

招数14:销售比赛。销售比赛也是屈臣氏一项非常成功的促销活动,每期指定一些比赛商品,分各级别店铺(屈臣氏的店铺根据面积、地点等因素分为 A、B、C 三个级别)之间进行推销比赛,销售排名在前三名的店铺都将获得奖励,每次参加销售比赛的指定商品的销售业绩都会奇迹般的速度增长,供货厂家非常乐意参与这样有助于销售的活动。

1. 试分析国际市场营销促销中的"4P'S"理论?
2. 国际推销人员应当具有哪些方面的素质?
3. 国际市场营业推广手段主要有哪些?
4. 国际广告促销策略有哪些?
5. 什么是国际公共关系?国际公关活动在国际市场营销中的应用有哪些具体的方式?
6. 有人说促销的优惠是羊毛出在羊身上,促销是一种虚假的行为?请你结合所学知识谈谈对促销的看法。

全班同学分成两组,分别完成下面的实训任务:(1) 收集有关美的和康佳在海外市场做广告的相关信息,比较两者的广告策略,分析其成功与失败之处;(2) 收集有关沃尔玛和家乐福的营业推广资料,比较分析沃尔玛和家乐福在中国市场的营业推广策略。

结合本章内容,把收集到的资料进行整理汇总,在课堂上由任课教师组织,同学们分组进行辩论,表达自己关于国际市场促销的见解,分析探讨国际市场营销企业的促销策略的成功与失败之处。如果由你来负责公司的促销,你会有什么做法?

第十章
国际市场营销管理

学习目标
◎ 了解国际市场营销管理的基本内容
◎ 掌握国际市场营销计划管理
◎ 掌握国际市场营销组织
◎ 掌握国际市场营销控制

第一节　国际市场营销管理概述

一、国际市场营销管理的含义

管理，是指通过计划、组织、领导和控制，协调以人为中心的组织资源与职能活动，以有效实现目标的社会活动。

市场营销也是一种管理活动，营销管理是指作为营销者的个人、组织，主要是企业，围绕市场进行的一种全方位、全流程、全员参与的开放性、创造性、应变性、动态性的现代经营管理活动，是根据市场需求和自身资源、条件，决定经营目标和计划，并组织、领导、监督和控制计划的实施，不断适应复杂多变的环境，保证实现经营目标，使目标、资源和环境三者达到相互合适、动态平衡的管理过程。

国际市场营销管理就是在充分考虑国际市场营销环境的基础上进行有效的营销管理，从而使目标、资源和环境三者达到相互适应、动态平衡，实现企业国际市场战略的管理过程。

二、国际市场营销管理的任务

国际市场营销管理的任务包括计划、组织和控制三个方面。

有效的国际市场营销需要系统的计划以及清晰的战略表述。国际市场营销计划是企业开拓国际市场、实行跨国经营的重要手段，是营销人员工作的准绳和企业目标的最终体现。它规定了预期的经营要求，减少了在市场活动中的盲目性；预先测定了成本和费用开支，有利于充分利用企业的资源；明确了各部门的目标和工作方法，协调和沟通企业内部各部门的联系，使其能正常运转。

组织是计划和控制的基础，计划确定了控制的方向，控制保证了计划的执行和实现。企业通过这些手段使国际市场营销的各个要素得到整体化和实效化的组合，并使营销工作正常运行。企业的组织，是指企业的行政组织机构，它规定了企业每个部门的业务范围、权利责任和义务，组织本身不是目标而是达成目标的手段。

国际市场营销控制是与计划和组织结构密不可分的。由于国际环境与国内环境巨大的差别以及瞬息万变的各种政治、经济等因素，能否使企业完成既定的计划目标，国际市场营销控制显得格外重要。

三、国际市场营销管理的过程

和一切管理活动一样，营销管理就是要将管理的各个要素整合为一个管理系统，从而使之有效运行的动态过程。营销管理也是一种科学的工作程序，由 PDCA 循环即计划（Plan）、执行（Do）、检查（Check）和处理（Action）四个环节顺序构成的管理环节。在这样循环的过程中，企业不断变革、改进，螺旋式上升和提高，从而达到企业的经营目标（如图 10-1 所示）。

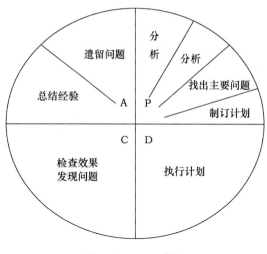

图 10-1 PDCA 循环

第二节 国际市场营销计划

一、国际市场营销计划的含义及其内容

（一）国际市场营销计划的含义

国际市场营销计划是根据国际市场信息的收集以及监控等手段和对国际市场竞争格局的分析，分别从总公司层面和子公司层面上制订长期战略和短期计划，为企业当前或者是未来在国际市场中能够保持竞争优势提供有效的指导策略。

（二）国际市场营销计划的内容

国际市场营销计划是关于国际市场营销中的各个关键环节的具体内容，一般包括以下五个部分。

1. 目的与要求

该部分要求全面及时地综述计划的主要目的和要求，主要包括总公司的要求、国际市场营销和主要活动的总要求等。

2. 市场营销机会的分析

该部分主要是提出营销目标与任务，列举条件与环境资料，以及对有关情况的分析判断，主要包括对国际市场营销宏观环境以及微观环境的分析。通过分析寻找企业的优势和劣势以及机会和威胁，从而有针对性地提出国际市场营销计划。

3. 目标与任务

根据营销机会的分析，制订计划的目标。在整个国际市场营销计划中，目标必须定得实际合理，富有进取性，尽量要用数量指标表达出来，并规定为达到这样的目标所必须完成的任务。

4. 策略与措施

为了实现计划目标,要从以下六个方面制定出具体策略和措施:市场细分与市场开拓;产品组合与发展;价格制定与调整;渠道设计与管理;促销媒体与方式;竞争手段与措施等。

5. 预算与控制

为了控制企业市场营销活动的成本,便于绩效综合评估,必须制定费用预算,严格按照预算办事,把费用缩小到最低限度。在控制费用的基础上还要对计划的执行效果进行控制,发现问题并及时解决。

二、国际市场营销计划的结构

国际市场营销计划的制订一般会涵盖总公司和子公司两个层次的管理活动,即国际市场营销计划应包括总公司和子公司两层。跨国公司的总公司基本属于战略计划或者长期计划,在未来国际领域竞争中要面对成功的挑战,使公司更系统化地制定规划,每个行业的企业都必须有长远眼光——1年、5年、10年,并根据未来的政治环境、经济环境和社会环境、特定行业的演变以及为应对该行业可能面对的威胁和机会作出变革。跨国公司的分公司或者子公司的大多数营销计划均属于运作层面的短期计划,许多公司的计划都预测了今后12—18个月的财务数字。在有些情况下,公司将计划任务完全委托给子公司管理层,总公司只负责简单的形式上的监管工作。

子公司层面上的营销计划是与今后12—15个月相关的短期计划而非战略规划,而总公司的计划则更应该是一个战略规划,战略规划通常关注一个更长的时期。从理论上讲,子公司的计划应当与总公司的规划协调一致,它应该自下而上的形成,并考虑产品和营销所处的环境。

(一)子公司营销计划的制订

一个海外子公司既要制订短期营销计划,又要制订战略营销计划。

1. 制订短期营销计划

短期营销计划是海外子公司计划的核心,它最主要的特点是具有可操作性,不是战略性、方向性的。通常短期营销计划应当涵盖一个年度的市场经营活动。图10-2描绘了海外子公司制订短期营销计划的过程。计划过程所需的数据和资料,部分来自总公司,部分是在子公司内部收集。公司总部应当使子公司了解公司的整体使命和目标,有助于子公司确定其整体目标和具体营销目标。为了保持不同子公司计划的一致性,总公司可能规定一个制订计划的标准程序,如销售预测和预算需要一种标准形式。另外,总公司还将为子公司提供分析外部环境的模式。

子公司在制订计划时需考虑内部因素和外部因素。外部因素是产品/市场环境(如竞争、即将出台的法令、需求波动等)的现状及发展趋势,内部因素包括过去的销售数据、企业其他职能部门的职权范围等。有了这些信息,就可以在总结过去和预测未来销售情况的基础上进行决策,然后开始制订计划。根据计划过程中所得到的信息,对所推导的预测数据作出恰当的修正。例如,如果国内一家竞争企业建了一处工厂,我们的销售预测就需要调低;同样,如果预计子公司的制造设备能生产一种改进型的产品,则可以提高产品/市场的销售预测。

最终的销售预测为制定行动战略和确定营销预算提供了基础。行动战略,是指在销售组合的不同领域(产品、价格、促销和分销)追求的目标。营销预算包括销售收入、毛利润、销

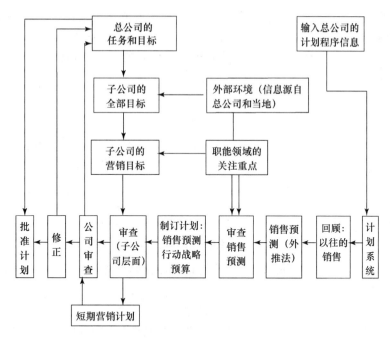

图 10-2　海外子公司制订短期营销计划的框架

售和管理费用详表、促销费用分配和其他开支。预算应该包括过去1—2年的数据,以便进行纵向比较。预算还应以当地货币和国外市场货币两种形式表示。

子公司管理层应当审查营销预算,以便其融入和适应整个公司的远景目标。如子公司监管人员要做现金流分析。同样,财务部门应当指出因当地货币价格波动可能造成的影响,并据此对资本支出和流动资本计划进行补充。营销预算不能独自构成完整的预算,在提交公司管理层时还必须包括大量其他的财务信息。

一旦子公司完成了审查,短期营销计划就会浮出水面。营销计划、子公司预算和其他相关信息被提交给总公司审查,通常子公司的计划和预算需当面提交给总公司管理层。若是美国公司,会议通常会在美国召开,使子公司经理有机会见到总公司各层领导,参观工厂和各种设施。如果公司是分地区组织起来的,子公司可能会先将计划和预算提交给地区主管,地区主管将区内所有的计划加以整合,再向公司总部提交一个全地区范围的计划。公司可能要求子公司对营销计划或者相应的预算进行调整。子公司通过提供适当的信息和进行辩论,接受调整或者保卫自己的方案。不过一旦达成共识,总公司批准了计划,该计划就成为子公司下一年度经营的基础。

2. 制订战略营销计划

制订战略营销计划的两个基本要素是市场和竞争。子公司围绕这两个要素还需要考虑每个市场独特的社会文化、技术、政治和法规制度等。战略营销计划应当从消费者分析开始,在满足购买者需求的同时又考虑环境影响的基础上,最终制定出不同的市场营销策略。战略营销计划一旦获得总公司的批准,就可以开始执行。执行一项战略营销计划可能需要很多年,在这一过程中需要不断地进行决策和修订。

(二) 总公司营销计划的制订

公司管理层在制订营销计划时主要发挥两种相关职能:第一,向子公司提供大量的信息,审查和批准子公司的营销计划;第二,制订整个公司的战略营销计划,可以制订一个覆盖国内市场和国际市场的全球战略营销计划,也可以针对国内业务和国际业务分别制订两个独立的战略营销计划。战略营销计划只是公司战略计划的一部分,它的真正作用是影响竞争者的行为,使市场向有利于公司的方向发展。

1. 营销计划的制订过程

图 10-3 为公司层面的战略营销计划制订过程。

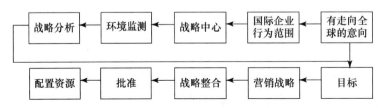

图 10-3 公司层面的战略营销计划制订过程

当一家公司确定了走向国际的意向之后,制订计划的过程就开始了。公司进入海外市场是为了追求长期的利润增长,因此必须根据以下因素作出是否走向国际的决策:公司使命和目标;长期潜在机会;优、劣势分析;管理理念;国内机会和国外投资者的财务意图。进入国际市场的决策可以是一个开放式决策,也可以与具体的国家相关。决策应当建立在对东道国的经济环境、文化环境、政治环境和经营环境完全了解的基础上。

 案例 10-1

IBM 如何制订全球战略计划

IBM 建立了一套制订全球战略计划的方法,其中考虑了总部与地区间的差异。该方法认真考虑了其独特的需求和公司文化,包括并行的计划过程、指导和利用全球范围组织巨大资源的能力、公司计划人员促进文化交流的能力、激发创新想法的能力,以及利用全球模式推动共同的目标。

IBM 战略计划过程的核心在部门内部。每个地区和职能部门每年都制订自己的战略计划,然后由公司计划办公室统一协调这些年度计划,合并为"执行计划",包括一个 5 年的战略计划和一个 2 年的详细业务计划。该计划描绘了一幅蓝图,包括部门如何响应地区市场的需求和机会,以及对公司的财务承诺等。计划中包含定性和定量两种指标,后者成为下一年度的考核指标。

与"执行计划"过程同步,一个"自上而下"的计划机制提供来自高层主管的指示。20 位高级总裁参加一系列战略计划会议,这些会议得出的战略决议通常对组织有长远意义。如在 20 世纪 80 年代末,公司同意采用"市场驱动质量"概念,尽管这个概念听起来很一般,但它对整个组织的每一部分都有深刻含义,不仅影响了营销和生产技术,还成为 IBM 衡量自己进步的一种尺度。它设置了整体框架,定义了业务范围,并制定了一个长期目标。

2. 战略营销计划的核心

战略业务单元并不能代替传统的组织机构,公司仍像以前一样制订并执行经营计划。然而在传统的组织中,创建战略业务单元结构确实是为了制定战略,因此一个战略业务单元可以围绕不同国家、不同部门的产品和市场建立。在一家拥有众多产品和众多市场的大型公司里,战略不能仅由高级管理层制定,每个战略业务单元应当对其控制下的不同产品和市场进行机会分析。

在使海外产品和市场相互匹配后,下一步设计就是如何将国际化业务的不同部分重新组合为战略核心。战略核心是独立的业务单位,要满足以下三个标准:一组清晰明确的外部竞争者;经理负责制定和执行自己独立的战略;营利性可以用实际收入衡量,而不是账面上部门间的转移支付。

第三节 国际市场营销组织管理

国际市场营销组织管理,是指为保证有效地实现营销管理目标,设计、建立、运用与调整组织,并选择、配备和使用适当的人员,确定其内部在时空上相互联结、相互配合的关系,即划分职位类型与层次,进行职责、权力的分工、授受,建立、疏通信息沟通渠道,实施领导和指挥,带领、激励全体员工共同工作,解决各种矛盾,协调整个营销系统平稳运行发展的管理活动。

国际市场营销组织管理是整个营销管理工作的中心内容,其主要工作包括组织结构的设计、职权分配以及人员配备。在此主要介绍营销组织结构的设计。

一、国际市场营销组织设计的原则

实施国际化战略的企业,根据其国际化的程度、目标和倾向,可分为四种管理导向,即本国中心主义、多中心主义、地区中心主义和全球中心主义。不同的管理导向,标志着不同的权利重心基础;不同的权利重心,构成了企业国际市场营销战略的差异。这些不同的国际市场营销战略决定着企业所适应的国际市场营销组织结构。

(一)本国中心主义

实行这种管理导向模式的企业将国内业务放在首位,而将国际业务放在次要地位。只有国内市场出现过剩的产品时企业才会开展国际业务,开拓海外市场。一般来说,这种管理导向的企业国际市场营销战略的决策权力高度集中于总公司,国际市场营销的战略和程序与国内基本相同。在国外营销的产品与营销方式和国内基本一样。总公司的组织结构较复杂,海外公司组织机构简单。公司的高级管理人员皆由本国人担任,以母公司的标准作为评价和控制基础。

(二)多中心主义

实行这种管理导向模式的企业是将海外业务作为不可缺少的部分,国际市场具有与国内市场不同的特殊性,各国市场的差异性又很大,根据各国市场的差异,制定差异性的战略和计划,按国别组织市场营销活动,即采用多中心主义的模式。各个子公司可以彼此独立地确定各自的营销目标和营销计划。在国际市场营销战略的决策权力方面,母公司相对薄弱,各个子公司的高级管理人员聘用当地人员以当地的标准作为人事与绩效的评估基础。

(三) 地区中心主义

实行这种管理导向模式的企业主要根据某地区内各个市场之间存在的共性制订一体化的地区市场计划,从而以地区为基础将母公司的利益与子公司的利益结合起来。英国从事多元化经营的国际市场营销企业,有50%都采用这种战略规划体制。这种组织机构比多中心主义管理模式更为复杂。地区经理拥有较大的决策权力,以地区的绩效作为评估与控制标准的基础。

(四) 全球中心主义

实行这种管理导向模式的企业是从全球的角度来考虑优化配置组织资源,根据全球市场环境,确定全球营销战略目标。全球营销战略目标要求在多国经营的基础上取得最大经济效益,而不是着眼于国际业务活动中某个市场的成败得失。实施全球战略的企业,在国外经营活动的规模程度很高,企业内部的分工水平也非常高,企业的组织结构复杂,各个部门的依赖性很强。在权力与决策方面致力于母公司与海外子公司的通力合作。评估与控制的标准要求既符合地区性又适合全球的适用性标准。全球战略是跨国公司发展到高级阶段的产物,目前只有发达国家的大型跨国公司才采用这种模式。

二、国际市场营销组织的类型

组织结构的设计主要包括职能型营销组织结构、地区型营销组织结构、产品型营销组织结构和矩阵型营销组织结构四种类型。

(一) 职能型营销组织结构

在图10-4中描述了职能型营销组织结构。在这种组织结构下,企业按照营销职能(营销调研、新产品开发、储运配送、销售管理、客户服务、广告管理等)来组织市场营销活动。

这种类型的组织的优点是结构简单,管理灵活、高效;其缺点是管理过于集中,如果分工不细,会对整体营销不利。这种组织结构一般适用于产品品种不多、专业性不强、地区市场差异不大的小企业。

图10-4 职能型营销组织结构

(二) 地区型营销组织结构

图10-5描述了地区型营销组织结构,该组织结构是按照不同的地区或者区域来分设机构。

这种类型的组织结构的优点是有利于针对各地区特点开展市场营销活动,其缺点是地区间各自设立营销的相关职能部门,导致机构重叠、企业资源浪费和管理效率不高。这种组织结构一般适用于产品品种不多、产销规模大、地域范围广而且地区间差异大的企业。

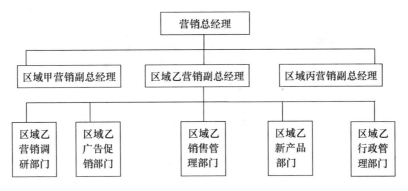

图 10-5　地区型营销组织结构

（三）产品型营销组织结构

图 10-6 为产品型营销组织结构,该组织结构是按照不同的产品线（系列）分设机构。

这种类型的组织结构的优点是有利于产品的开发与管理,有利于专业人才的培养,灵活性高;其缺点是各产品线各自为政,缺乏地区概念,内部容易产生矛盾和冲突,管理成本高。这种组织结构主要适用于产品多样化、差异化大、关联性不强的企业。

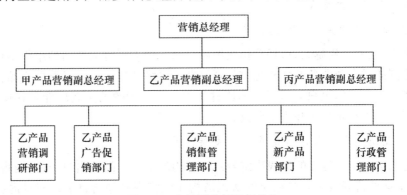

图 10-6　产品型营销组织结构

（四）矩阵型营销组织结构

图 10-7 是矩阵型营销组织结构,该组织结构根据地区和产品形成了一个二维的矩阵组织。这种组织结构存在两个命令通道:产品经理负责本产品系列在世界范围内的经营和销售;地区经理负责各产品系列在本地区的经营和销售。对于某一产品系列在某一地区的重大营销决策,则要由产品经理和地区经理共同参与制定。

这种类型的组织结构的优点是兼顾产品和地区两大变量在营销决策中的重要性,其缺点是决策过程中容易产生矛盾和冲突,结构复杂,对管理人员的要求高,管理成本高。该组织结构适用于产品经营范围高度多样化且地区经营范围也高度多样化的大型国际企业。

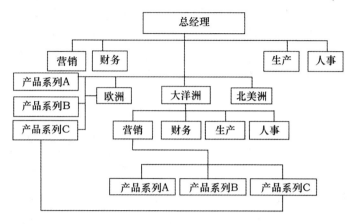

图 10-7 矩阵式营销组织结构

三、选择组织结构应考虑的因素

(一) 外部环境

企业组织是一个开放的系统,在国际市场营销中从宏观方面要受到不同国家和地区社会、经济、文化、政治、法律和技术等环境因素的影响,从微观方面要受到供应商、中间商、消费者、竞争者和公众等因素的影响。外界环境的差异性、动态性和不稳定性愈大,组织内部的差异性和复杂性也就愈大。

(二) 企业规模和企业产品的性质

一般来说,企业规模越大,市场营销组织越复杂。如大型跨国公司的组织结构随着其经营的地理范围的增大和业务的多样化而呈现复杂的网络结构。企业经营的产品性质在很大程度上决定了市场营销组织的形式。如原材料工业市场营销的主要职能是存储和运输,而银行的市场营销重点是广告和市场研究。

(三) 企业所采取的适应国际市场的发展战略

企业进入国际市场程度的深浅决定着组织结构的变化。间接出口、直接销售、与国外市场相结合、全球经营等战略需要相应的认识结构才能实现其经营目标。同时需要考虑在国际市场上企业所采取的发展战略在整个企业的总战略中的作用,这直接影响企业的国际营销组织形式。

(四) 企业是在同质市场上还是在异质市场上经营

企业的国际市场营销活动可以在同质市场上和差异市场上进行。如果在同质市场上经营,所需要的产品同质化倾向很高,企业的国际市场营销组织机构的复杂性较低,如可口可乐公司的产品是集中在全球市场上,市场需求具有趋同性,一般按地理区域来建立认识结构。而当企业为了满足很多差异性细分市场的需求时,其提供的业务就复杂多样,需要企业内部各个部门相互协调、相互配合,一些产品和地区多样化的跨国公司的组织结构采用矩阵形式。

(五)国外子公司的地理位置

企业设在国外子公司的地理位置会影响企业国际市场营销组织结构。如果企业的子公司是设在文化、经济差异不大的地区(如加拿大与美国),那么在这两个国家设立子公司,地理因素不成为影响因素。但是如果企业的子公司是设在地理位置差异很大的地区(如美国和朝鲜),那么在这两个国家设立的子公司的组织结构的差异就比较大。

(六)重要地区经济集团的出现

随着世界经济一体化的发展,地区经济同盟诸如欧盟、北美自由贸易区、东南亚国家联盟、安第斯共同市场等经济集团的产生和发展,某些国际企业的总部从原来按国设立改为按地区设立。如布鲁塞尔、纽约和伦敦等已成为很有吸引力的设立地区总部的地方。

第四节 国际市场营销控制

控制与组织、计划是密不可分的,控制的目的就是要指导企业的业务达到企业既定的目标。

国际市场营销控制包括调节性控制和预先控制。调节性控制有年度计划控制、利润控制和市场营销审计等,它把控制的焦点集中在实际的经营业务上,在企业的经营实绩和计划指标之间进行调节。而预先控制是企业通过外部环境施加影响,控制事态的发展,以实现企业的目标。

一、调节性控制

(一)年度计划控制

年度计划有总公司年度计划和分公司年度计划。年度计划控制的目的,在于保证实现该计划中预定的指标。年度计划控制的方法主要有销售分析、市场占有率分析、经济效益分析和顾客态度追踪等。

1. 销售分析

销售分析是根据销售目标检查和评价实际完成情况,以判断各种因素对销售量的影响。从销售量差异的分析中可以找出什么是造成该差异的原因,以便对症下药。从各国市场的销售差异中,可以辨别出哪些市场对企业的发展是有利的。从各类产品不同的销售差异中,可以找出企业扩大生产能力的方向。

2. 市场占有率分析

在市场上产生销售差异的复杂原因中,竞争是一个十分重要的原因。一般来说,大多数企业的销量年年在增加。但销量增加不等于战胜对手,如果市场占有率在下降,即使销量增加也表明企业经营不佳。对市场占有率的分析可以使企业了解自己在行业市场中所占的地位。

3. 经济效益分析

在对企业年度计划的分析中,经济效益的分析是最重要的。为了全面了解企业的经营状况,营销计划人员应当分析研究销售费用率、销售利润率、销售计划完成率、流动资金占有率、合同完成率、退货率和货款回收率等,以判断市场营销工作的效益情况。

4. 顾客态度追踪

企业应当建立一套系统来追踪顾客、经销商及其他参与者的态度,监控现有顾客对企业及其产品的态度,使管理者能尽早地采取行动改进自己的工作。

(1) 建立抱怨和建议系统。加强企业对顾客口头及书面的抱怨和建议的记录、分析与反应,从而得到顾客对本企业产品、服务的反应的完整资料。

(2) 固定顾客样本。企业创设由有代表性、相互联系的顾客组成的固定顾客样本,并经常采用电话访问和问卷来沟通顾客的购后感受。

(3) 顾客调查系统。通过设计标准化的问卷定期对一组随机顾客样本进行调查,通过调查了解顾客的态度,改进企业的服务。

(二) 利润控制

具有国际业务的企业管理者,可以通过检查不同产品、不同销售地区、不同销售渠道和各相对独立的业务部门的实际获利情况,从而确定哪些市场营销活动可以扩大或者减少。

要实行利润控制,首先要分析各销售部门的损益计算表。损益计算表中销售收入减去成本获得毛利,毛利减去营销费用获得净利。外销的管理者根据利润这一尺度便可以决定选择何种方案以进一步增加利润贡献。如有一外销公司在某国市场上选择了三种商店代销其产品,一年以后的销售利润情况参见表10-1。

表10-1 三种销售渠道的损益计算表   单位:美元

	家具商店	百货公司	电器商店	总 额
销售收入	100 000	300 000	200 000	600 000
销售成本	65 000	195 000	130 000	390 000
毛 利	35 000	105 000	70 000	210 000
广 告	13 000	40 000	3 000	55 000
外销员开支	6 200	15 500	9 300	31 000
运 费	12 600	30 000	5 400	48 000
其他费用	6 300	15 000	2 700	24 000
总费用	38 100	100 500	19 400	158 000
净 利	−3 100	4 500	50 600	52 000

从表10-2中可以看出,家具商店代销是亏损的;百货公司的销售收入虽然最大,但营利不多;电器商店的营利情况最可观。根据分析,该外销公司可以采用的控制方法是扩大电器商店的销售量,扶植百货公司,放弃家具商店的代销点。

(三) 市场营销审计

市场营销审计,是指通过对一个企业或者一个业务单位的检查,包括市场环境、目标、战略和各项经济活动的全面的、系统的和定期的分析,找出营销薄弱环节,提出行动方案,提高企业的营销绩效。市场营销审计与管理审计异曲同工,它是现代经营控制中一个分支,其主要内容大致分为七个部分。

1. 市场营销环境审计

关于宏观环境审计的内容有：经济发展趋势给企业是造就机会还是构成威胁；政府的政策、法律对企业战略的影响；分析企业的产品在市场上的处境；国外的中间商和顾客对企业的态度等。关于微观环境审计的内容有：检查企业产品的市场占有率、成长率、地区销售率和利润率方面的变化；检查企业的主要细分市场的特征和发展趋势；检查国外客商和顾客对企业的信誉、质量、服务、销售和价格的反应；检查企业与竞争者的区别，分析竞争者的优势和动向，剖析市场趋势对企业和竞争者的影响；检查企业的对外销售渠道，分析分销商和经销商的变化趋势；检查企业的海运、储存等服务措施可否改进。

2. 市场营销组织审计

市场营销组织审计包括：检查营销组织选择和控制决策的能力；检查市场营销主管的权责范围和义务的对应程度；分析营销组织结构与营销目的是否适应；检查营销部门与市场研究、产品制造、物资采购和财务会计等部门是否保持良好的沟通和合作；检查对外销人员的培训、鼓励、监督和评价可否改进。

3. 市场营销制度审计

市场营销制度审计包括：评估信息系统、计划系统、控制系统和产品开发系统的协调一致性；检查信息系统是否及时、有效地提供有关客户、分销商、经销商、竞争者和社会各界人士对企业产品反映的动态信息；检查计划系统对预期目标的达到率，计划性是否积极、可靠；评价控制系统能否保证企业各项计划的实现；检查企业的产品开发系统对新产品设计投资是否做过调查研究和商业分析；评价新产品的试销效果和新产品在市场上的竞争力。

4. 市场营销年度计划审计

市场营销年度计划审计包括：审核年度的营销计划的实现情况；检查销售计划完成率，通过销售差异分析，从产品、销售地区和渠道上找出未完成预定销售额的原因；检查市场占有率，通过与竞争者的比较找出上升或者下降的原因；检查营销费用率，列出销售队伍、广告、营业推广、市场调研和营销管理五个项目费用各占销售总额的百分比，比较分析增减原因和各自的效果；检查资金运用状况，分析企业把钱花在何处；判断影响企业投资报酬的各项因素，改善企业的资金管理；检查企业对顾客购买行为的变化有何追踪措施，评价这些措施所获得的收益。

5. 市场营销营利水平审计

市场营销营利水平审计包括：进行成本和利润分析；分析不同产品、市场、地区、分销渠道和企业各事业部的利润情况；检查成本效益，看哪些营销行动花费过多，找出成本上升的原因；检查各营销实体所推行的直接成本、可溯共同成本和不可溯共同成本，比较各自的利弊和可行性，评价成本控制的效果。

6. 市场营销职能审计

市场营销职能审计包括：对各市场营销组合因素进行效果分析；检查销售队伍效率，分析销售队伍成本与总成本的比例；检查广告效率，广告成本为多少，每个媒介工具的作用，顾客对广告内容和效果的反应；检查营业推广效率，每一次的营业推广活动是否收到满意的效果；检查分销效率，看分销商、经销商代表、经纪人和代理商的作用，评价存货控制和运输方法的效果。

7. 市场营销战略审计

市场营销战略审计包括：分析企业的战略决策是否适应外部环境的变化；检查企业经营是否以市场为导向；检查市场营销目标是否明确，它在指导企业计划执行和实绩评估方面起到什么作用；检查企业的市场营销战略是否实现，与竞争者战略相比有何优势和劣势；检查企业目标市场根据哪种准则确定，这些目标市场是在何种情况下选择出来的，企业为该市场制定的营销组合策略有何效果。

二、预先控制

在国际市场营销过程中，应当正确预测潜在形势的变化并在事先施加影响，以引导企业的外部环境和内部条件朝着有利于企业的方向发展的过程就是国际市场营销的预先控制。预先控制需要用科学的方法掌握大量市场信息。近年来通信技术的迅速发展和企业信息系统的逐步完善为预先控制工作创造了许多良好的条件，使企业有了适应和左右外部环境、控制关键事态发展的能力。

美国号称"汽车王国"，其汽车工业实业雄厚，拥有销售量世界第一的通用汽车公司、世界第四的福特汽车公司等工业公司，他们占领着美国和全世界一些主要的汽车市场，给日本汽车出口带来了困难。但日本的丰田汽车公司开展市场调查，准确地预测到未来的能源，特别是石油将会短缺，他们开发小型的省油汽车，20世纪70年代第一次石油危机以后，小型、高效、省油和廉价的日本汽车成了美国市场的抢手货，大批的丰田汽车像无数只色彩斑斓的甲壳虫在美国街道上到处穿行，这就是事先控制的成功案例。国际市场营销预先控制的基础是市场预测。国际市场预测需要在市场调研的基础上运用科学的方法和先进的技术，对影响市场需求变化的各种因素进行分析，预测发展变化趋势，然后因势利导，制定出新的发展战略和应变策略。

个案分析

派克笔公司的国际市场营销

总部位于威斯康星州Janesville的文具生产商派克笔公司，是该领域世界上最著名的公司之一。其产品在154个国家销售，并且定位于"高质量的书写工具"和售价3美元或以上的笔市场。1984年年初，该公司发起了一次全球市场营销活动，所有的活动都"一个视角、一种声音"，所有的计划都由总部制订，销售工作一律实行标准化。这是对一种广受争议的观念进行的伟大实验，许多跨国公司都迫切地想从派克的经验中学到些知识。结果很快明朗了。1985年2月，这项全球化实验被迫终止，这项战略的大部分始作俑者要么辞职，要么被炒鱿鱼。1986年1月，派克笔公司的文具部门以1亿美元的价格卖给了派克公司的一些国际经理人和一家伦敦风险投资公司。美国分公司则给1年时间进行调整或者关闭。我们来看一下派克笔公司的全球化道路。

1982年1月，吉姆斯·彼得森就任派克笔公司的总裁兼首席执行官。当时，公司正惨淡经营，全球化是振兴公司的关键措施之一。在R.J.Reynolds公司任职时，由于全球化带来的成功，彼得森就已经给该行业留下了深刻的印象。

20世纪60—70年代的大部分时间里，美元的疲软麻痹了派克笔公司，使它产生了虚假的安全感。公司大约80%的销量在国外,这意味着当外币利润被换算成美元时,报表上产生了大量的利润。

然而,市场总是变化的。日本商人通过大量的经销商推销便宜的一次性笔并取得了相当的成功。Paper Mate、Bic、Pilot和Pentel等品牌每家的销售额均超过了派克,致使派克总的市场份额骤然跌至6%。而派克依然坚持原先的战略,继续通过百货公司和文具商店出售其高级笔。甚至在这一细分市场,派克笔的市场份额也因为德国A.I Cross公司和Montblanc公司的竞争而不断被蚕食。

派克的子公司享有市场运作的高度自主权,这形成了既宽阔又不同的产品线和40家不同的广告代理商来负责派克笔全球的推广计划。当20世纪80年代美元大幅升值时,派克利润骤减,市场份额损失惨重。彼得森一上任马上就采取行动,他裁减员工,把产品线从500个削减到100个,合并部分生产线,下令对主要的工厂进行彻底检修,使其设施达到设计时的工艺水平。授权奥格威公司独家代理派克笔在全球的广告业务。采用一家代理商不但节约了费用而且有利于在进行全球推广时采取统一的策略。在被解除合约的代理商中包括了伦敦的Lowe Howard-Spink公司,它曾经为派克笔公司属下营利能力最强的子公司制作了一些上佳的广告片。直接的负面影响是员工士气明显低落,那些丧失自主权的子公司中出现了抱怨。

彼得森决定主动向低端市场发动积极进攻。公司将推出名为Premier的产品,它主要作为定位装置使用。最大的利润源是售价298美元的Vector圆珠笔,更便宜的Itala笔也在推出计划之中,派克公司从前绝对没有想到过会生产这种一次性笔。

三位新经理走马上任,组成了新的营销小组。他们都具有丰富的营销经验,尤其熟悉国际市场。身为文具部营销副总裁的理查德·斯沃特,曾经负责3M公司的全球形象广告宣传,并且给公司经理们传授关于营销计划的具体内容。杰克·麦克斯是如今文具广告的主管,他为吉列公司把Silkience剃须刀在全球的营销管理得井井有条。而任派克笔公司全球营销计划经理一职的卡洛斯·德尔·尼罗已经在Fisher-Price公司积累了丰富的国际市场经验,这三人都赞同集权控制的营销观。

但是,这种各地统一销售方式的观点并没得到众多派克笔子公司经销商和分销商的认同。它们认为笔是完全一样的,但是市场不一样,法国人和意大利人钟爱昂贵的自来水笔,北欧人喜欢圆珠笔。在有些市场上,派克笔采用一种超然于价格冲突的态度;而其他市场派克笔就必须和对手短兵相接进行价格竞争。尽管如此,总部还是对它们表态:任何型号、规格的派克笔广告都基于一个共同的创新战略和定位。派克笔公司已经采用"用派克笔留下你的痕迹"作为全球的广告主题。所有的广告将采用相似的图案设计和摄影手段,一致认可的印刷版面以及经批准使用的派克商标。此外,广告可以根据总部提供的素材进行修改。

斯沃特主张,指挥只应在起步阶段采用,他们将允许子公司享有充分的灵活性。但子公司们不这样认为,尤其是伦敦子公司完全抵制该项计划。奥格威伦敦公司强烈反对这种"同一世界、同一品牌、同一广告"的做法,冲突产生了。斯沃特甚至在一次会议中大声嚷道:"你们的职责不是追问原因,而是去执行命令。"各地在广告上的灵活性根本无从谈起。

1984年10月,"留下你的痕迹"的宣传活动在伦敦拉开序幕。除了语言,广告实质上完全一样:长长的文本介绍;水平的布置;完全在同一位置的插图;放在底部的派克商标,右下角则是全球统一的或本地化的广告语。斯沃特曾经极端地建议广告应当删去长文本,只用一幅大图画。

生产方面问题也出现了。耗资 1 500 万美元新建的工厂屡出故障。成本骤增,残次品大量出现。此外,新的营销方案也遇到了问题。尽管派克从未放弃国外的高端市场,但它在美国市场上对低价产品进行的大规模分销却导致了产品形象混乱不清,最终于 1985 年亏损 2 200 万美元。

内部的冲突也已经非常明显,董事长开始转而反对全球化的计划。

1985 年元月,彼得森辞职而去,德尔•尼罗 4 月份离开公司,斯沃特在 5 月份、麦克斯在 6 月 19 相继被辞退。当迈克尔•弗罗姆斯汀接任派克首席执行官时,他把公司所有的国外经理都召集到 Janesville,并宣布:"全球营销已经结束。你们又自由了!"

思考题:(1)全球营销的功过可以通过派克笔公司的变革来判断吗?(2)全球化战略适用于文具营销吗?若适用,则执行中出了什么问题?若不适用,为什么?(3)在派克笔公司全球化的倡导者们作出了什么样的错误的营销判断?(4)如果接下来的任务是整顿或者关闭,应该做哪些工作?

1. 国际市场营销管理在 21 世纪面临的最大的挑战是什么?
2. 现代企业应当具备怎样的国际市场营销观念?

国内某知名家电企业 A 公司,其主要产品为电视、洗衣机和电冰箱三类产品。目前,该企业将要开始拓展东南亚国家市场。

全班同学分为多个小组,每个小组 4 个人。其中一位同学假定为全球总裁角色,另外 3 名同学假定为各分区副总裁。分区副总裁按照各自所负责的国家,收集并统计相关商业情报信息,并根据此类信息制订短期的和长期的国际市场营销计划;扮演全球总裁的同学,为企业选择适合的组织结构,画出组织结构图,并为企业制订一个国际市场营销计划,通过小组会议讨论企业总体计划的可行性,最终形成一份海外拓展计划书和组织结构图。

参 考 文 献

[1] 甘碧群.国际市场营销学[M].北京:高等教育出版社,2005.
[2] 张卫东.市场营销理论与实务[M].北京:电子工业出版社,2006.
[3] 李世嘉.国际市场营销[M].北京:高等教育出版社,2006.
[4] 彭杰.市场营销理论与实务[M].上海:立信会计出版社,2005.
[5] 〔美〕菲利普·R.凯特奥拉,约翰·L.格雷厄姆.国际市场营销学[M].赵银德,张璘,译.北京:机械工业出版社,2006.
[6] 〔美〕诺埃尔·凯普,詹姆士·M.休伯特,柏唯良.21世纪的营销管理[M].上海:上海人民出版社,2003.
[7] 李桂华.现代营销管理——理论 方法 案例[M].天津:天津社会科学出版社,2001.
[8] 〔美〕理查德·L.桑德霍森.市场营销学[M].陶婷芳,译.上海:上海人民出版社,2004.
[9] 〔美〕路易斯·E.布恩,大卫·L.库尔茨.当代市场营销学[M].赵银德,张璘,周祖城,译.北京:机械工业出版社,2005.
[10] 〔美〕唐纳德·勒蔓,拉寨尔·威纳.营销分析实务[M].刘艳红,裴蓉,译.北京:企业管理出版社,2004.
[11] 施政.现代市场营销[M].杭州:浙江大学出版社,2005.
[12] 唐豪.市场分析与营销策划[M].上海:上海财经大学出版社,2002.
[13] 〔英〕迈克·沃森.有效营销管理[M].陈永倬,张景耀,译.北京:经济管理出版社,2005.
[14] 〔英〕迈克·海德.市场营销实务[M].陈立平,译.北京:经济管理出版社,2005.
[15] 董丛文.营销策划原理与实务[M].北京:科学出版社,2004.
[16] 〔英〕杰弗·兰卡斯特,弗兰克·卫斯.市场营销基础[M].刘现伟,陈涛,译.北京:经济管理出版社,2005.
[17] 〔英〕卡伦·比米什.营销运营管理[M].石展晗,译.北京:经济管理出版社,2005.
[18] 胡凌,胡志雯.国际市场营销英语[M].北京:清华大学出版社,北京交通大学出版社,2004.
[19] Philip Kotler. Ned Koberto & Nancy Lee. Social Marketing — Improving the Quality of Life [M]. Thousand Oaks: Sage Publications, 2002.
[20] 〔美〕沃伦·J.基根.全球营销管理[M].第6版.北京:清华大学出版社,2001.
[21] Peter Doyle. Marketing Management and Strategy (2th ed) [M]. Hertfordshire: Prentice Hall, 1998.
[22] 杨明刚.市场营销100——个案与点评[M].上海:华东理工大学出版社,2002.
[23] 侯忠义,E. Dorothy.企业营销国际化管理案例.北京:中国财政出版社,2002.
[24] 〔澳〕尼格拉斯·撒母耳.市场营销学课程精华集[M].黎平海,译.广州:暨南大学出

版社,2002.
[25]〔美〕艾略特·艾登伯格. 4R营销——颠覆4P的营销新论[M]. 文武,穆蕊,蒋洁,译. 北京:企业管理出版社,2003.
[26]〔英〕林恩·莫法特. 营销制胜——小企业赢得商机的策略[M]. 张义,译 北京:电子工业出版社,2002.
[27]〔美〕菲利普·R.凯特奥拉,等. 国际市场营销学[M]. 周祖城等,译. 北京:机械工业出版社,2003.
[28]陈启杰. 现代国际市场营销学[M]. 上海:上海财经大学出版社,2000.
[29]罗国民,刘苍劲. 国际市场营销[M]. 大连:东北财经大学出版社,2001.
[30]吴晓云,许晖. 工商管理市场营销案例精选[M]. 天津:天津大学出版社,2001.
[31]〔美〕菲利普·科特勒. 营销管理[M]. 梅汝如等,译. 新千年版. 北京:中国人民大学出版社,2001.
[32]张景智. 国际营销学[M]. 第二版. 北京:对外经济贸易大学出版社,2003.
[33]逯宇铎,常士正. 国际市场营销学[M]. 北京:机械工业出版社,2004.
[34]涂永式,李青. 国际市场营销[M]. 广州:广东高等教育出版社,2005.
[35]李健. 国际市场营销理论与实务[M]. 大连:东北财经大学出版社,2006
[36]王纪忠,方真. 国际市场营销[M]. 北京:清华大学出版社,2006.
[37]罗国民,刘苍劲. 国际市场营销[M]. 大连:东北财经大学出版社,2002.
[38]姜汝祥. 差距:中国一流企业距离世界一流企业有多远[M]. 北京:机械工业出版社,2003.
[39]杨丽佳. 市场营销案例与实训[M]. 北京:高等教育出版社.,2006.
[40]寇小萱,王永萍. 国际市场营销学[M]. 北京:首都经济贸易大学出版社,2005.
[41]王秀村. 国际市场营销学[M]. 北京:北京理工大学出版社,2000.
[42]顾春梅. 国际市场营销管理学[M]. 北京:中国物资出版社,2002.
[43]王文举. 国际市场营销[M]. 北京:中国统计出版社,2001.
[44]庞鸿藻. 国际市场营销[M]. 北京:对外经济贸易大学出版社,2006.
[45]〔美〕凯特奥拉,等.国际市场营销学[M]. 赵银德,周祖城,乔桂强等,译. 第14版. 北京:机械工业出版社,2010.

参考网站
[1] 中国管理传播网 http://manage.org.cn/
[2] 中国营销传播网 http://www.emkt.com.cn/